新媒体·新融合·新职业系列丛书
新目录·新专标数字商贸专业群系列丛书

直播电商运营

主　　编 ◎ 张作为　谢幸忆
副 主 编 ◎ 阮海燕　张　琰　梁海波　黄保华
联合开发 ◎ 数字产业学院（杭州）
　　　　　　杭州云说信息科技有限公司

电子工业出版社
Publishing House of Electronics Industry
北京·BEIJING

内 容 简 介

直播电商卖货在 2020 年以星火燎原之势席卷了许多行业。抖音、微信视频号、小红书和淘宝等互联网平台通过直播电商新业态，不断拓展企业商品渠道，降低企业获客成本，加大企业互联网传播声量，提升客户消费服务体验。本教材按照企业开展直播电商活动的主要环节和流程组织内容，分为 6 个项目、22 个工作任务，系统地介绍了直播电商基本认知与业务发展、直播活动开始前的筹备工作、直播活动的策划、直播活动实施与执行、直播间粉丝运营、直播活动复盘与提升，解决了企业直播电商团队工作过程中涉及的直播间搭建、直播选品、直播脚本与话术设计、直播开播实操、直播间引流推广、直播数据复盘和直播粉丝运营等问题。

本教材内容组织思路清晰，注重教学实践，教学资源丰富，既可以作为电子商务、网络营销与直播电商、市场营销、旅游管理等相关专业的教材，也可以作为直播行业从业人员和对直播营销与运营感兴趣的广大读者的参考用书。

未经许可，不得以任何方式复制或抄袭本书之部分或全部内容。
版权所有，侵权必究。

图书在版编目（CIP）数据

直播电商运营 / 张作为，谢幸忆主编. -- 北京：电子工业出版社，2025. 1. -- ISBN 978-7-121-49289-1

Ⅰ．F713.365.2

中国国家版本馆 CIP 数据核字第 2024M63R74 号

责任编辑：吴　琼
印　　刷：三河市良远印务有限公司
装　　订：三河市良远印务有限公司
出版发行：电子工业出版社
　　　　　北京市海淀区万寿路 173 信箱　　邮编：100036
开　　本：787×1092　1/16　印张：13.5　字数：346 千字
版　　次：2025 年 1 月第 1 版
印　　次：2025 年 1 月第 1 次印刷
定　　价：49.00 元

凡所购买电子工业出版社图书有缺损问题，请向购买书店调换。若书店售缺，请与本社发行部联系，联系及邮购电话：(010) 88254888，88258888。

质量投诉请发邮件至 zlts@phei.com.cn，盗版侵权举报请发邮件至 dbqq@phei.com.cn。
本书咨询联系方式：(010) 88254573，zyy@phei.com.cn。

前　言

传统电商背景下的商品表述通常都是文案描述，在用户感知和信息传达方面始终存在局限性，而直播电商的出现似乎能较好地解决上述痛点。直播的主播通过自身影响力和事先准备的商品内容，搭配个人风格的演绎式解说，不断地提醒和引导用户下单购买商品，实时消除用户的购买顾虑，使得用户的购物体验过程变得更灵活和趣味化。

党的二十大报告指出："加快发展数字经济，促进数字经济和实体经济深度融合，打造具有国际竞争力的数字产业集群。"直播电商作为当前数字经济的重要组成部分，凭借数字化的"人、货、场"成为数字时代下生产循环的重要组成部分和新商业基础设施，成为经济发展的重要推动力。相较于传统电商，直播电商的创新突破在于"货找人"。传统电商背景下消费者购物的过程通常是"产生需求→确认需求→寻找商品→需求落地"的"人找货"过程，而直播电商将其演变成"内容引导需求→被动产生需求→确认需求→需求落地"的过程，消费者的行为由"搜索"变成"发现"。

企业的一场直播卖货活动主要包括直播场景、直播形式、直播商品、直播设备和主播等要素。直播场景与主播密切相关，若直播商品可以完美引导用户从"非刚性"转向"刚性"，多次复购性行为也会随之产生。直播电商的属性决定了直播形式的丰富性，如个人秀场、生活记录、美食解说等。直播电商环境下的商品解说，其核心点在于内容。直播电商作为电商新业态，直播始终只是形式和工具，核心还是商品和电商本身，如果片面夸大主播的价值和直播形式的力量，估计直播电商很快就会像潮水一样退去。

本教材主要具有以下特色。

- **资源丰富、内容详尽。**本教材开发了一系列在线数字化教学拓展资源，主要包括微课视频、实训指南、教学案例和课后习题等，对企业直播电商活动的各个环节进行了较为全面的诠释，帮助读者全面提升与直播电商岗位相关的核心技能。
- **紧贴产业、工学结合。**本教材围绕直播领域多个直播卖货平台规则、工具和数据平台，聚焦业态演化和企业真实案例，重点针对直播卖货实操环节开展项目化教学，提升读者在真实工作中的学习体验。
- **创新教研、答疑解惑。**本教材根据读者学习过程经常遇到的问题，以视频讲解、实操录屏、在线课程等形式讲解重点、难点知识并进行实操实训，建立微信社群帮助读者答疑解惑，创新课程虚拟教研形态。

对于本教材的一系列在线数字化教学拓展资源，读者可登录华信教育资源网免费下载。

本教材由宁波城市职业技术学院的张作为、谢幸忆担任主编，宁波城市职业技术学院的阮海燕及张琰、东莞市纺织服装学校的梁海波和韩国 HJ 集团中国区经理黄保华担任副主编。

由于编者水平有限，尽管在编写过程中力求准确、完善，但教材中可能还有疏漏与不足之处，恳请广大读者批评指正，在此深表谢意！

编　者

2024 年 5 月

目 录

项目一　直播电商基本认知与业务发展 / 1

- 任务一　了解直播电商的发展与概念 2
  - 1.1.1　对直播电商的基本认知 2
  - 1.1.2　直播电商的发展历程 3
  - 1.1.3　直播电商的市场规模 4
  - 1.1.4　直播电商头部平台分析 5
  - 1.1.5　直播电商与电商直播融合 11
  - 1.1.6　直播电商的人、货、场
    三要素 12
  - 1.1.7　直播电商的发展环境与挑战 .. 15
- 任务二　理解直播电商产业模式与
  生态结构 19
  - 1.2.1　直播电商生态体系的构成与
    演变 19
  - 1.2.2　直播电商的发展模式 22
  - 1.2.3　直播电商供应链模式 24
- 任务三　搭建直播电商团队与组织
  业务 25
  - 1.3.1　直播电商团队搭建 25
  - 1.3.2　直播电商服务矩阵与
    业务组织 27
- 【思考与分析】 29
- 【选择题】 30

项目二　直播活动开始前的筹备工作 / 31

- 任务一　配置直播团队和人员 32
  - 2.1.1　直播电商的技能层级与组成 .. 32
  - 2.1.2　主播人物设定的定位 33
  - 2.1.3　主播的基本能力 36
  - 2.1.4　主播直播卖货的专业能力 38
- 任务二　直播间场景搭建 39
  - 2.2.1　直播设备配置 39
  - 2.2.2　直播间场景布置 44
  - 2.2.3　直播间的辅助道具 45
  - 2.2.4　直播间灯光的选择 46
  - 2.2.5　直播间灯光的摆设 47
  - 2.2.6　常用的直播间布光法 50
- 任务三　直播选品与商品规划 51
  - 2.3.1　直播间选品定位 51
  - 2.3.2　直播间商品定价策略 58
  - 2.3.3　直播间商品结构规划 59
  - 2.3.4　直播间商品陈列规划 60
  - 2.3.5　直播间商品的精细化配置与
    管理 61
- 任务四　熟悉淘宝直播规则 65
  - 2.4.1　淘宝直播封面规范 65
  - 2.4.2　内容创作者管理规则 65

  2.4.3 浮现权规则 67
  2.4.4 直播推广用语规则 67
  2.4.5 违规处理措施 69
 任务五 熟悉抖音直播规则 71
  2.5.1 直播间"硬广"引流 71
  2.5.2 未成年人相关规定 71
  2.5.3 直播间平台规则 72
  2.5.4 直播间禁止用语 72
 【思考与分析】................................... 73
 【选择题】... 73

项目三 直播活动的策划 / 75

 任务一 开通平台直播功能 76
  3.1.1 开通淘宝直播功能 76
  3.1.2 开通抖音直播功能 80
  3.1.3 抖音小店的入驻 83
  3.1.4 开通快手直播功能 87
  3.1.5 快手小店的入驻 88
 任务二 直播活动的开播流程 90
  3.2.1 直播硬件准备 90
  3.2.2 直播目标确定 91
  3.2.3 直播活动规划 92
  3.2.4 直播活动预告宣传 93
  3.2.5 直播商品上架和排列 95
  3.2.6 直播开播技巧 96
  3.2.7 直播下播复盘 96
 任务三 直播活动脚本策划 97
  3.3.1 直播脚本的定义与作用 97
  3.3.2 直播脚本的策划要素 98
  3.3.3 直播中单品的脚本设计 99
  3.3.4 整场直播活动的脚本设计 ... 103
 【思考与分析】................................. 105
 【选择题】... 110

项目四 直播活动的实施与执行 / 111

 任务一 设计直播话术 112
  4.1.1 直播话术的设计要点 112
  4.1.2 直播话术三原则 113
  4.1.3 直播间开场话术 113
  4.1.4 直播间互动促单话术 115
  4.1.5 直播结束时的感谢话术 ... 116
  4.1.6 直播间的四步营销法 117
  4.1.7 直播卖货话术设计 119
 任务二 提升直播间人气 122
  4.2.1 提升直播间人气的
     "五步法" 122
  4.2.2 直播间互动玩法 123
  4.2.3 微信视频号直播人气
     提升技巧 125
  4.2.4 微信视频号直播互动策略 ... 127
  4.2.5 微信视频号付费推广策略 ... 129
  4.2.6 抖音巨量千川投流 130
 任务三 提升直播转化率 132
  4.3.1 直播间人、货、场优化
     技巧 133
  4.3.2 直播推流软件配置
     直播效果 135
  4.3.3 直播卖货转化模型拆解 ... 138
 任务四 直播危机应对处理 140
  4.4.1 软硬件危机及应对措施 ... 140
  4.4.2 直播中意外情况的
     应对措施 142
  4.4.3 直播中恶意抹黑情况的
     应对措施 142
  4.4.4 链接、优惠券失效的
     应对措施 143
 【思考与分析】................................. 145
 【选择题】... 145

项目五　直播间粉丝运营 / 146

任务一　直播用户粉丝经济与
　　　　商业价值 147
　5.1.1　直播粉丝与粉丝经济 147
　5.1.2　直播粉丝的主要类型 148
　5.1.3　直播粉丝的价值分析 149
　5.1.4　不同类型粉丝的心理 150
　5.1.5　直播平台粉丝信任度提升 ... 152
任务二　直播间粉丝积累与运营 153
　5.2.1　粉丝运营的核心策略 154

　5.2.2　直播粉丝运营任务 157
　5.2.3　直播粉丝团运营 160
　5.2.4　直播粉丝社群运营 161
　5.2.5　抖音粉丝营销 169
任务三　直播间粉丝管理 174
　5.3.1　直播平台粉丝管理 174
　5.3.2　直播粉丝维护措施 176
【思考与分析】 178
【选择题】 178

项目六　直播活动的复盘与提升 / 180

任务一　直播视频传播发酵 181
　6.1.1　直播传播计划拟定 181
　6.1.2　直播视频剪辑与传播 182
　6.1.3　直播表情包的制作与使用 ... 182
任务二　直播复盘的核心思路 183
　6.2.1　淘宝直播机制算法 183
　6.2.2　抖音直播机制算法 184
　6.2.3　快手直播机制算法 185
　6.2.4　直播核心数据标准 186
　6.2.5　获取直播核心数据 188
　6.2.6　计算分析直播核心数据 190
　6.2.7　总结直播经验 191

任务三　直播核心数据的提升方法 193
　6.3.1　提升直播观看量 194
　6.3.2　提升直播吸粉率 195
　6.3.3　提升直播平均停留时长 197
　6.3.4　提升直播互动率 199
　6.3.5　提升直播转化率 200
　6.3.6　直播数据诊断案例解析 201
任务四　直播快速涨流量的方法 202
　6.4.1　直播层级论 202
　6.4.2　直播层级突破法 202
【思考与分析】 205
【选择题】 206

项目一

直播电商基本认知与业务发展

 学习目标

- 了解直播电商的概念和直播电商行业的发展历程
- 了解直播电商行业发展的环境特点与趋势
- 熟悉直播电商的整个生态系统
- 掌握直播电商与电商直播的融合过程
- 掌握直播平台中商家角色、达人角色、MCN 角色及基地角色的特点
- 掌握直播电商模式与传统电商模式的差异
- 掌握直播电商的人、场、货三要素
- 掌握直播电商的典型模式
- 掌握典型的直播电商供应链模式
- 掌握直播电商团队的主要岗位与组织业务

直播电商是电视购物的延续，早在十几年前，"不要 999 元，只要 299 元"的导购口播形式已经出现在每家的电视机里了，它与直播电商的本质相同，都是将线下导购场景线上化、实时化。在直播过程中，主播如同线下销售中的导购，其销售能力对商品销售效果有重要影响，直播电商的本质就是线下导购的线上化。2020 年是直播电商多平台多元化发展的元年，许多企业积极调整策略，建立品牌的数字化入口，提升其"免疫力"，同时直播电商也从过去小打小闹、尝鲜式的发展逐渐成为企业引流与卖货的主流。作为新时代的电商从业人员，应该了解移动电商的发展现状和直播电商的生态系统，分析并掌握直播电商平台的用户画像，深入了解直播间内部与外部的业务组织，丰富自己对整个直播电商行业的认识。

任务一　了解直播电商的发展与概念

1.1.1　对直播电商的基本认知

如今，直播已成为非常火的商业新业态，是当前发展最快的行业之一。明星、网络红人、公司老板、普通员工，甚至一些政府部门的负责人都纷纷加入直播大军，为商品带来了巨大的流量和活力，激活了产业。我国网络直播产业已经进入"事事可直播、人人当主播"的阶段，行业竞争也愈加激烈。线上导购这一购物形式能再次走红，主要得益于网络环境的变化和内容生态对主播人才的培养。完成更加丰富、复杂的内容传播是直播电商最大的长板之一，同时也得益于直播本身具备双向互动性和即时性的特点。从文字到图片，再到视频和直播，内容的信息量越来越多，交易决策效率越来越高，交易障碍越来越少。

"短视频/直播+媒体"成为时下最现实的媒体融合路径之一，"短视频/直播+产业"是时下最现实的产业融合路径之一。2019年，直播业务的强势崛起为搭建电商生态画上了浓墨重彩的一笔，以人为核心的电商业绩增长也为直播创造了更多可能性，自此一个特别的微生态体系——"直播+电商"应运而生。2020年，直播作为一种重要的传播形态，重构出新的社会展演方式、商品流动方式、人群交往方式及生活生存方式。从平台、主播、MCN 机构（帮助签约达人进行内容持续输出和变现的机构或公司）、商家和消费者这五大核心参与者的角度回顾直播电商行业的发展，我们发现目前直播电商行业整体上正朝着成熟、健康的方向迈进，但消费者体验端仍有不少难题待解决。

直播电商是指商家通过直播向消费者推荐商品，激发消费者潜在的购买欲望，从而实现交易的电商新模式。直播电商结合了直播和电商的优势，为商家和消费者提供了一个全新的互动式购物平台。在直播过程中，强烈的现场感使消费者身临其境，其购买欲被大大激发。无论是"电商+直播"还是"直播+电商"，直播电商都以电商为核心，并具备强烈的内容属性，需要通过内容与用户建立紧密的情感联系，而直播则是商家探索拉新推广变现的新路径之一。

直播电商作为企业典型的新形态，买方的议价能力较强，购物体验较好，所需付出的成本较低。当前，企业营销渠道线上化趋势明显，不同商家的竞争越来越激烈，反而作为买方的消费者的挑选余地更大。表1-1所示为直播电商与其他几种电商形态的比较。

2021年4月，"兴趣电商"这一概念被提出，"兴趣电商"是基于消费者对美好生活的向往，满足消费者潜在的购物需求，提升消费者生活品质的电商。例如，抖音有良好的内容生态、众多优质创作者、多元化用户和比较成熟的兴趣推荐技术，有很大机会做好"兴趣电商"。"兴趣电商"对整个电商生态具有很大的价值,将会有越来越多的从业者转向"兴趣电商"。对于消费者来说,"兴趣电商"能够满足其潜在的购物需求,为其提供新的商品服务,进而提升其生活品质;对于商家来说,"兴趣电商"能更精准地帮自己找到消费者,而被激发出来的消费需求会带来更大的市场和更多的机会;对于商家来说,在全域"兴趣电商"时代,只有洞察消费者的兴趣,围绕消费者的兴趣进行内容创作和商品开发,才能获得持续增长的利润。

表 1-1 直播电商与其他几种电商形态的比较

购物形式	直播电商	短视频电商	传统货架式电商	电视购物	线下导购
方式	实时讲解+陪伴+购买	浏览+购买	浏览+购买	实时讲解+购买	实时讲解+陪伴+购买
特征	互动性强、体验感较强、专业性强、价格优势强、流量来源广、转化率高	互动性弱、体验感较强、专业性强、价格优势一般、流量来源广、转化率较高	互动性弱、体验感弱、专业性一般、价格优势一般、流量来源广、转化率较低	互动性一般、体验感较强、专业性较强、价格优势一般(或有虚假宣传)、流量来源较窄、转化率较低	互动性强、体验感强、专业性较强、价格优势弱、流量来源窄、转化率较低
访问沉没成本	低	低	低	低	高
用户决策成本	低	较低	中等	较高	较低
用户购后成本	较低	较低	低	高	低

1.1.2 直播电商的发展历程

直播行业始于 2005 年,爆发于 2016 年。在这期间,直播战场从 PC 端转向移动端,直播内容从单一的秀场直播向电商、体育、教育、社交等多领域渗透。直播电商的发展历程可大致分为 4 个阶段。

- 直播 1.0 阶段(2005—2011 年):直播以 PC 端为主,直播方式包括聊天室模式和演唱会模式,直播内容单一,以秀场直播为主要内容。
- 直播 2.0 阶段(2012—2014 年):直播依旧以 PC 端为主,直播内容逐渐丰富。除秀场直播外,游戏直播也开始上线。
- 直播 3.0 阶段(2015—2016 年):直播从 PC 端转向移动端,其间,大量创业者涌入,上演"千播大战"的场景,由秀场直播演变而来的娱乐直播平台获得发展,2016 年被称为"移动直播元年"。
- 直播 4.0 阶段(2017 年至今):直播以移动端为主,政府对直播行业进行规范整顿,直播行业的格局从"百花齐放"向"巨头争霸"过渡,流量、主播和资本开始向头部平台聚拢,直播电商获得爆发式增长。直播内容渗透到电商、体育、财经、教育、社交、音乐等各个领域，MCN 机构等市场主体不断涌现，直播卖货受到企业的高度重视，直播生态系统不断完善。

直播行业发展速度非常快，我国接连出现了 300 多家网络直播平台，直播用户数量快速增长。适逢电商平台遭遇流量瓶颈，各大平台积极寻求改变，尝试电商内容化、电商社区化的模式，直播平台的出现让这种尝试得以落实。智能手机的迅速普及和资本的加持，无疑让直播行业成为最大的风口，淘宝、京东、蘑菇街、唯品会等电商平台纷纷推出直播功能，开启直播导购模式；快手、斗鱼等直播平台则与电商平台或品牌商合作，布局直播电商业务。经过 4 年多的发展，越来越多的电商平台、视频直播平台、MCN 机构、品牌商、厂商进入直播电商行业，直播电商产业链基本形成，直播电商行业进入高速发展期。未来直播电商的核心竞争力主要表现为直播内容化、场景化、人格化。

直播电商已经成为企业或个人获得流量的必争之地，消费者带有购买意愿和计划的传统搜索式购物行为发生了巨大变化，而直播电商环境下消费者的购买路径和行为以"货找人"发现式兴趣电商为主。在传统阿里系、京东系等商家获客成本居高不下的情况下，越来越多的商家选择具备双向互动、流量巨大的直播平台，传统电商平台植入更多商品表现丰富、用户互动性强的直播功能模块来提升流量和用户体验。而起初以内容为主导的小红书、抖音短视频等直播平台为了实现更多的商业变现，纷纷转向直播与电商融合发展的道路。

1.1.3 直播电商的市场规模

中国互联网络信息中心调查数据显示，截至 2022 年 12 月，我国网络直播用户规模达 7.51 亿人，较 2021 年增长 4728 万人，占网民整体的 70.3%，如图 1-1 所示。其中，电商直播用户规模为 5.15 亿人，较 2021 年增长 5105 万人，占网民整体的 48.2%；游戏直播用户规模为 2.66 亿人，较 2021 年减少 3576 万人，占网民整体的 24.9%；真人秀直播的用户规模为 1.87 亿人，较 2021 年减少 699 万人，占网民整体的 17.5%；演唱会直播的用户规模为 2.07 亿人，较 2021 年增长 6491 万人，占网民整体的 19.4%；体育直播的用户规模为 3.73 亿人，较 2021 年增长 8955 万人，占网民整体的 35.0%。

网络消费渠道多元化特征明显。随着越来越多的互联网平台涉足电商业务，网上购物用户的线上消费渠道逐渐从传统电商平台（如淘宝、天猫、京东、拼多多、唯品会、当当等主营电商业务的互联网平台）向短视频直播平台、社区团购平台、社交平台转移。据统计，2022 年上半年只在传统电商平台消费的用户占网上购物用户的 27.3%，在短视频直播平台、生鲜电商平台、社区团购平台及社交平台等消费的用户占网上购物用户的比例分别为 49.7%、37.2%、32.4%和 19.6%。

越来越多的网络红人、明星等进入直播电商行业，他们采用低价促销、直播间粉丝福利互动、明星推荐同款等方式，引起大众注意，使直播电商行业迎来爆发式增长，市场规模不断扩大。2022 年，商务大数据重点监测电商平台累计直播场次超 1.2 亿场，累计观看超 1.1 万亿人次，直播商品超 9500 万个，活跃主播近 110 万人。当时，预估 2022 年全网直播电商 GMV（Gross Merchandise Volume，商品交易总额）能够达到 3.5 万亿元左右，占电商零售总额的 23%。直播电商快速发展，已逐渐在电商行业中占据重要位置。火热的直播电商行业吸引了越来越多的从业者，该行业的影响力也在不断扩大。

图 1-1　2018—2022 年我国网络直播用户规模及使用率

2018—2022 年，直播电商行业作为消费升级的新引擎，伴随着一批头部平台的成长迎来了蓬勃发展。据统计，2023 年上半年我国直播电商成交额为 19916 亿元，直播电商成为各行各业线上销售的主要渠道。在企业规模方面，2023 年上半年直播电商企业已达 2.3 万家。资本加持、平台扶持与政府引导，共同驱动直播电商行业向高效、有序、理性的方向发展。目前，直播电商行业的投资已向全产业链蔓延，从 MCN 机构、直播运营机构、直播代播机构到新型直播电商平台，均可见资本入局。

1.1.4　直播电商头部平台分析

（1）**直播电商平台用户状态**。直播电商平台主要可以分为电商平台和直播平台两大类。其中，电商平台主要包括蘑菇街、淘宝、京东、网易考拉、拼多多等；直播平台主要包括快手、抖音、斗鱼、微信等。直播电商平台竞争激烈，目前淘宝仍具有较大优势，头部平台淘宝、拼多多、抖音的 MAU（Monthly Active User，月活跃用户人数）较高。从直播电商平台网络红人结构的对比情况来看，淘宝直播和抖音的网络红人以女性居多，快手的网络红人中男性略高于女性；从年龄来看，"90 后"是网络红人的主力军，在淘宝直播中，"90 后"占比超过 50%，抖音和快手中网络红人的年龄更加年轻化，70%网络红人的年龄小于

30 岁。

中国消费者协会发布的《直播电商购物消费者满意度在线调查报告》显示，使用淘宝直播的用户占比为 68.5%，经常使用淘宝直播的忠实用户占比为 46.3%，淘宝直播处于绝对领先的位置；其次为抖音直播和快手直播，使用用户占比分别为 57.8% 和 41.0%，经常使用的忠实用户占比分别为 21.2% 和 15.3%。直播平台的用户占有率如表 1-2 所示。

表 1-2 直播平台的用户占有率

直播电商平台		使用用户	忠实用户
传统直播电商	淘宝直播	68.5%	46.3%
	天猫直播	32.4%	5.0%
	京东直播	23.8%	3.5%
	拼多多直播	20.9%	3.4%
	蘑菇街直播	8.5%	1.9%
	小红书直播	19.5%	1.7%
	唯品会直播	12.0%	1.3%
社交直播电商	抖音直播	57.8%	21.2%
	快手直播	41.0%	15.3%
	虎牙直播	9.8%	0.2%
	斗鱼直播	12.1%	0.1%
	花椒直播	4.1%	0%

（2）**直播电商平台用户角色。** 直播电商平台的四大角色分别为商家角色、达人角色、MCN 角色和基地角色。

① 商家角色。商家往往有货源及自己的店铺账号，可以请人直播或者商家自己直播，从中赚取商品利润，商家店铺免费的流量会因直播而被带动起来。

② 达人角色。达人相当于中介、导购、淘宝客（对于淘宝来说）、京挑客（对于京东来说），他们帮助商家卖货，在将商品卖出后拿成交额的佣金提成，一些粉丝数量较多的达人可以设定坑位费（链接费/服务费）。达人直播不能随意换人，一般达人会选择一个垂直品类，如美妆个护类、穿搭类、食品类、母婴类、珠宝类等。

③ MCN 角色。MCN 机构主要孵化、挖掘或签约新主播，从主播的卖货成交额中赚取提成，知名的有如涵、无忧传媒、橘子娱乐、青藤文化等。MCN 机构的首要任务是把不同的 UGC（User Generated Content，用户生产内容）或 PGC（Professional Generated Content，专业生产内容）聚合起来，并为内容生产者提供创作、运营、营销等一整套专业化服务，帮助他们实现稳定的商业收益。对于平台来说，MCN 机构能够保证持续输出优质、多样化的内容，有利于平台的良性发展。

④ 基地角色。基地主要采用产业带的表现形式，聚合了货、人、场，形成了较强的供应链。基地的货源往往比较有名，具有产地、原产地优势，例如诸暨的珠宝基地、杭州四季青服装基地等。基地可以自己生产货品，也可以寻求商家供货。直播基地与商家、达人、

MCN 机构是互助互利的关系，它不仅为主播、商家提供适合直播的场地，还为主播提供必要的海量产品支持。

（3）直播平台变现方式。 典型代表如抖音，它的商业模式不断被完善，已经形成包括蓝 V 企业号、抖店、团购、星图、DOU+、云图、信息流广告在内的商业化产品矩阵，并不断尝试开拓抖音小店、直播等业务。抖音已逐渐形成以星图平台广告业务变现为主、以电商卖货变现为辅的商业变现渠道，星图接单可在视频中口播品牌名、营销活动信息等，其他方式符合相关规则也可以卖货。除了通过内部商品链接卖货，直播平台还可以通过短视频、直播等方式引流至外部渠道来培养私域流量进行卖货。打赏模式是直播平台典型的变现方式，平台用户可以充值买礼物并送给主播，平台将礼物转化成虚拟币，主播对虚拟币进行提现，若主播隶属于某个直播工会，则直播工会和直播平台先统一结算，直播工会再和主播结算。

（4）直播卖货模式分析。 从淘宝、抖音、快手三大平台的卖货模式来看，淘宝属于传统电商平台，快手与抖音均为"社交+内容"平台；从转化率来看，淘宝的客户群体较大，且客户群体购物目的较为明确，转化率较高，抖音的转化率次之。不同直播平台的比较，如表 1-3 所示。从直播平台卖货商品属性的差异来看，消费者对女装、食品饮料、个人护理等快速消费品领域商品的关注度普遍较高，这一领域的商品具有复购率高、毛利率高、客单价低等特点，成为直播卖货的主要商品。

表 1-3　不同直播平台的比较

比较内容	淘宝	快手	抖音（火山）	微博	京东	小红书
平台属性	电商	社交+内容	社交+内容	社交+内容	电商	"种草"基地
流量来源	公域，有内容矩阵和庞大的用户基础	偏私域，"老铁文化"，达人品牌崛起，扶持产业带直播	偏公域，直播流量少	偏公域，直播流量少	公域，有庞大的用户基础	公域和私域并存
卖货 KOL（关键意见领袖）属性	头部主播高度集中	头部主播相对分散	头部主播相对集中	头部主播相对集中	缺乏代表人物	头部 KOL 大都"作品红但人不红"
卖货商品属性	淘宝体系内全品类，主要依靠头部达人，出货价格为 200~500 元，退货率高	百元内低价商品，主要包括食品、生活日用品、服装、鞋帽、美妆产品等，性价比高，（无品牌）居多	美妆产品和服装的占比高，商品价格集中在 0~200 元，有调性	以服装、生活日用品、鞋帽、配饰等非标品类为主	京东电商全品类，依靠孵化超级红人和推荐优质商品，退货率高	以美妆产品为主，商品价格待确定，品牌货，有调性
卖货模式	商家自播和达人导购	达人直播、打榜、连麦等	短视频上热门+直播卖货，"种草"转化，以内容为主	话题热搜+直播+名人背书	为超级网络红人提供优质商品	以"种草"内容为主，直播+笔记
分润模式	以"坑位费+佣金"为主，佣金一般为成交额的 10%~20%，坑位费根据网络红人的等级有所不同					

（5）典型直播平台推荐机制。推荐机制是指对推荐的多个作品进行顺序结构方面的安排。推荐具有广而告之的作用，本质上是一种广告，包括付费推荐和免费推荐两种方式。付费推荐，即作品供给方花钱对作品进行宣传，从而达到提高作品曝光度的目的，花费的宣传费用越多，作品获得的宣传力度就越大。免费推荐，即直播平台依据作品需求方和供给方的标签，结合作品的评分进行推荐，作品内容质量越好，作品获得的宣传力度和曝光力度就越大。贴标签方便直播平台对作品的需求方和供给方、作品内容进行判断，对作品的总浏览人数、完整浏览人数、欣赏人数、反对人数等进行综合考量。

① 抖音推荐算法。抖音作为去中心化平台，视频和直播的播放量本质上取决于视频或直播本身的内容质量，它主要根据内容的属性和受众的喜好做算法匹配，对内容和用户贴标签，按照标签进行智能个性化推送。抖音推荐算法模型如图 1-2 所示。抖音先根据用户使用 App 的习惯分析用户的行为路径，再贴标签并持续优化标签，最后通过不断优化和升级将标签用户呈现出来，我们将其称为用户画像。

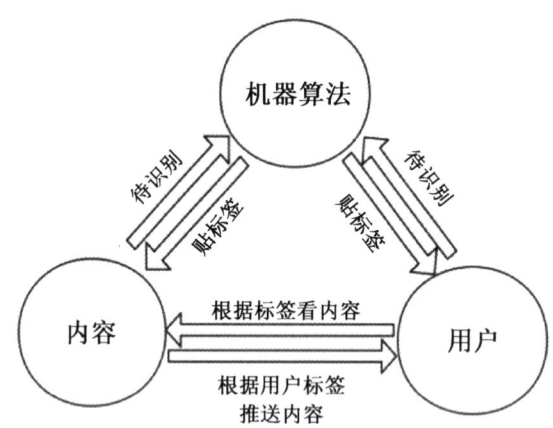

图 1-2　抖音推荐算法模型

抖音推荐算法是一个漏斗机制或赛马机制，与今日头条的去中心化的推荐算法基本一致，它包括冷启动流量池曝光、数据加权和叠加推荐 3 个滚雪球式的步骤，优质内容能够不断地得到抖音的流量推送。作为典型的信息流推荐平台，抖音的总体原则是围绕用户的喜好，用形式化的方式去描述，实际上是拟合用户对内容满意度的函数。抖音作品推荐步骤如图 1-3 所示。

- 对上传的抖音视频进行机器检测。
- 为通过的视频贴标签并申请流量推送。
- 抖音对实时在线用户进行视频流量分配。
- 对分配的视频流量再进行实验组分配，并为用户贴上相近的标签。
- 根据用户反馈（点赞率、评论率、转发率、完播率、关注比例）计算作品基数。
- 达到通过推荐基数后，继续把作品推送给下一个分配实验组进行基数测试。

- 通过首个实验组的基数测试后,视频将进入人工审核,确认是否继续送量测试。

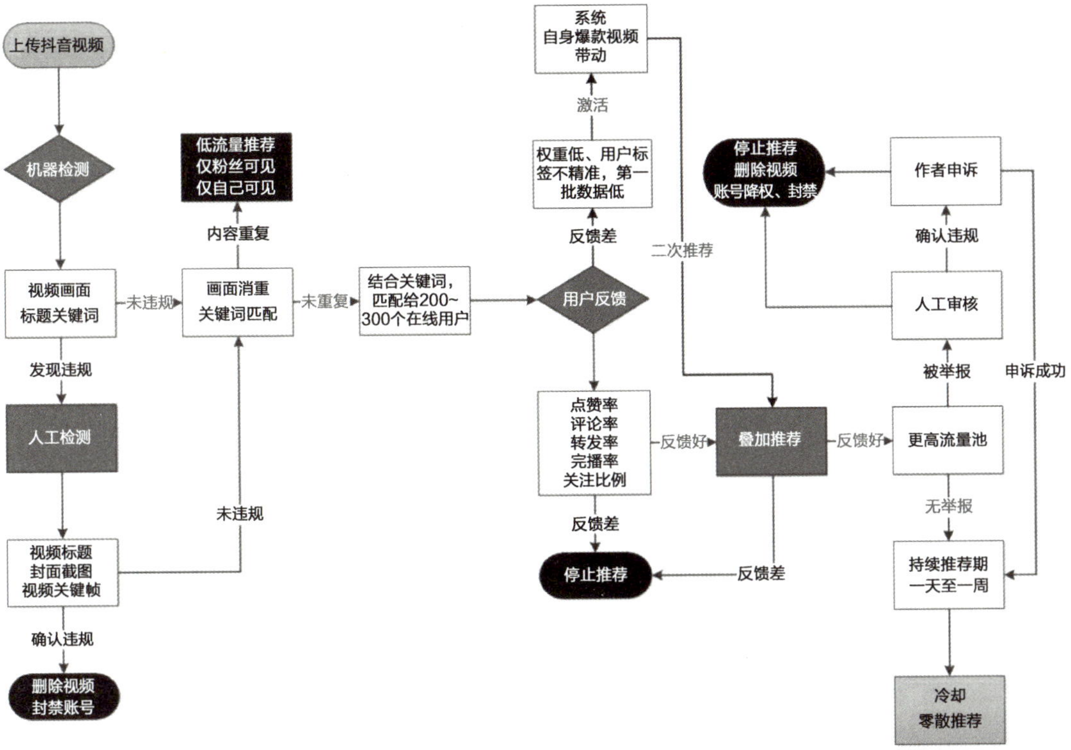

图 1-3　抖音作品推荐步骤

在视频上传初期,抖音会为作品提供一些初始流量,根据点赞率、评论率、转发率判断视频是否受欢迎。如果视频在第一轮被评判为受欢迎,那么推荐算法会进行二次传播,给予该作品更大的流量。通过推荐算法,抖音不仅可以提高用户体验和用户黏性,还可以保证优质创作源源不断地产出。

② 微信视频号推荐算法。对于内容创作者来说,微信公众平台是中心化产品,如同一个封闭的鱼塘,鱼塘好不好要看鱼有多少。而微信视频号是去中心化产品,它如同一个广场,只要视频内容够好,就能吸引更多的人来观看。微信视频号的突出优点是利用私域流量撬动公域流量,再回到私域流量,路径很短,可以减少流量流失。微信视频号和微信小商店被打通后,实现了微信生态变现。

微信视频号包括以社交为核心的"关注""朋友""推荐""附近"四大分发场景,如图 1-4 所示。微信视频号的推荐逻辑是基于社交关系,例如,你的好友发布、点赞的内容会被优先推荐,从微信视频号入口显示的"关注""朋友""推荐"3 个选项中可以看出来。微信视频号与其他平台不同的是,其他平台只向用户推送喜欢的内容,而微信视频号向用户推送用户的社交圈喜欢的内容。打开微信视频号,先推送的是朋友的点赞视频而不是自然推荐的视频,这种算法的逻辑是找对视频感兴趣的人,让他们看完并点赞,视频才能被更多的人看到。

微信视频号分发场景中的"关注",主要是指用户对感兴趣的视频号主进行关注,每当用户关注的视频号主发布新视频时,微信系统就会将视频推送给用户,这是沉淀粉丝的首要路径。微信视频号分发场景中的"推荐",主要推测用户可能喜欢的内容,让更多的微信视频号内容通过推荐广场触达用户,通过内容质量较好的视频吸引更多的公域用户。微信视频号分发场景中的"朋友",能调动社交关系使视频的传播范围扩大,是实现内容在社交关系圈中不断裂变的核心路径。微信视频号分发场景中的"附近",即基于周边位置分发同城视频内容,将视频推送给附近的人以增加流量,扩大视频的受众范围,聚集更多本地用户。

关注订阅

核心场景:社交推荐

兴趣、热点

地理位置

图 1-4　微信视频号社交分发场景

直播电商平台众多,各平台因自身的属性在发展直播电商的过程中呈现不同的特点。例如,淘宝直播是在电商的基础上布局直播卖货的,平台交易色彩较重,一般用户购物目的比较明确,直播购物转化率高。此外,电商基因使得平台品类丰富,供应链稳定,可以"一站式"满足用户的多元化需求,提升购物体验和用户黏性。内容平台发展直播电商,内容属性是根本,平台流量分发效率与内容并重。部分内容平台为了激发长尾效应的商业潜力,注重内容多元化。有的内容平台注重效率,容易打造销量高的商品;有的内容平台的品牌入驻率较低,是因为平台用户做出购买决策的时候更关注商品的深度和性价比,对品牌的重视度不够。

在电商平台、内容平台成功入局的影响下,不少其他平台也开始跨界入局并成为行业的亮点。艾媒咨询的分析师认为,"直播+"的内容边界不断扩大、泛化,传统行业和新兴行业都能找到合适的方式入局,而平台作为行业入局的技术中介,应该积极探索,努力寻找平台与技术的融合点,同时拓展在线直播的细分领域,满足用户的多元化需求,不断创新商业模式。

1.1.5 直播电商与电商直播融合

近年来，随着电商格局的变化，"6·18"从京东周年庆逐渐向全民电商狂欢节发展，同时直播电商模式的大火也吸引了许多平台不断地进行探索和尝试。2020年，短视频平台、直播平台、搜索引擎、内容资讯平台纷纷参与"6·18"购物狂欢节，探索直播电商发展新模式。对于电商来说，流量意味着消费的可能，在电商流量获取成本居高不下的情况下，直播作为一种自带快速引流特性的方式，通过网络红人及新鲜有趣的直播内容，帮助平台以低成本获取更多高质量流量。电商直播围绕人们购物、社交、娱乐消遣的生活方式开发系统，如何将直播模式和电商属性有效结合，以产生更多的交易行为，是电商直播的核心诉求。

传统电商平台竞争激烈，寻找新的流量入口成为各平台稳固和提高自身竞争力的重要手段。很多传统电商平台为了提升流量获取能力和用户关注度，让用户获得良好的购物体验，在平台中增加直播功能，通过与政府机构及其他平台合作、与明星及话题人物合作、创新直播玩法等，为平台活动造声势，实现用户规模与销售成果的全面增长。传统电商平台增加直播功能主要是利用平台的流量带动直播流量，在电商直播拥有充足的固定流量之后，再利用直播流量反哺电商平台。相较于传统电商平台通过视频、图片、文字展示商品，直播电商在此基础上，增强与消费者的实时互动性。在直播间里，主播营造的紧张气氛及营销话术很容易让消费者产生购买欲望，让消费者没有太多时间研究商品特性甚至来不及货比三家，进而"冲动消费"。

短视频内容平台是电商领域的后起之秀，虽然它的发展态势迅猛，但仍与一线电商平台存在差距。直播电商为了获取更多的商业价值，通过内容吸引大量用户粉丝来寻求电商渠道的变现，通过完善支付功能、购物功能来实现直播与电商的融合。因此，传统电商主要满足消费者的主动需求，直播电商可以挖掘消费者的潜在需求，完成传统电商从搜索购物向发现购物的升级转变。"直播+电商"模式很好地解决了电商购物的痛点，改变了用户对商品图片的不信任感，并为用户创造了一种参与感和临时感，提升了用户的电商购物体验。很多传统电商平台纷纷重视"直播购物"功能的开发。

随着短视频内容平台的不断迭代发展，直播作为更加实时的互动内容，具有 UGC 和 PGC 这两种内容创作形态及信息流呈现方式，具有"千人千面"的内容分发特点，这些内容营销平台吸引了广泛、多元、活跃的用户进行信息消费和内容创作，并依托内容流量和粉丝优势寻求直播电商变现路径。同时，传统电商平台为了获得更好的营销转化效果，纷纷植入直播功能，实现电商与直播的深度融合。电商与直播的双向融合，其本质是信息流和商品流的高效结合。直播电商成为很多企业拓展营销渠道、创新新零售"人""货""场""内容"要素的新经济业态。直播模式也从泛娱乐化直播、游戏直播、"直播+"朝着社交化、内容化、垂直化、广告平台化的模式发展。

直播电商运营

1.1.6 直播电商的人、货、场三要素

（1）直播电商与传统电商的比较。直播电商以直播为手段重构"人""货""场"三要素，但其本质仍是电商。与传统电商相比，直播电商拥有强互动性、高转化率等优势，但依旧离不开"人""货""场"三要素的结合，对"人"与"场"进行创新，融入主播、MCN机构等参与者，在"商品详情页"的基础上丰富营销场景，使"人""货""场"三要素结合得更为紧密。同时，直播电商对"人""货""场"三要素进行优化，促进用户购物体验升级，在营销效果与用户转化方面具有明显优势。

从信息传达的角度来看，直播电商的出现推动了商品描述的升级（文字→图文→音频→视频→直播互动），提高了信息交互效率。基于这种升级，原来的 KOL（Key Opinion Leader，关键意见领袖）可以通过直播电商更好地与用户互动，提高了用户对商品的信任度。另外，直播电商扩大了触达范围，例如，传统的线下导购可以通过直播模式打破地域限制，扩大导购的服务半径，提高服务效率。更高的信息交互效率，更专业的 KOL 互动，更广阔的服务半径，使直播电商的转化率得到大幅提升。直播电商这种新形式使直播信息实时输出，实时直播带给用户更多的真实感和现场感。针对商品信息，用户可以通过评论与主播进行交流和互动，直播电商不仅缩短了营销链路，还提高了销售转化率。

相较于传统电商，直播电商少了广告投放环节，缩短了营销链路和商品成交时间，提高了转化率。直播电商利用明星、网络红人的流量效应，可以迅速为商家提高人气，推动商品销售。表 1-4 所示为直播电商与传统电商的区别。

表 1-4 直播电商与传统电商的区别

不同方面	直播电商	传统电商
内容特征	主播与用户互动	商品详情页及图文信息
属性特征	娱乐+营销	营销
商业逻辑	货找人，主播将商品呈现给用户	人找货，用户自行搜索所需商品
商品价格	商品价格具有一定的优势；平时通过秒杀、礼赠、降价等手段吸引用户	商品价格优势不明显；商品价格较为稳定，日常折扣小
互动性	强	弱
转化率	较高	较低
消费路径	用户→主播→商品	用户→商品
消费方式	主播向用户推荐商品	用户主动搜索商品
用户消费需求	用户可能对商品存在刚性需求，但被主播、消费场景等要素激发	以刚性需求为主
用户消费心理	用户对商品的需求具有不确定性，用户购买商品主要是满足自己的好奇心	用户对商品有刚性需求，购买商品是为了满足物质需求
消费决策因素	商品价格、商品质量、品牌和话术等	商品价格、商品质量和品牌等
消费体验反馈	主播与用户进行互动，建立情感联系	与客服交流，缺少情感联系

续表

不同方面	直播电商	传统电商
社交属性	社交属性强,主播和用户可以进行双向互动,主播全方位地向用户讲解商品,用户之间可以在线交流,信息反馈及时	社交属性弱,用户被动地接收信息,交流的形式比较单一,信息反馈不够及时
购物体验感	获得更多的参与感和互动感	用户根据主观判断自主选择商品
交易花费的时间成本	主播具有较强的选品能力和商品讲解能力,能够帮助用户降低购物决策所花费的时间成本	用户在购买商品之前需要花费较多的时间去搜集商品信息,并且在交易过程中花费的时间成本较高

购买路径根据场景和路径分为搜索零售、搜索电商、搜索直播、内容零售、内容电商、内容直播、社交零售、社交电商和社交直播九大类。场景分为线下场景、电商场景和直播场景。基于基本交易要素的组合顺序不同,路径分为搜索路径、内容路径和社交路径,购买路径模型如图 1-5 所示。

- 搜索路径的逻辑在于"买",即交易要素按需求、触点、信任排列。
- 内容路径的逻辑在于"逛",即交易要素按触点、需求、信任排列。
- 社交路径的逻辑在于"跟",即交易要素按信任、需求、触点排列。

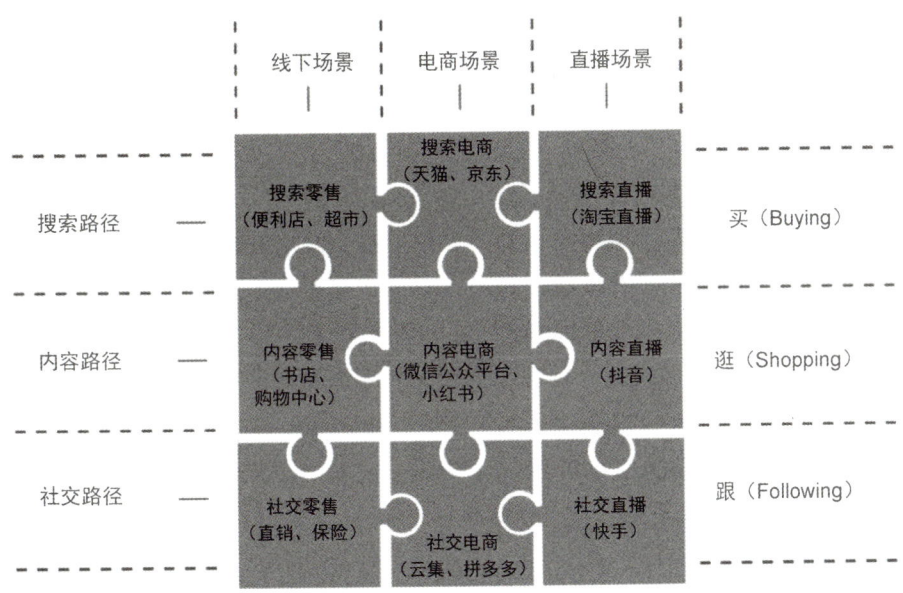

图 1-5 购买路径模型

(2)直播新零售的人、货、场。 以抖音为代表的兴趣电商,将兴趣与电商结合起来,在用户需求不明确的情况下,基于内容兴趣的个性化推荐成为市场标配,发现用户的潜在需求,把商品推荐给感兴趣的人,帮助其发掘新的商品服务,进而提升生活品质。对于商家来说,这样可以更精准地找到自己的消费者,更多被激发出来的消费需求会带来更大的市场和更多的机会,进而带来更多的消费新人群和生意新增量。抖音电商以内容为核心,以内容属性来判断流量的质量，用内容激活用户的消费需求。内容既包括短视频也包括直播。

在兴趣电商的场景中，需求和购买意图都是不明确的，消费者关键的使用行为是"逛"，商家发现消费者的潜在需求，把适合的商品推荐给感兴趣的用户。兴趣电商是"货"找"人"，传统电商是"人"找"货"，这是兴趣电商与传统电商最大的区别之一。在"货"找"人"的逻辑下，只要给用户足够高的"情绪溢价"，用户就可以接受高客单价的商品，从而实现直播电商的正向循环。在直播电商的形式下，"人""货""场"三要素得到进一步优化和重塑。

从表面看，直播电商增加了主播、MCN 机构等环节的参与，但实际上是对已有卖货方式的全面升级，直播的形式、环节、货品选择都是对内容的重新组织，相较于传统线上店铺，图文介绍对消费者有更直观的冲击力，即"好内容+好商品"造就了"好直播"。直播电商之所以能够受到广大消费者的欢迎，是因为它在"人"和"场"方面的突破，还有在"货"上的变化。虽然直播电商在零售产业链上多加了 MCN 和主播推销的环节，但是它们的出现能够帮助消费者进行非常严格的选品和价格谈判。商品的好坏和价格代表了主播的形象和口碑，如果主播一次卖货失败了，商品有问题并被消费者投诉了，就会失去一大批粉丝。主播为了长远发展，其团队在产品品质、价格和需求等方面是非常严格的；为了获得更好的口碑和更多的流量，主播及其团队将倒逼供应链和生产厂商重视商品的品质。

以往由于供应有限或地域限制，更多的是"人"找"货"；后来，随着经济的发展和淘宝、京东等综合性电商平台的崛起，商品的丰富性得到了增强，营销逻辑转变为"货"找"人"，但是海量同质化高的商品使得消费者面临选择困难，同时过多的被动推销严重影响消费者的消费体验。小红书、抖音等内容平台出现后，通过大量"种草"间接方便了消费者的选择，而电商直播的出现使消费者更为直接地了解商品。经过对内容的精心组织，被动推销的厌恶感被削弱，销售转化率得到提升。由于优秀主播更擅长洞悉消费者的需求，甚至能够改变销售方向，从消费者的需求出发对商品进行打样和生产，并根据需求变化及时调整产量，所以有时候营销逻辑会转变为"人"找"货"。

（3）电商直播的场景构建逻辑。电商直播的"场景"有别于实体购物场景，商业资本在选择和构建电商直播"场景"时赋予其独特的符号意义与逻辑方式。电商直播场景的 3 种框架类型及构建逻辑，如表 1-5 所示。主播私人场景通过主播 IP 的象征意义获得粉丝的情感认可；购物临场场景基于符号的布景实现虚拟的情境消费；生产溯源场景则诉诸情怀，唤起受众的民族集体记忆。

表 1-5 电商直播场景的 3 种框架类型及构建逻辑

框架名称	框架装置		构建逻辑	占比
	符号	隐喻		
主播私人场景	主播工作室、卧室、客厅、素颜等	主播与粉丝之间的亲密关系	情感认可	33.8%

续表

框架名称	框架装置		构建逻辑	占比
	符号	隐喻		
购物临场场景	商品实体店、品牌Logo、模特试穿、试用等	与现场一致的购物体验感	情境消费	38.7%
生产溯源场景	原产地、现场采摘、加工现场、生产线展示等	货真价实、朴实、良心企业、匠心精神	诉诸情怀	27.5%

主播私人场景的构建通过主播个人IP的打造获得粉丝情感认可。购物临场场景则通过营造虚拟消费环境引导情境消费。生产溯源场景以生产透明度换取受众的信任，这一场景在理性逻辑的外表下，杂糅的是良心企业、本分老实做生产、匠心精神的诉诸情怀的感性逻辑。因此，电商直播场景的构建以情感塑造信任，使受众在信任中获得认同感与归属感，进而影响受众在直播场景中的停留行为与消费行为。从电商直播的场景构建逻辑可以看出，虚拟的电子商品场景中依然以情感为纽带使受众和主播互相信任。

直播电商的"人""货""场"逐渐向多元化方向发展。"人"是直播电商的核心生产要素，直播电商以用户与粉丝关系为核心，使粉丝与偶像之间的关系从远距离崇拜变为近距离依赖，偶像与粉丝之间的物理距离和心理距离被无限缩短，双方互动频繁，且粉丝以偶像的家人、朋友自居，形成直播营销受众聚合的沉浸式社交场景。随着直播电商的迅猛发展，目前直播商品种类已经基本覆盖了所有行业，直播形式的丰富及5G（5th Generation Mobile Communication Technology，第五代移动通信技术）的逐步应用，使直播场景不再局限于直播间，逐步衍生到实体店铺及原产地、供应链企业等，甚至可以与综艺节目结合起来。

当前，主播们开始寻求运营新方向——将直播内容进行二次经营的直播切片，对录制的长视频进行切割、剪辑后产出各种短视频，在淘宝、抖音和快手等平台上有不少类似视频，只不过因平台自身定位不同，直播切片展现的逻辑略有不同。直播切片的内容大多源于品牌店播，直播切片不仅可以帮助消费者更好地了解商品，还是商家低门槛进入短视频领域的手段，目的是引导消费者缩短策略链路并完成交易。最近，出现在抖音、快手等短视频平台上的直播切片，是商品分销的重要手段，用主播强IP吸引流量，在短视频中挂上小黄车，从而实现卖货。如果主播想成为卖货KOC（Key Opinion Consumer，关键意见消费者），那么可以先开通一个有橱窗功能的社交账号，再上传经过剪辑的卖货主播的直播片段，并上架对应的商品，最后借助主播的IP影响力和现成的商品介绍来卖货，以赚取佣金。

1.1.7 直播电商的发展环境与挑战

直播电商的发展环境主要包括政策环境、经济环境、社会环境和科技环境4个方面。

（1）**政策环境**。直播电商新经济快速增长，未来或将成为经济发展的主要引擎。为进一步优化直播电商产业的发展环境，推动直播电商新经济新业态创新发展，抢占直播风口，一些地方陆续出台相关政策，以带动当地直播电商产业的发展。广州、菏泽、杭州、济南和宁波等地颁布直播电商扶持政策，通过扶持龙头企业、孵化品牌、培养直播人才等方式，推动产业升级。由中国商业联合会牵头起草并制定的首部全国性直播卖货标准于 2020 年 7 月发布，自此直播电商迎来了标准化时代，实现了规范、健康发展。直播作为与群众生活联系十分密切的网络新业态，在数字社会建设中具有巨大潜能。淘宝直播、抖音、快手、京东直播等各大平台纷纷推出极速入驻、流量扶持、免费教学等扶持政策，吸引更多商家入驻，让商家搭上直播经济的快车。淘宝直播、抖音、快手、京东直播平台的扶持政策如表 1-6 所示。

表 1-6　淘宝直播、抖音、快手、京东直播平台的扶持政策

平台	政策内容
淘宝直播	所有品牌商家和线下门店均可以零门槛、一键入驻淘宝直播。新开播的商家、门店全部免交保证金、技术服务费，可免费使用各类工具，并可极速发布商品，立即开始运营。淘宝直播将在 V 任务开通免服务费主播合作专区，便于与商家线上合作，主播与商家以连麦的形式开展内容合作
抖音	通过线上团购预售和线上直播分享商品两种方式，助力商家线上增收。为商家开通直播商品分享权限的绿色通道，优先帮助他们入驻小店，开启团购预售功能
快手	对线下门店推出零门槛入驻、减免技术服务费、提供预售能力、发货时效延迟、回款账期缩短和运营指导等服务；此外，大幅下调"闪电购"功能的使用门槛，让更多商家省去复杂的商品上架流程，快速进入售卖环节
京东直播	对亟须开拓线上销售渠道的新商家，京喜提供零成本入驻，最快 6 小时极速审核，扣点低至 0.6%；同时，为新商家提供免费代入驻服务，并组织第三方服务商提供一个月的免费代运营服务

（2）**经济环境**。近年来，我国居民可支配收入快速增长，居民购买力持续提高。2022 年，我国居民人均可支配收入为 36883 元，比 2021 年增长 5.0%，扣除价格因素，实际增长 2.9%。全国居民人均可支配收入中位数为 31370 元，比 2021 年增长 4.7%。居民购买力增强，网上购物消费支出快速上涨。2022 年，全国居民实物商品网上零售额为 119642 亿元，人均网上购物消费支出达 7594 元，占全国居民消费品零售总额的 27.2%。随着越来越多的互联网平台涉足电商业务，网上购物用户的线上消费渠道逐步从淘宝、京东等传统电商平台向短视频直播平台、社区团购平台、社交平台扩散。据调查，只在传统电商平台消费的用户占网上购物用户的 27.3%，在短视频直播、生鲜电商、社区团购及微信等平台购物的用户的比例分别为 49.7%、37.2%、32.4%和 19.6%。在过去几年里，电商平台通过直播卖货的形式构筑了一条通往海量用户的新消费渠道，深刻地改变了新零售业态，构建了产业体系新发展格局，让消费潜力更好地得到释放，为经济高质量发展增添了很大动力。

（3）**社会环境**。庞大的网上购物消费人群为直播电商的快速发展提供了丰富的土壤，网上购物消费群体趋向多元化，特别是"90 后"普遍喜欢尝试新鲜事物，对直播电商的接

受度更高。艾媒咨询调研数据显示，在线上购物的消费人群中，30岁以下的年轻人约占总消费人群的64.4%，年轻人更容易接受新鲜事物，直播电商的互动性和趣味性可以满足他们不同的消费需求。中国消费者协会的调查显示，消费者对直播电商的偏好为42.6%，高于对传统电商34.9%的偏好。三线及以下城市的消费者成为直播电商新的用户增量，消费下沉成为行业内公认的趋势。下沉市场消费个体的单次消费能力可能比不上一二线城市的单次消费能力，但是他们的基数大，所以下沉市场有较大的增长空间。值得说明的是，消费者在直播电商中寻求的不仅是良好的购物体验、多样化的商品选择，还更注重直播形式和主播带来的娱乐效果，同时消费者的消费行为和生活方式也发生了深刻的变化。

（4）科技环境。随着科技的快速发展，5G时代的到来，直播电商将迎来更多发展机遇。5G结合云计算、物联网、人工智能、大数据等新技术，重点探索4K高清直播互动购物、AR（Augmented Reality，增强现实）/VR（Virtual Reality，虚拟现实）营销、营销大数据分析等先进技术的应用，推动直播电商的创新发展。

① 5G技术。高速率、高密度、低延迟、智能化的5G被运用在直播当中，可以提高直播画面的清晰度，改善页面卡顿等问题，提升购物体验。

② AR/VR技术。通过AR/VR技术，用户可以进入沉浸式场景，有种身临其境的感觉，全面、多维、直观地了解商品信息。

③ 语音技术。利用语音口令帮助观看直播的用户实现快速购买，提高了转化率，丰富了直播互动形式。

④ 图像技术。"识图"功能可以通过识别视频内容进行搜索，用户能够快速找到自己喜欢的商品，提高购买效率。

⑤ 数字人直播。数字人技术是一种基于人工智能的数字化技术，利用计算机技术对人体进行三维建模和仿真，以生成高度逼真的虚拟人物形象。与传统的真人直播相比，数字人直播具有性价比高、直播时间长和画面吸引人等优势。在"货"带"人"的时代，优质的商品配合数字人24小时不间断的直播模式，将成为直播卖货的发展趋势。数字人直播间如图1-6所示。

直播电商的发展已经如火如荼，在发展过程中机遇与挑战并存。直播电商的发展机遇主要包括以下5个方面。

① 新技术优化消费体验。利用语音识别技术、图像识别技术可以实现商品自动推荐。AR/VR技术为直播营造更加真实的体验场景。

② 直播卖货商品品类扩充。直播卖货商品品类除了常见的服装、食品、护理用品，还包括家用电器、3C数码、汽车、珠宝古玩等。随着企业直播的商业价值不断地被挖掘，目前企业直播在教育、金融、信息技术、传媒、电商、医疗、汽车等行业得到广泛应用，其中教育和金融是企业直播应用最为广泛的两大行业，它们占50%以上的市场份额。

③ 5G带动直播生态发展。4G的快速发展，催生了短视频和直播，5G的高带宽低迟

延，将进一步带动直播生态发展。

④ 下沉市场进一步渗透。三线及以下城市常住人口占全国人口的 60%，具有非常大的消费潜力，而借助直播电商输出农产品，可实现精准扶贫。

⑤ 产业链整合及柔性生产出现。内容的同质化驱使直播电商将竞争重心放在产业链整合上，个性化、不规则直播消费模式及智能化生产技术的应用促使柔性生产出现。

图 1-6　数字人直播间

在直播电商快速发展的同时，行业内更大的流量吸引力与流量变现能力也带来了一些问题，如虚假宣传、不退不换、假冒伪劣等。这些问题反映出商家诚信缺失，已严重影响行业的健康发展，亟待规范和引导。同时，直播电商的发展也面临诸多挑战，主要包括以下 3 个方面。

① 平台分流与竞争状态白热化。线下企业加速转型线上，借助直播电商平台提高商品的曝光度，拓宽销路，将进一步加剧市场竞争。越来越多的内容平台及电商平台参与到直播电商的竞争中，摊薄了现有流量，使直播卖货的竞争越来越激烈。除了"明星/网络红人+电商直播"输出 PGC 精品内容，大部分时段直播电商平台难以持续输出优质内容并维持较高转化率，尤其对于以 UGC 为主的个体工商户来说，商品宣传很容易用相似标签来描述。

② 供应链整合能力。很多直播间的供给产业链容易出现脱节，直播卖货的竞争力不仅体现在直播间内部，还体现在直播间外部的业务组织能力和供应链整合能力，这才是企业直播卖货的关键竞争力，很多直播间内外部团队的协作能力还需要提升。

③ 行业政策监管。直播消费中商品质量问题是消费者的最大顾虑之一。我国互联网直播电商平台企业尚处于"野蛮生长期"，平台规则和监管制度不够完善，直播电商平台经济模式下社会责任问题体现出多重主体性、强危害性和治理复杂性等特点，平台企业的社会责任问题不仅是市场范畴的经济问题，还是公共范畴的社会问题，单靠某个平台企业或政府部门、社会组织无法有效达到治理效果。在协同治理理念的指导下，要以直播平台为核心，有效协同平台的多元生态主体，进一步深化"政府法治、企业自治、社会共治"治理

架构，构建包括制度治理创新、组织治理创新和技术治理创新在内的直播平台企业社会责任协同治理体系。随着直播电商生态系统的不断变化，各方应从市场、技术、行政、法律等方面制定治理策略，厘清协同各方的责任链，切实保护各方利益和整体生态系统。

随着市场规模的扩大和政策的实施，直播逐渐走向常态化，成为电商标配的内容营销工具。对于品牌方来说，电商直播正走出眼下清库存、低价走量的阶段，转变为根据消费者需求进行直播定制并走向精细化、规模化运营。对于平台来说，变现才是最终目的。未来，内容和电商相结合将是直播平台的发展方向，对于平台及商家来说，只有对直播进行精细化运营，输出优质内容，才能突出重围。

任务二　理解直播电商产业模式与生态结构

1.2.1　直播电商生态体系的构成与演变

直播电商的演变为产业链做了"加法"，不但刺激了大量新职业与第三方服务的产生，还使商品生产销售模式更加适应互联网的发展趋势，同时要求主播持续输出优质内容。直播电商实现了"生产—销售—消费"的无缝对接，避免了信息不对称的情况，减少了中间渠道，刺激了消费者的购买需求，进一步激发了消费潜力。直播电商的主要生态体系如图1-7所示。

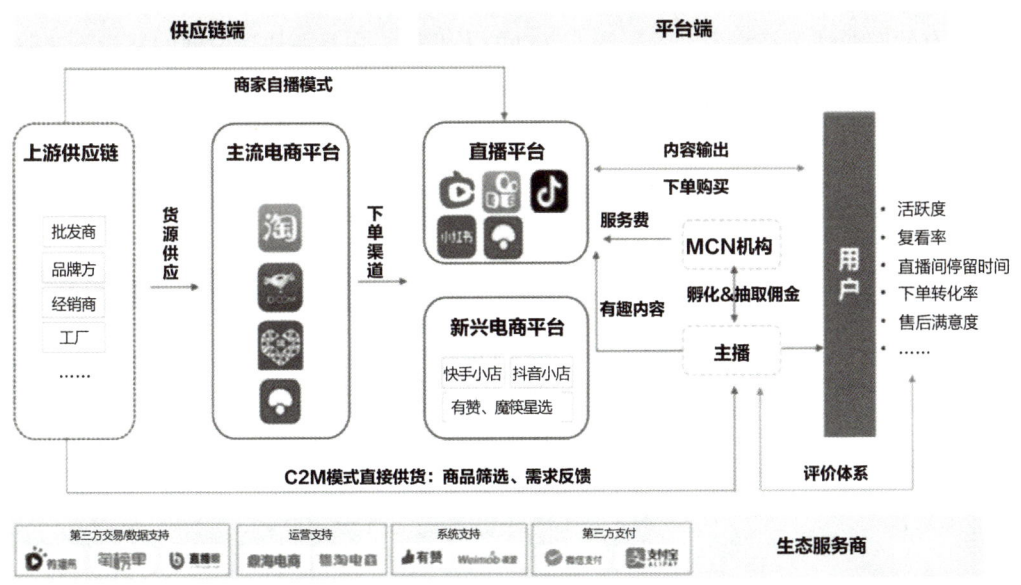

图1-7　直播电商的主要生态体系

首先，对于传统企业来说，直播电商在品牌提升、消费升级、营销渠道拓展等方面发挥的商业价值，是区域特色产业融入"直播+"转型升级发展的重要路径。其次，直播电商产业多样化市场主体的生态要素布局和组织形式会对新经济新业态新模式的绩效产生影响。最后，区域直播电商应该走特色化和差异化发展道路，要做足供应链整合、生态服务商和直播创新中心等直播间内外部的引导激励和政策保障。

（1）**供应端**。供应端主要包括商品供应方（厂商、品牌商、经销商）及内容创作方（包括主播、MCN 机构等）。优质供给永远是稀缺的，无论是生产端还是商品端，只有拿到优质的供给，才能形成自己的独特玩法，与传统的供应链模式相比，网络红人作为需求端，直接与商品的生产端相连，这中间去掉了零售商载体。义乌小商品批发城的商品优势和网络红人的流量优势得到了完美结合，供应端逐渐形成了知名的"直播村"。主播们以巨大的流量节点作为支撑，通过直播将消费者、电商平台、供应商、工厂、品牌商、MCN 机构整合到一起，形成一个庞大的供应链网络体系，互相协同，快速迭代。

（2）**平台端**。平台端包括电商平台（淘宝、京东、拼多多、蘑菇街、快手等）和直播平台（快手、抖音、淘宝直播和微信直播等）。平台端是在网络空间中集聚了用户及其提供的短视频资源的平台运营商，所提供的平台资源包括账号、短视频、直播发布能力、网上店铺空间，并且随着第三方工具不断加入，直播平台的生态环境得到了优化，直播行为监管和直播服务体验得到持续改善。

（3）**生态服务商**。在短视频和直播电商业态中，服务商居于厂商和平台商之间提供专业化服务，在"人""货""场"之中，服务商是"人"与"货"发生联系的推手，是商品流与客流产生交汇的枢纽，也是信息流（内容）的主要生产者和运营者。在新业态中，作为专业中介的服务商具有"催化"作用，其快速发展进一步促进了整个新业态的成长，服务商所具有的职业性特征将推动这一行业活动的专业性。在行业快速发展的背景下，服务商在短视频和直播电商业态中必将发挥更多、更大的作用，他们所承担的业务比例也将逐步扩大。直播电商生态服务商业务情况如图 1-8 所示。

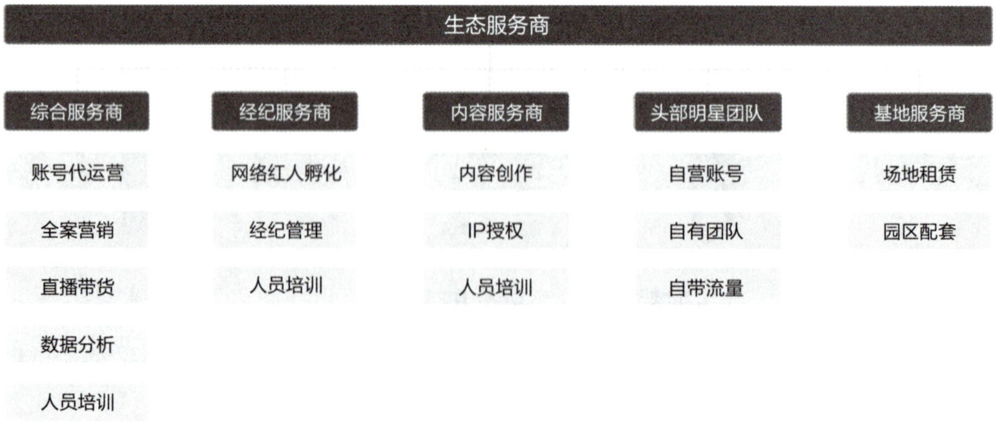

图 1-8　直播电商生态服务商业务情况

直播电商生态服务商依托直播生态生存，其主要业务描述如表 1-7 所示。

表 1-7 直播电商生态服务商的主要业务描述

服务商类型	主要业务描述
综合服务商	综合服务商拥有比较完备的资源，发展时间较长，是新业态中服务商发展的高级形态，其业务涵盖内容服务、人员服务、资源输出。账号代运营不仅要整合内容、人员、技术等多种资源，还要以平台商的合作准入资质作为运营基础，这是综合服务商的重点业务
经纪服务商	经纪服务商的业务主要是与短视频和直播电商相关的人力资源培育。经纪服务商的核心优势体现在大量网络红人资源及其形成的账号传播矩阵，可以为厂商提供整合营销方案，通过账号传播矩阵形成巨大流量池，最大限度地触达目标消费群体
内容服务商	内容服务商的主要业务包括内容创意、策划和制作。大部分内容服务商由原来的 PGC 生产商转型而来，具有较强的内容生产能力基础。除了原生内容创作，IP 孵化与授权也是内容服务商的重点业务
头部明星团队	头部明星团队是指现象级的头部网络红人成立的专属团队，他们拥有较高流量价值的账号 IP，在与厂商、平台商的合作中具有较强的市场议价能力，头部明星团队也可以逐渐发展为经纪服务商。头部明星团队采用"辅助养成"模式，头部账号为新账号引流，辅助策划、运营和变现
基地服务商	基地服务商主要提供支持拍摄短视频和开展直播活动的空间资源，包括直播间、办公场地、主题布景场地、网络红人打卡景点，以及与使用场地相关的活动策划、配套服务等

（4）**消费者**。消费者为观看直播的用户。其中，品牌商或厂商对接电商平台并为其提供货源，对接 MCN 机构或主播，确定直播内容方案，将方案引入直播平台进行内容输出，最终引导消费者在电商平台购买商品，实现变现。电商平台、直播平台、MCN 机构或主播为主要收益方，其收益一般来自按成交额的一定比例收取的佣金。

（5）**主播**。主播按照内容分为秀场主播、游戏主播、卖货主播等，其主要形式为直播形式与录播形式。主播是一个对综合能力要求很高的职业，一名优秀的主播经常在直播间面对数万名观众，并实时与直播间的观众交流，具备与不同观众互动、解决临场意外和突发问题、有效寻找话题和把控现场的能力，拥有良好的语言表达能力，能够调动直播间氛围和观众的情绪。

主播以商品为核心，利用直播的艺术手法对商品进行内容创生和详细生动的宣传推销，同时与用户互动，最终影响用户购买决策。主播是商品的载体，在接收商品后产生认知，再通过个人情感、技能等传播给用户，刺激用户产生需求，令用户做出购买行为，或者用户本身就有购买需求，信息的传播只会更快地令其做出决策。对于主播来说，不仅要熟悉直播平台的规则、互联网广告营销法规等，还要具备掌握直播间营销知识的能力，洞悉直播间用户的消费心理。

在服务商、厂商、平台运营商三者关系中，厂商基于其品牌推广和商品销售的需要，直接在平台上开设账号，自组团队来运营，或委托服务商代为运营，也有一些厂商直接把商品交给服务商推广并销售，两者之间为委托关系。在自主运营账号的过程中，厂商既需要平台的公域流量，也要将消费者吸引到平台上，形成私域流量，客观上帮助平台扩大用户规模，提高用户黏性。服务商、厂商、平台运营商三者的关系如图1-9所示。活跃在短视频社交平台的综合服务商往往拥有网络红人和头部达人，能够形成一定规模的私域流量，为平台带来用户增量，提高用户黏性，但从根本上来看，仍需要平台各方面功能的支撑和公域流量的导入，以顺利完成销售过程，吸引新的消费者。

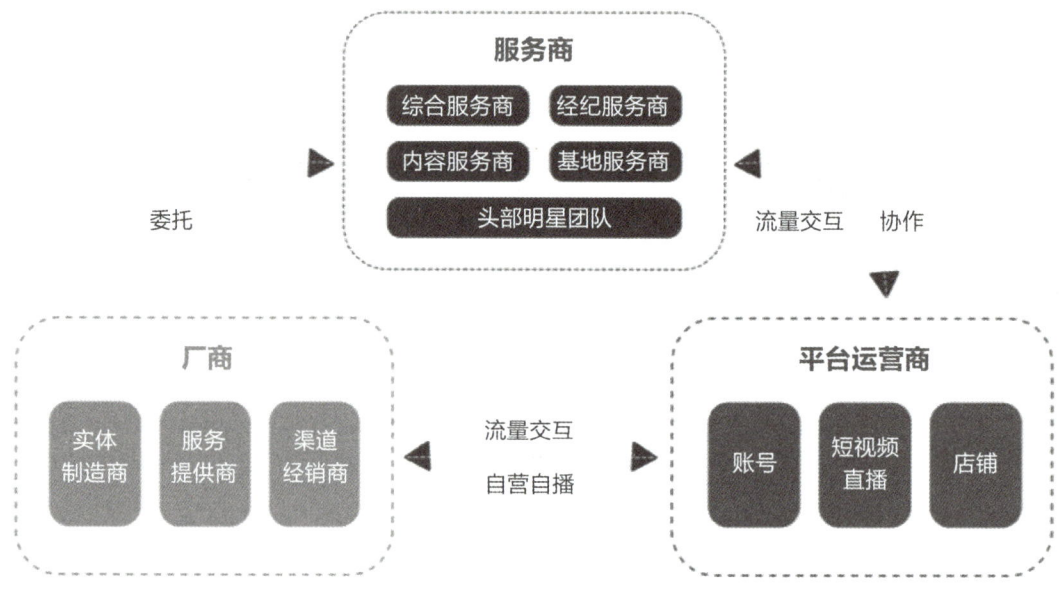

图1-9　服务商、厂商、平台运营商三者的关系

平台型企业需围绕其生态主体的内容、数据、营销、信用、交易和安全等方面开展综合治理，加大平台内从业群体资格和专业素养的认证，利用新型技术、市场手段和平台规则提高平台监管和发现问题的效率，吸引外部平台服务商不断完善平台工具，为平台主体提供便捷、公平的市场经营环境。此外，应加强行业层面的社会共治。行业协会、区域特色产业带和聚集区等出台自律规范，实现监管机构和行业协会的共治模式与行政规范性文件"齐头并进"，加强区域绿色示范直播间的建设和培育，加强产业政策宣传、人才培训和行业自律，形成具有较强直播电商创业氛围，拥有特色优质供应链资源、直播电商产业带，以及多样化、区域性、专业化服务机构的市场格局。

1.2.2　直播电商的发展模式

目前，我国各地根据区域经济发展特色，逐渐形成了"直播+特色产业"的发展格局，整合配置优势产业链要素资源，形成了一大批以杭州九堡、义乌下朱村、广州大源村为典型代表的产业聚集网络红人直播村，形成了线下商圈店铺直播、直播拍卖、基地走播、产地直播、达人直播、定制模式和地方官员代言卖货的多种直播新经济模式，如青岛海产品直播卖货、杭州四季青服装门店直播卖货、江苏苗木基地走播、新疆某地局长卖货和细分领域微拍堂模式等。

许多地区为了支持直播产业生态的发展，积极寻求媒体与直播的融合发展道路：通过建立具有较强集聚能力的直播基地、选品中心、直播产业带示范区和直播学院等，进一步培育定制消费、时尚消费、粉丝经济等消费新业态；在大型综合体、商超、农业、餐饮业、旅游业等领域创新开展直播电商活动，发展"线上引流+实体消费"的新消费体验；同时政策上多部门协同推进培育发展直播电商产业人才、市场主体和配套服务，发挥政府机构、行业协会、全媒体组织、高校和MCN机构等众多生态要素的市场组织功能，提升直播电商产业市场绩效，引导和规范直播电商产业市场行为，推动地方形象和公共服务提升、国货复兴与社会价值拓展。

（1）店铺直播。主播在直播间介绍每一款在售商品，并结合观看用户的留言进行讲解，这种模式的竞争力就是商品的优势，同时主播的亲切态度和专业能力也很重要。店铺直播模式在淘宝直播上特别多，商家本身在淘宝开店，通过直播的方式销售店铺商品，主播并没有打造个人IP，直播的商品价格也并不是特别优惠，只是商家通过直播这种方式逐一介绍店铺的商品，依靠商品本身的特点引起观众的兴趣，从而实现成交。淘宝也希望扶持店铺直播，而不是依赖于网络红人做直播。

（2）基地走播。所谓的基地走播，就是由商品供应链构建直播基地，主播去基地直播。主播走进线下商户、实体门店、专业市场，边逛边直播，向消费者推荐货品，这种动态的直播形式相对于传统的图片展示更直观、更细致、互动性更强，兼具直观体验和娱乐性质，能激发消费者的购买欲望。近几年，基地走播模式特别多，基于当地的优势资源构建直播基地，吸引全国各地的知名主播到基地进行直播，好处是在现有的产业基地基础上架设直播销售渠道，是对原有资源的有效利用。主播每天选择品牌店串场直播，有的在大型批发市场逛店直播，有的去果园农场直播等，店主由此促进成交，主播赚取佣金。

（3）产地直播。产地直播模式的优势是能够展现商品的"正宗"，强化原产地的卖点，适用于自产自销，或者产地直销，如卖水果、卖海鲜等。产地可能是果园、加工厂或者生产车间，主播以接地气的方式向直播间的观看用户展示生产地或制作过程，产地直播的粉丝基数和观看量并不高，但转化率很高。产地直播集合了各种真实现场感，还有笑点和无数感性素材，大大刺激了观看用户的消费欲望，这就是现场的力量，唤醒的不只是用户对商品的感受，还有一组组场景和密集兴奋点，激发了消费者的购买需求。

（4）达人直播。所谓的达人直播，就是把主播打造成为某个领域的KOL，围绕顾问式导购，积极对品牌进行严选。消费者信任主播在某个领域的专业度，信任其在某个领域推荐的商品。达人直播模式是"个人IP+直播卖货"的玩法，不以商品为核心，而以个人IP为核心，消费者是先相信达人，再相信达人推荐的商品。很多网络红人利用自身的知名度，打造强大的供应链体系，通过广泛招商、采购、品控等细节，降低商品的成本，从而为自己的粉丝提供更多实惠。

（5）**砍价拍卖模式**。所谓的砍价拍卖模式，就是主播帮用户向卖家砍价，砍到满意的价格后用户下单。这种模式有一定的表演成分，主播扮演的是一个买手的角色，直播间的用户量就是主播的砍价筹码，用户通过直播见证的是整个砍价的过程，价格是用户下单的重要理由。主播在店铺进行直播商品推广时，用户可以在线购买，若商品比较抢手，还可以用竞拍的方式让用户获得。在直播间里，行家比拼眼力，有钱人任性抬价，群众围观鼓掌，全方位调动活动氛围。这种模式具有煽动性，适合能言善辩的主播，但通过靠"编"、靠"演"进行砍价，很难形成持续化发展。很多主播充分利用地方特色的苗木产业、茶叶专业市场等优势，通过直播间的集体议价砍价形式营造直播氛围，对接优质商品。

1.2.3　直播电商供应链模式

直播电商真正的竞争不仅在直播间，还在于直播间前端和后端的供应链组织能力。随着产业带、原产地"直播+电商"的兴起，越来越多的平台在供应链的搭建上选择靠近货源地、联合各大产业基地创建直播基地等形式，致力于解决商品滞销的难题，推动商品流动。当前，直播电商供应链模式可以归纳为品牌集合模式、品牌渠道模式、批发档口模式、尾货组货模式和代运营模式。商家根据自身的优势，通过与线下专柜品牌合作建立直播基地，或者创建供应链开发款邀约外部主播或寄样合作，或者批发市场整合商户档口采用自身店播、合作走播或邀约主播形式，抑或是利用尾货和电商资源建立直播团队帮助商家解决渠道和运营问题。直播生态系统中有专业化的线下选品中心、严选商品库和网络红人商品目录等供应链资源，也有线上供应链资源，如蝉妈妈精选与抖音精选联盟等，而企业通过自建或加盟形式完成货品生产和供应。

（1）**品牌集合模式**。这种供应链模式的供应链利用自身优势资源，通过与线下专柜品牌合作，建立自己的直播基地，对外邀请主播来卖货，一般以上一年的款式为主，折扣相对较大，目前的品牌直播基地基本上采用这种模式，对应的直播大型活动有超级内购会。这种模式的供应链，其优点是所有库存均由品牌商承担，供应链实际上就是赚取差价的中间商，并没有太大的库存风险；缺点是单纯依靠外部主播来消化，自己本身不生产货，不做电商运营，也没有孵化主播。

（2）**品牌渠道模式**。品牌商具备一定的线下门店基础，依托原有的资源创建供应链，定期开发一批新款来邀约外部主播或者寄样合作；或者绑定几个比较合适的主播做联名款，直播只是品牌商增加的另一个销售渠道，主播播完之后，可以安排其他主播轮番扫货。这种模式的供应链，其优点是款式新，与主播风格匹配，转化相对较高，产生的库存也可以放到线下门店出售，库存风险大大降低；缺点是品牌商的开发周期长，款式数量不多，同时没有专业的电商运营团队，很难形成高产。

（3）**批发档口模式**。这种模式的供应链主要存在于批发市场，如杭州四季青服装批发市场。一是单个档口与线下市场走播的主播合作；二是将批发市场的商户整合为供应链，邀约主播进行直播；三是第三方或者物业牵头组织档口加入其中，一起做成供应链。批发档口模式的供应链，其优点是商品款式更新比较快、种类多样、性价比很高，很受走场主播喜爱，商品价格相对比较适中，有利于主播成长，无论是涨粉还是成交，这都是目前主播们比较喜欢的一方面；缺点是档口数量较多，管理难度较大，目前还没有形成特色的、专业的直播供应链。

（4）**尾货组货模式**。这种模式的供应链前身是尾货商，他们手上掌握着大量的尾货资源，通过建立直播团队服务于主播，或与直播机构合作，建立新的销售渠道。这种模式的供应链，其优点是大量尾货，品质不低，性价比很高，毛利率也很高，款式较多；缺点是货品较为陈旧，库存量比较大，单个SKU（Stock Keeping Unit，一款商品的颜色、规格和款式等都有SKU，便于电商品牌识别商品）数量不多，大量收购尾货对资金要求比较高，很多供应链因此破产。

（5）**代运营模式**。代运营模式的供应链主要由具备一定电商基础和直播资源的机构在实施。这种模式可以一边帮助商家解决电商环节的问题，一边邀约主播进行直播，主播帮助商家把售后问题一并解决，并只拿提成或服务费。

直播电商，始于直播，终于供应链。直播卖货最终拼的不是人气和主播的推销技巧，而是背后完整强大的供应链体系。不论直播间多好，主播口才多棒，消费者还是看商品好不好，价格贵不贵。直播电商所带来的海量消费数据，由于离消费者更近，所以其价值大幅提升，利用这些数据，能够实现精准全面的消费者画像，从而反哺上游厂商及MCN机构生产、选货，实现整个直播电商业态的正向循环。

任务三　搭建直播电商团队与组织业务

1.3.1　直播电商团队搭建

（1）**直播电商团队**。一个好的直播团队，必然离不开团队内部人员在岗位上各司其职，一直保持优秀的能力。一场好的直播不仅仅是主播一个人就能完成的，随着直播卖货越来越火爆，更多的拼的是团队和供应链，需要靠直播间外整个团队的配合支持才能实现目标，一个完整高效的直播团队尤其重要。对于新手主播来说，直播团队的重要性不容忽视，它在辅导主播成长的过程中有不可磨灭的功劳，如能随时指出主播的错误，随时为主播提出建设性意见。很多主播在直播过程中容易出现问题的主要原因是缺乏直播团队的支撑和服务。

随着企业直播电商业务的不断发展，直播电商团队也处于不断地演变中，新手期商家、发展期商家、成熟期商家和合作明星直播卖货等不同发展阶段的商家，在团队规模、内部架构、岗位配置等方面存在较大差异。一般来说，一个直播电商团队的主要岗位有主播、助理、场控、运营、拍摄剪辑等。直播电商团队的主要岗位及其职责如表1-8所示。要打造一个高转化率的直播间，垂直内容、供应链、超级选品、有效运营、专业销售能力、社群运营等要素非常关键，需要在团队架构上配置有关人员，提升内容生产、供应链管理和直播间运营等工作绩效。

表1-8 直播电商团队的主要岗位及其职责

主要岗位	岗位职责
主播	熟悉商品脚本和活动脚本；有较强的语言组织能力，灵活运用直播话术，建立有效对话；能够控制直播节奏、表情、声音；具备较强的应变能力，有亲和力
助理	准备直播商品、使用道具等；协助配合主播工作，介绍商品、直播间福利，做主播的模特、互动对象，完成画外音互动；主播有事时担任临时主播
场控	做好直播设备如摄像头、灯光等相关软硬件的调试；负责直播中控台的后台操作，包括直播推送、商品上架、监测直播实时数据等；接收并传达指令，例如，若直播运营有需要传达的信息，则场控在接到信息后要传达给主播和助理，由他们告诉用户
运营	确定直播主题，规划开播时间段；营销任务分解、货品组成、品类规划、结构规划、陈列规划、直播间数据运营、活动宣传推广、粉丝管理
拍摄剪辑	负责视频拍摄、剪辑（直播花絮、主播短视频，以及商品的相关信息）；辅助直播工作，监测直播设备

值得一提的是，中华人民共和国人力资源和社会保障部等部门发布了互联网营销师新职业信息，互联网营销师职业分为选品员、直播销售员、视频创推员、平台管理员4个工种，每个工种都有着相应的职业素养要求。互联网营销师作为在数字化信息平台上，运用网络的交互性与传播公信力，对商品进行多平台营销推广的人员，正在得到越来越多政府和企业机构的青睐。

抖音品牌自播是当前非常热的赛道，很多品牌商工厂供应链非常渴望专业的团队能教他们搭建起自己的直播团队。在这种大背景下，直播陪跑服务也应运而生，直播辅导、直播冷启动是直播陪跑的同义词。直播陪跑的服务内容以人（直播团队与客户群）、货（商品）、场（直播间与消费场景）为框架结构，让没有经验的甲方通过实操了解整个直播的底层逻辑，针对甲方实际现状给出匹配的规划方案，帮助企业直播团队提升业务和管理水平，从而达到增加互动、提升用户黏性的目的。

（2）直播电商的主要职责。直播电商团队能够获得成功，主要体现在选好品（产品）、选好人（主播）、不断提升内容吸引力（剧本）和持续的用户运营（用户）4个方面，如图1-10所示。这就决定了直播电商团队的组织架构、人员配置和工作组织都需要围绕上述内容展开，并不断提升直播间内外人员的协同能力和标准化业务流程。

直播电商需要满足引流、种草、互动、转化等多个营销目标。对于直播团队选好品来说，需要直播团队具备强大的品质把控能力，能针对多个SKU商品寻求更高的性价比，不断提升对直播间商品的价格议价能力、持续组货供应能力，以及团队中应具备强大的供应链管理能力。对于直播团队选好人来说，优质的主播、准确的话术、精细的直播节奏、灵活的商品调整、快速响应的广告投放等都是主播应具备的能力。因此直播团队应加强对主播人员的培养和孵化，提升主播品牌 IP 的设计打造，构建具有加强用户记忆点的人物设定画风。对于直播团队的内容吸引力来说，需要通过剧本设计、脚本话术等策划工作，增加直播间的趣味和价值感，改变直播间的整体氛围，增强用户的信任感，营造一种销售火爆的直播场景。对于直播团队的用户运营来说，团队需要对直播综合数据、直播活动复盘等内容进行解读和分析，采取多种抽奖、福袋、秒杀等玩法"黏"住直播间的不同用户群，提升直播间人气、转化率和观看时长等数据指标，优化日常运营，注重直播间用户的"涨粉"和"复购"。因此，直播电商团队应紧紧围绕直播间的人、货、场、内容等生产要素的持续提升，不断提升直播团队的整体实力。

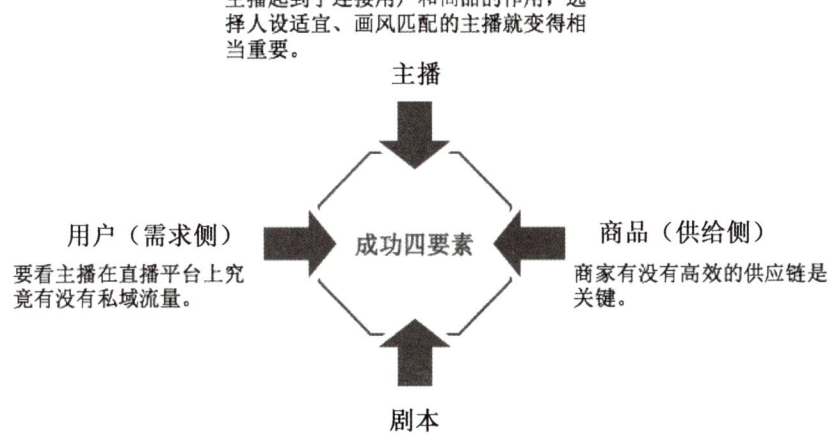

图 1-10　直播电商成功的四大关键要素

1.3.2　直播电商服务矩阵与业务组织

互联网行业有个词叫"新媒体矩阵"，我们可以理解为一家企业在微博、头条、微信、搜狐等各种新媒体平台上布局，实现多样化的内容分发，扩大宣传效果。对于直播矩阵，可以理解为企业直播业务的多种场景组合，涵盖了培训直播、营销直播、会展直播、办公直播、招聘直播等主要场景，渗透到了企业经营管理的方方面面。如今，直播已然成为数字化转型新基建的一个重要组成部分，其触手延伸到互联网、教育、金融、医疗、汽车、房地产等数十个行业，分布于大型品牌推广活动、营销转化卖货、企业云招聘、云培训、云竞赛、云团建等众多场景之中。直播电商服务矩阵如图 1-11 所示。

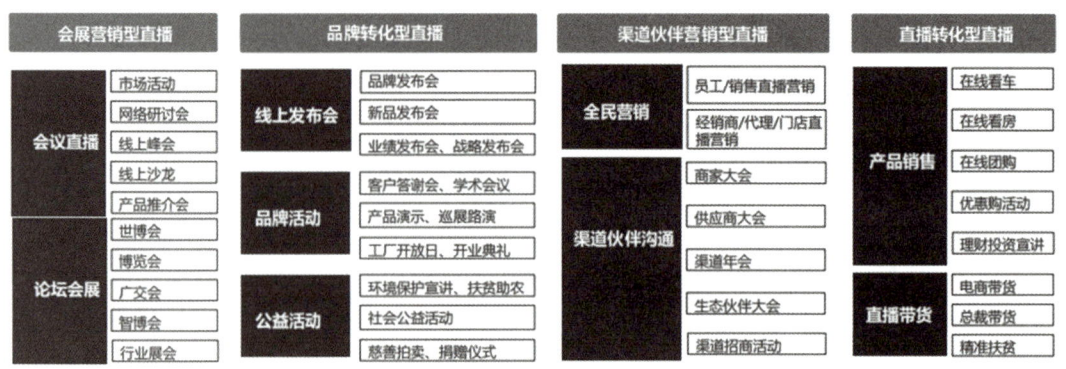

图 1-11 直播电商服务矩阵

互联网时代组织升级,主要体现在"经营单元化""打造赋能中台"两方面,直播电商企业场景里则是单元化打造主播矩阵,基于对客户(品牌商、消费者)不同场景组合的分析,形成包括作战单元、业务单元和事业群的分级主播经营主体。中台则需要发掘各业务单元共性需求,如供应链管理、客户数据管理,实现对资源的有效统筹与效率成本更优。就具体操作层面而言,以抖音为例,直播电商企业应围绕内容生产、商品管理、达人运营、广告投放和服务保障等方面,如图 1-12 所示,搭建适配直播电商的经营团队和全链路的顾客服务体系,保障消费者的购物体验,提升商家的业务承载力和效益竞争力。与此同时,企业根据直播数据化分析和粉丝需求,能够快速响应、反向驱动组织供应链生产和调配活动,进一步提升顾客对个性化、高性价比商品的需求。

图 1-12 抖音电商组织能力升级

思政园地

在乡村振兴战略的影响下,我国广大农村地区不断涌现出新的经济业态,不断出现新的农业群体。国家搭建农业大舞台,平台经济助力,农民兄弟"唱戏",彻底改变了农业传统从种植到销售的方式。智能手机成为新农具,直播成为新农活,数据成为新农资,这已经成为农村的新常态。直播成为农民增收、乡村振兴的重要途径,在共同富裕的新征程上,网络直播平台应该发挥自身优势,根据国家政策,适时调整平台流量算法,完善平台规则,加强反垄断监管和去中心化,让更多"三农"领域的"草根"主播也能享受到头部网络红人、大V和明星的流量扶持,不断下沉和优化流量结构,系统性助农、富农,流量惠农、直播卖货,不断打造特色农产品品牌,让农民共享"直播经济"的红利,进一步扩大助农成果。

请思考:目前,头部主播们竞争激烈,形成了相应的行业垄断。在头部主播垄断的情况下,位于中底部的主播无法获得大量粉丝。这反映出当下直播行业头部主播的垄断情况必须改变,才可以形成百花齐放的局面,这将会是直播行业新的转变风向。在共同富裕和乡村振兴的大背景下,主流直播平台应更好地承担其社会责任。请围绕政府反垄断、直播平台规则、主播流量分发等方面展开讨论,分析少数头部主播直播创业和无数个草根主播直播卖货的生态。

【思考与分析】

1. 查阅相关资料,体验、分析、比较主流直播平台,并撰写报告。
2. 论述直播电商新营销模式的人、货、场和内容等生产要素的组织。
3. 查阅相关资料,分析直播切片的商业模式。
4. 论述企业直播电商新营销过程中直播间内和直播间外的职能分工与业务协同。
5. 论述直播团队中主播的专业能力和职业素养。
6. 查阅有关互联网营销师的资料,分析新职业新工种的主要工作要求。
7. 比较传统电商与直播电商的主要区别和特点。
8. 完成店铺直播、基地走播、产地直播、砍价拍卖等直播电商模式的案例分析。
9. 用思维导图分析一个直播团队的内部结构案例。
10. 举例说明并分享一个或多个你认为比较有特色的直播间,并分析其主要特色。
11. 比较并分析以下两种直播风格。

① 主播与商家对骂、演戏、"套路"讨价还价,以及"一、二、三,上链接开抢"的传统直播间。

② 讲述诗词歌赋,进行文化交流,用双语介绍商品,谈历史,聊人生,直播内容有趣、有料、有用,用优质的直播内容换取粉丝的时间。

【选择题】

1. 下列不属于直播特征的是（　　）。
   A．真实性　　　　　B．实时性　　　　　C．互动性　　　　　D．严肃性
2. 直播电商往往具有明显的价格优势，这种价格差异源于直播电商的（　　）。
   A．内容优势　　　　B．信息优势　　　　C．信任优势　　　　D．供应链优势
3. 下列哪个平台具备视频直播功能？（　　）
   A．微博　　　　　　B．拼多多　　　　　C．淘宝直播　　　　D．小红书
   E．以上都是
4. 下列关于抖音直播卖货与传统淘宝电商的说法不正确的是（　　）。
   A．抖音电商是边逛边看边买式电商，消费者一般没有购物计划
   B．抖音兴趣电商是"货找人"，淘宝电商是"人找货"
   C．淘宝电商的消费者一般具有购物计划，购物意图更为明确
   D．抖音电商的消费者的购物目的较为明确，商家更多的是引流，并且凸显自身的实力和口碑，设法证明商品和服务比别家的更好；淘宝电商更多的是激发用户的购买需求和欲望，通过优惠、秒杀等形式促单
5. 下列关于直播切片的说法错误的是（　　）。
   A．直播切片卖货很早就有了，只不过以前很多账号是无授权的
   B．现在在新兴电商平台上广泛传播的直播切片短视频，逻辑重点不再是引流，而是通过直播切片进行卖货
   C．在一些直播切片号玩家口中，免费授权后账号可以低门槛卖货，通过直播切片卖货获得佣金后，再和主播进行分成
   D．直播卖货的模式类似于分销，卖货的门槛较高

项目二

直播活动开始前的筹备工作

学习目标

- 了解直播团队的主要岗位和核心能力
- 了解主播的基本能力
- 掌握打造及渲染主播人物设定的方法
- 熟悉构建主播自身调性的方法
- 熟悉室内直播与室外直播所需的设备
- 掌握直播间场景搭建应注意的问题
- 熟悉直播间的灯光种类与灯光摆放
- 掌握直播间商品定价策略
- 掌握直播间商品结构规划与商品陈列规划
- 掌握直播间商品的精细化配置与管理
- 熟悉淘宝直播规则和抖音直播规则

随着新媒体技术的快速发展，直播行业日益火热，在开展任何一场直播活动前，充分的筹备工作十分重要。直播活动开始前的筹备工作主要包括人、场、货、规则4个方面。首先，需要组建一个高效率的直播团队；其次，直播团队根据自身风格打造直播间；再次，直播团队需要对直播商品进行合理的选择与规划，直播商品的选择与规划是直播活动的起点，直接关系着直播间的下单转化率；最后，直播团队必须熟悉直播规则，避免违反直播规则。

任务一　配置直播团队和人员

直播电商实现了"人""货""场"关系的重构，依靠 KOL，紧密联结了消费者与商家。直播电商能够为消费者提供更为直观的现场体验和社交属性的即时互动；KOL 主播及团队凭借专业能力帮助用户选品，凭借粉丝流量优势向品牌商获取低价优惠，并依托与粉丝互动、限量秒杀等激发消费者的购物欲望并引导消费者迅速下单。

2.1.1　直播电商的技能层级与组成

人才标准是将行业从业者的资历分为若干级别的框架。技能是指行业从业者掌握并能运用专门技术的能力。电商人才标准的划分依据是从业者所掌握的技能，各类招聘要求罗列的项目就是一种具体体现。直播电商从业人员的技能按层次可分为初级、中级、高级 3 种。

（1）初级技能。 初级技能是指从事电商经营活动的一般员工所具备的能力，例如商品描述、直播工具使用、商品拍摄美化、脚本撰写等。

（2）中级技能。 中级技能是指从事电商经营活动的骨干级员工所具备的能力，例如营销方案制定、仓储规划、粉丝管理维护和运营等。

（3）高级技能。 高级技能是指从事电商经营活动的领军级人员所具备的能力，例如营销渠道的开发、供应链管理、模式创新等。

直播电商从业人员通常从事复合性的工作，即具备某行业知识背景和掌握具体某个直播电商平台某个环节的软件操作。因此，直播电商从业人员技能的组成要素包括业务知识、业务操作和创新思维。

① 业务知识。业务知识包含行业知识背景和相关的直播电商知识理论。

② 业务操作。业务操作与具体的平台、操作环节相关，包含软件操作流程和该环节的相关规则。

③ 创新思维。创新思维则体现为结合时下流行元素，灵活创新地运用各种手段更好地完成该业务的能力。培养创新思维需要累积一定的从业经验，深刻理解直播电商活动的本质，掌握一定的技巧，这样才能够给出具有创造性的解决方案。

技能等级与技能组成要素存在一定的关系，初级技能偏重业务操作，中级技能偏重业务知识和业务操作的整合，高级技能偏重创新思维和团队管理。互联网营销师新职业（国家职业编码 4-01-02-07）中最为典型的直播销售员、视频创推员均被分为五级/初级工、四级/中级工、三级/高级工、二级/技师、一级/高级技师 5 个等级。

2.1.2 主播人物设定的定位

人物设定，即从一个人的实际情况出发去塑造完整的人物形象和风格。设定者若要设计一个让别人喜欢的"人"，应围绕身份虚构、角色扮演及身体虚拟建立一套专门的设计理念、符号体系和编码规则。人物的姓名、年龄、外貌特征、个性特点、出身背景、成长背景等都是人物设定的决定因素。例如，"喜气""书生气""正气""江湖气""高知""文艺青年"等都是常见的人物设定标签。就主播而言，主播常用的人物设定有以下几种类型。

① 专业型。专业型主播通常对商品的功能、参数、材质、效果、原理、适用场景、设计理念、使用方式等相关信息非常了解，对某一特定领域非常擅长和熟悉，并形成了较为专业权威的风格，如美妆博主、"三农"达人等。

② 娱乐型。娱乐型主播的直播风格通常幽默、风趣，能够拉近与粉丝的距离。

③ 才艺型。才艺型主播通常能歌善舞，能够吸引粉丝停留。

④ 另类型。另类型主播通常风格另类，个性鲜明。

⑤ 颜值型。颜值型主播通常善用外貌、身材等优势吸引粉丝停留。

主播人物设定的作用是令大众易于记住。人物设定就像给一个拟定的人物穿上一件外衣，贴上标签符号，让大众往往一想到这个人或这件事，就能关联到其他内容，这种符号、标签能让大众产生共鸣或形成共同的价值观，是主播期望用户认识的形象。当提到某位明星或者某位名人时，其人物设定标签总会立即出现在大众的脑海中，其实这些标签是经纪公司或公关团队精心设计的，标签可以使他们更具有话题性，令大众或粉丝对他们的记忆更深。人物设定可以将主播个人特色最大化呈现，从而加深其在粉丝脑海里的印象。

为什么同样的在线人数、同类型的商品，在不同主播的直播间转化率差距巨大？说到底还是主播人物设定的问题。强人物设定的主播更容易留住用户，也更容易与粉丝建立起很强的黏性，不用靠低客单价的商品来吸引用户，反而可以卖高客单价的商品，而且粉丝的复购频率很高。弱人物设定的主播或者没有人物设定的主播，在直播间只是单纯地介绍商品，卖货靠的是低价，爆单看的是缘分，很难保证稳定的销售额。主播人物设定要想深入人心，需要准时开播、"宠粉"、有专属昵称、与粉丝交朋友、设置粉丝团专属名称，让粉丝有认同感，粉丝与主播建立更为近距离的朋友关系，这是一个长期的过程。好的人物设定打造成功后，未来的收益是非常稳定且丰厚的。

主播人物设定是主播与粉丝建立关系的第一要素。主播通过进行人物设定展现个人魅力、性格特点，传达价值主张等，吸引特定的粉丝群体，并满足他们的需求，继而建立稳固的关系。主播人物设定标签设计如表 2-1 所示。因此，对于主播来说，适合的人物设定至关重要。主播人物设定的技巧包括精准定位、形象鲜明、可持续化、个人 IP 4 个方面。

表 2-1 主播人物设定标签设计

形容词	人群词	品类词	身份词
搞笑、优秀、专业	大学生、小仙女、"90后"	美妆、电影解说、宠物	博主、专家、网络红人、自媒体

（1）**精准定位**。首先，主播要善于打造自己的标签。标签能让用户快速记住一个主播，如当提到某位主播时，用户的第一反应就是非常有特点的标签。新手主播可以通过有传播度并符合目标定位和"调性"的标签让自己拥有辨识度。其次，主播要塑造出一个区别于他人的形象，让粉丝能被主播的个人特点吸引，从而引起关注，制造话题，获取流量。因此，成功的主播人物设定一定要有强烈的记忆点。

（2）**形象鲜明**。形象分为外在形象和内在形象。样貌、着装等属于外在形象，性格、言行举止、价值主张等属于内在形象，这些都有助于主播塑造鲜明立体的个人形象。例如，有的主播将自己定位为行业专家，通过输出专业领域的知识内容，打造"专业"的形象；有的主播通过才艺展示为自己打造一个"娱乐"的形象；有的主播通过测评商品功能、讲述使用心得、展示使用效果来打造"公正客观"的形象。因此，主播在进行人物设定的时候应结合自身实际情况，放大个人优势，以展现出独特的人格魅力。

（3）**可持续化**。人的记忆周期很短，只有通过不断地刺激才能够拥有长期记忆。在主播开播的初期，标题与封面要和人物设定标签保持高度一致，不宜经常更换。根据艾宾浩斯遗忘曲线的规律，人的第一个记忆周期只有 5 分钟，主播可以利用自我介绍在 5 分钟内迅速强化自己的人物设定标签；第二个记忆周期是 20 分钟，在直播过程中主播可以利用动作和口号等方式再一次强化观众的记忆。

此外，直播间的场景和道具也是强化观众记忆的重要元素。用户进入直播间，先看到的是整体的环境场景和道具，有特色的场景和道具能强化用户的记忆。例如，当主播的人物设定为阅读推广者时，不妨在书房设立直播间。主播一旦确立了人物设定就不要随意更改，也不要盲目跟风追寻热点，只有长期坚持，持续产出与人物设定高度一致的内容，不断强化粉丝对主播的印象，才能在粉丝心中建立起清晰的形象，从而形成牢固的粉丝关系。

（4）**个人 IP**。"个人 IP"也就是个人品牌，它是一种无形资产，是一个人的价值被内容化、标签化，进行宣传展现后所形成的能够被特定用户所认可的、特有的、能够影响这类人群的印象并在他们意识当中占据一定位置的综合反映。在市场营销学的定义中，个人品牌是指个人为用户长期提供的一种特定的利益和服务。"个人 IP"对于拥有者来说是一种能够更容易与周围的人产生连接、建立信任、带来溢价、产生增值的无形资产。打造个人 IP 就是先将一个人的自身特点（性格、形象、技能等）放大并标签化，再利用特定渠道推广宣传，让大众接受。有个人 IP 的主播更容易与用户产生连接、建立信任，带来溢价、产生增值。

一些知名主播往往通过个人人物设定吸引消费者下单购买商品。很多消费者表示，事先并没有购物的打算，但是看了主播的演示、听了主播的讲解后，需求被激发出来，心甘情愿地下单购买，这就是主播个人人物设定的魅力所在。主播人物设定可以从 5 个维度进行定位，如表 2-2 所示。

表 2-2　主播人物设定的定位维度

人物设定定位维度	说明	举例
我是谁	确定身份，如发起人、创始人、传播者、联合创始人等；确定形象，使形象统一，增加识别性；直播间的名字要与主题呼应，信息明确	一种职业，或者提供什么服务，如"我是 10 年服装连锁店的买手"
面对谁	用户群体的地域、年龄、性格、偏好、收入状况、消费能力等	面对小个子女生
提供什么	突出自己的核心竞争力，如推荐的商品质优价廉	核心竞争力，如提供简约、有设计感的服装
什么地方	电商类平台，如淘宝、京东、拼多多等；短视频类平台，如抖音、快手等；线下类平台，包括供应链基地、实体店等	消费者购物渠道和消费场景的设计
解决什么问题	解决用户痛点需求；提供品质好货	解决她们因为个子小而不自信的问题，让她们重拾自信

例如，一位销售经验丰富的美妆店员想尝试直播销售美妆产品，则可以根据以上 5 个维度来定位主播人物设定。

① 我是谁。我们运用 SWOT 分析法，从优势、劣势、机会和威胁 4 个层面来分析自身的特点。例如，我是美妆店的一名店员，销售经验丰富，热情诚恳，个人形象落落大方，平时喜欢涂口红，涂口红可以让自己更有精神和活力；没有真人出镜，容易被其他人模仿，这是人物设定的劣势。总体来说，在全面分析自身特点的情况下，不断研判主体与市场之间的适配度，找准市场定位和发展领域。

② 面对谁。这个维度主要是指主播面对的用户的特点，通过对用户进行多维度画像，主播可以不断地清晰化用户属性和需求特点。例如，某主播面对的是追求改善气色、喜欢时尚的年轻女性用户。在主流直播平台，运营人员可以通过后台了解粉丝的基本画像数据。

③ 提供什么。账号做什么内容决定了它能获得什么样的用户群，一般是账号通过内容形式输出给用户的某种价值。例如，美妆店店员主播可以为用户提供美妆店内的招牌美妆产品，这些商品价格不高，是店内的畅销款。

④ 什么地方。例如，美妆博主在美妆店内直播，推荐的美妆产品在各大电商平台上架销售，同时线下的美妆店也同步销售。很多实体店主播通过线上直播的形式吸引周边用户，从而引流到实体店。

⑤ 解决什么问题。作为主播，能为用户带来什么价值，这也是用户要关注你的主要原因，如美妆主播可以满足年轻女性群体对美的追求。

在打造人物设定前我们要想清楚答案，找到自身的优势和用户群，找到能为用户提供的价值，这样我们才能进行一个合适的人物设定，从而为涨粉、变现做好准备，不断提高自己在互联网的辨识度、用户关注度和黏性。围绕用户对美妆产品的核心诉求是追求美，塑造一个接地气、擅长让自己变美的主播，全心全意为用户寻找更适合她们的美妆产品。这一人物设定定位要传达给用户的理念是"爱自己，就要自己好看"，直播间的口号可以是"寻找最美的你"。

以抖音服装类人物设定为例，主要人物设定有穿搭达人人物设定、服装店老板娘人物设定和服装设计师人物设定等。穿搭达人人物设定的特点是善于搭配，衣品良好，通过短视频或直播形式输出的内容的方向主要是穿搭教程、单品种草、服装测评、换装展示、情景剧等。服装店老板娘人物设定或工厂老板人物设定的特点是能说会道的老板娘形象，强调源头厂家出货，直播或短视频的主要内容方向是创业故事、工厂实拍、商品展示、服装行业揭秘等。服装设计师人物设定的特点是品位良好，具备服装设计能力，了解服装制作工艺，直播或短视频的主要内容方向是穿搭教程、行业内幕、服饰制作工艺和过程。

2.1.3 主播的基本能力

主播是商家或企业联系用户的重要环节，主播的各种表现在很大程度上决定了直播能否吸引用户的注意。主播的基本能力是影响直播成败的关键因素，所以培养主播的基本能力至关重要。主播的基本能力包括形象管理能力、语言表达能力、良好的心理素质、灵活应变能力和情绪价值输出。

（1）形象管理能力。形象管理主要是指主播的仪容仪表，以及所选的商品要与自身的形象、气质相契合。形象管理能力主要包含以下几点。

① 精致的妆容。"爱美之心，人皆有之"，人人都喜欢美好的事物，主播要把自己美好的一面展现给用户。精致的妆容既是对自己的尊重，又是对用户的尊重，更容易获得用户的关注。

② 整洁、得体的着装。大方、得体是对主播形象最基本的要求之一。主播的穿着要整洁、得体，着装要以简洁、自然、大方为原则，契合直播主题，与直播内容、直播环境、用户群体等在多个层面上保持一致。需要注意，主播的穿着可以突出自身优势但不能触及法律底线，切忌为引人注目而穿着奇装异服，或过于暴露，否则只会适得其反，导致直播失败，甚至被封禁账号。

③ 所选商品的特质符合主播形象。主播应尽量选择与自己的形象、气质相契合的商品，可以根据自身专业水平或自身性格特征来选择。例如，活泼可爱型的主播可以推荐有创意、好玩、新奇的商品，这样更能吸引"90后""00后"等目标群体；而成熟稳重型的主播可以推荐性价比高、有实用价值的商品，或推荐知识教育类商品，为用户提供价值，这样有助于赢得目标群体的信任。

（2）语言表达能力。主播要想获得用户的认可和支持，除了保持良好的形象，还要具有良好的语言表达能力，说出的话要具有亲和力、感染力，并且尽量打造自己的语言特色，用语言来调动直播间的气氛。语言表达能力主要包含以下几点。

① 语言幽默化。语言的最高境界就是幽默，幽默的语言不仅能在直播中起到"润滑剂"的作用，还能显示主播的睿智、内涵与修养。

② 语言要有亲和力。亲和力是人与人之间沟通交流的一种能力，主播应该在直播中热情地对待每位用户，就像真诚地对待自己的朋友一样。

③ 积极互动，有效沟通。主播在与用户互动交流时要抒发真情实感，对用户说的话进行逻辑分析，探究用户的真实意图。运用语言表达进行有效的沟通，可以避免引起用户的质疑甚至反感，避免用户流失。

④ 表达内容丰富。要想满足庞大的直播用户群体的需要，直播内容必须丰富，因此主播要具有内容创作能力，且内容要有内涵、有趣味。主播运用自己的专业知识从多方面阐述商品的优势，传递商品的价值，从而赢得用户的信任与追随，最终引导用户完成交易。

（3）良好的心理素质。无论做任何事情，我们都要保持自信、乐观的心态，如果不自信就会有各种顾虑，产生恐慌。直播不是彩排，主播必须有强大的心理承受能力，在面对用户负面、消极的声音时能够理智、冷静地应对。主播在面对来自各方面的压力时，要能快速调整自己的心态，善于疏导自己的心理。尤其是在直播刚开始的阶段可能只有少数人观看，这时更需要努力坚持，不要轻言放弃，要有专业的直播精神，尽职尽责地完成每一场直播，从而不断地积累经验，快速成长。

（4）灵活应变能力。电商主播是一种特殊形式的销售人员，他们不仅要会推荐商品，还要能快速解答用户的所有问题，当然，这需要一个成长和学习的过程。就算准备工作做得再充分，直播过程中也难免会发生突发状况，这时就需要主播具有一定的灵活应变能力，保持冷静、沉稳、机智地应对突发状况，这样才有利于增强用户的信赖感。

（5）情绪价值输出。情绪价值是主播真正的价值，想要成为优秀的主播，提升自己的价值，把积极的情绪带入直播间，影响到直播间的用户才是王道。主播输出的情绪价值主要有治愈型价值、指导型价值、分享型价值、陪伴型价值、猎奇型价值、怀旧型价值等。主播不仅为消费者提供商业价值，还提供情绪价值，这会让主播的直播卖货更加可持续。

主播还需要通过不断地适应镜头，调整好情绪、语速、语调，通过直播实践形成自身的直播调性。构建主播自身调性的方法如表 2-3 所示。

表 2-3 构建主播自身调性的方法

方面	方法
直播方式	直播方式有幽默式、表演式、严肃式等，选择适合自己的直播方式
镜头感	对着镜子锻炼自己的镜头感，努力为用户营造一种面对面交流的感受
情感	建立情感桥梁，让用户表达自己的观点、看法和想法，以达到情感共鸣
情绪	用饱满的情绪表达，模仿、学习各种表情，带给用户愉悦的体验

续表

方面	方法
语速、语调	语速稍快，为平时语速的 1.5 倍，语调高低起伏、切换自然
音量	音量稍大，清晰地传达信息，用热情感染用户

2.1.4 主播直播卖货的专业能力

除了具备直播的基本能力，主播要想成功地通过直播卖货，还必须具备直播卖货的专业能力。主播直播卖货的专业能力包括商品讲解能力、商品卖货能力及直播场控能力。

（1）商品讲解能力。优秀的主播通常是一个销售高手，对于销售人员来说，了解商品的专业知识，透彻地讲解商品信息是一种基本能力。主播要熟练掌握与商品有关的基础知识，全面了解商品信息，清楚商品卖点，在讲解商品时能够突出商品亮点，灵活运用专业词汇为品牌背书，并延伸话题，将商品带入各种应用场景，从而提升用户的信任度。主播通过互动给予用户专业性的解答，解决用户提出的问题，塑造专业性较强的形象，提升用户的信任度，引导用户做出购买决策。在直播前期准备过程中，主播需要熟悉商品的有关卖点信息，能够针对用户对商品的基本属性、功能、细节等方面的提问进行解答。

（2）商品卖货能力。由于扮演销售人员的角色，因此主播必须提高卖货能力。主播卖货能力的提高主要分为以下 3 个阶段。

① 第一阶段，掌握基础知识，熟悉商品信息，清楚商品卖点，能够及时解答用户可能提出的问题。

② 第二阶段，场景化营销，洞察用户的心理，抓住用户需求，营造不同的商品应用场景，为用户提供有针对性的解决方案。除了描述正面、愉快的场景，很多时候文案还聚焦于描述负面、痛苦的场景，毕竟商品带来的美好感受尚需要想象，但痛苦却是亲身经历过的。主播可以寻找一段在生活场景中使用的某款商品获得良好体验、解决问题的经历，结合商品卖点在场景中进行卖货。

③ 第三阶段，建立 IP，逐渐让用户因主播的 IP 形象而下单。

（3）直播控场能力。直播间控场的目的是根据直播流程，在从冷启动到人气增长再到人气稳定的过程中，把控好直播间的氛围，控制直播的节奏，引导用户互动，进而促成用户下单。主播的直播控场能力主要体现在以下几个方面。

① 营造直播间的氛围。主播要擅长营造直播间的氛围，知道在什么情况下要活跃气氛，调动用户的积极性，如主动引导用户刷屏、点赞，当转粉率较低时积极引导用户关注自己。营造直播间的氛围可以使用户沉浸其中，提升用户的直播观看体验，延长用户的停留时长，从而带动直播卖货的节奏，诱发用户的从众心理，促成其下单。

② 商品的安排与讲解。直播前主播要做好商品排序，根据现场营销效果随时调整商品顺序或循环上架商品。商品的上架时间一般为 10 分钟，营销效果不好可以立即切换其他商品，营销效果好可以适当延长商品的上架时间。

③ 打消用户的顾虑。主播可以通过延伸话题来营造商品的应用场景，为用户提供解决方案，强调商品的价格优势，打消用户在价格上的顾虑；或用权威背书，打消用户对商品质量的顾虑，提升用户对品牌的认可度。

④ 与助理密切配合。主播在讲解商品时，要与助理密切配合，共同吸引用户的注意力，"种草"商品，引导用户下单，同时及时解决弹幕中用户提出的各种问题。助理要做好辅助工作，控制直播节奏，及时应对不友好的用户。

⑤ 与用户互动。主播在直播时与用户互动的常见方法如下。

- 多问问句。问句可以激发用户的交流欲望，增强直播间的互动气氛，同时也让主播进一步了解用户对商品的需求。
- 进行商品比价，凸显自己的商品的价格优势。
- 推出专享特价款。
- 实时改价。将商品原价挂出或不设置价格，或设定一个比较夸张的价格，与用户就价格进行互动，等商品上架时临时改价。
- 限时限量秒杀。为商品营造一种稀缺感，增强用户的紧迫感，促使其尽快下单。
- 主推款送赠品。有的主播会定制印有自己头像或名字的抱枕、手机壳等专门赠给购买主推款商品的用户，尤其是忠实用户。
- 邀好友，承诺赠送福利。

任务二　直播间场景搭建

"工欲善其事，必先利其器"，优质的直播效果离不开专业软硬件设备的支持，直播运营人员要想做好直播，为用户带来良好的体验，就要优选直播设备、直播道具，并将其调试到最佳状态。根据直播环境的不同，直播可分为室内直播和室外直播两种，这两种直播需要的直播设备有所不同。此外，直播间的搭建还要选择合适的布置、灯光等，以营造一流的直播间场景。

2.2.1　直播设备配置

（1）**室内直播设备**。室内直播通常适合一些对光线需求强、对细节展示要求高的商品，如服装、美食、美妆等。一般来说，室内直播需要的设备主要有以下 8 种。

① 视频摄像头。视频摄像头是形成直播视频的基础设备，目前既有带固定支架的摄像头，也有软管式摄像头，还有可拆卸式摄像头，部分对画质效果要求较高的主播可采用高清数码相机。带有固定支架的摄像头（见图 2-1）可以独立放置于桌面，或夹在计算机屏幕

上，使用者可以转动摄像头的方向。这种摄像头的优势是比较稳定，有些带固定支架的摄像头甚至自带防抖动装置。软管式摄像头（见图2-2）有一个能够随意变换、扭曲的软管支架。这种摄像头上的软管能够多角度自由调节，即使被扭成S、L等形状后仍然可以保持固定，可以让主播实现多角度的自由拍摄。可拆卸式摄像头（见图2-3）是指可以从底盘上拆卸下来的摄像头，单独的摄像头能够被内嵌在底盘上，主播可以使用支架或其他工具将摄像头固定在屏幕顶端或其他位置。

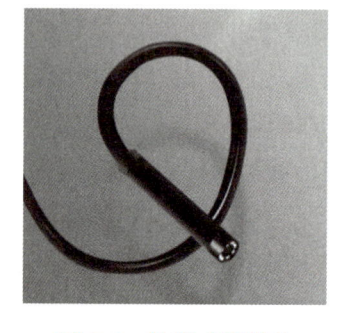

图2-1　带固定支架的摄像头　　图2-2　软管式摄像头　　图2-3　可拆卸式摄像头

② 耳机。耳机可以让主播在直播时听到自己的声音，从而很好地控制音调、分辨伴奏等。一般来说，入耳式耳机（见图2-4）和头戴式耳机（见图2-5）比较常见。大多数主播会选择使用入耳式耳机，因为这种耳机不仅可以减轻头部被夹的不适感，而且比较美观。

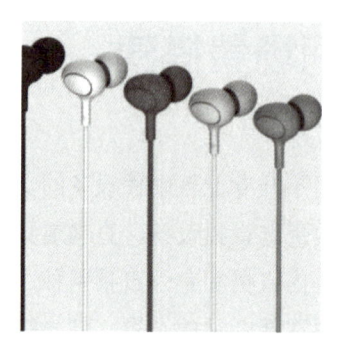

图2-4　入耳式耳机　　　　　　　图2-5　头戴式耳机

③ 话筒。除了视频画面，直播时主播的音质也直接影响着直播的质量，所以话筒的选择非常重要。目前，话筒主要分为动圈话筒和电容话筒两种。动圈话筒（见图2-6）突出的特点是声音清晰，能够将高音最真实地还原。动圈话筒又分为无线动圈话筒和有线动圈话筒，目前大多数无线动圈话筒都支持苹果及安卓系统。动圈话筒的不足之处是收集声音的饱满度较差。电容话筒（见图2-7）的收音能力极强，音效饱满、圆润，让人听起来非常舒服，不会产生高音尖锐带来的突兀感。若直播唱歌，则应该配置一个电容话筒。由于电容话筒的敏感性非常强，容易"喷麦"，所以在使用时要给其装上防喷罩。

项目二　直播活动开始前的筹备工作

图 2-6　动圈话筒　　　　　　　　　图 2-7　电容话筒

④ 声卡。声卡是直播时使用的专业的收音和声音增强设备，一台声卡可以连接 4 个设备，有麦克风插孔、手机插孔、音频输出插孔、电视信号输入插孔，如图 2-8 所示。在直播时有一套功能性声卡，能够让整个直播过程的氛围和效果更好。

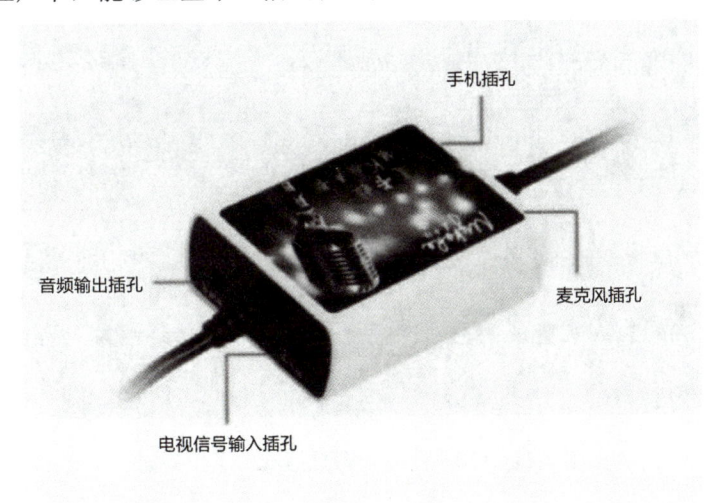

图 2-8　声卡

⑤ 灯光设备。为了调节直播环境中的光线效果，直播间需要配置灯光设备，图 2-9 所示为环形补光灯，图 2-10 所示为八角补光灯。对于专业级直播来说，直播间需要配置专业的灯光组合，如柔光灯、无影灯、美颜灯等，以打造更加精致的直播画面。

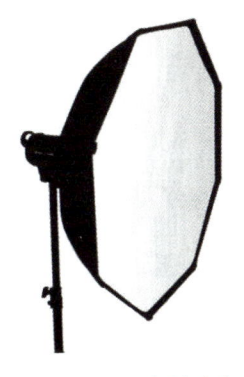

图 2-9　环形补光灯　　　　　　　　　图 2-10　八角补光灯

41

⑥ 计算机、手机。计算机和手机可以用来查看直播间的评论，与粉丝进行互动。手机上的摄像头还可以用来拍摄直播画面。若要直播计算机屏幕上的内容，如直播 PPT 课件，可以使用 OBS 视频录制直播软件，如图 2-11 所示；若要直播手机屏幕上的内容，则可先在计算机上安装手机投屏软件，再利用计算机直播。

图 2-11　OBS 视频录制直播软件工作界面

⑦ 支架。支架用来放置摄像头、手机或话筒，它既能解放主播的双手，让主播做一些动作，也能增加摄像头、手机、话筒的稳定性。图 2-12 所示为摄像头三脚架，图 2-13 所示为手机支架，图 2-14 所示为话筒支架。

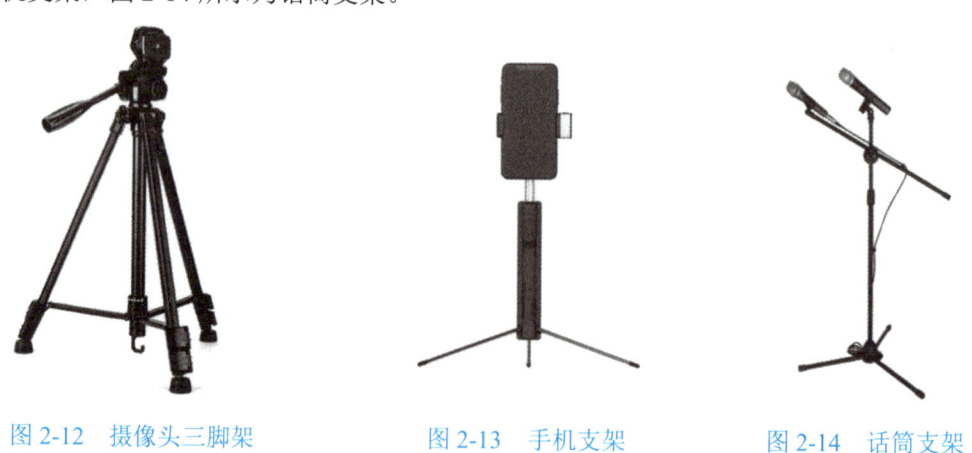

图 2-12　摄像头三脚架　　　　图 2-13　手机支架　　　　图 2-14　话筒支架

⑧ 网络。稳定的网络是直播的基础，网络速度直接影响直播画面的质量及观看体验。

在室内直播时，如果条件允许，尽量使用有线网络，因为有线网络的稳定性和抗干扰性要优于无线网络。若室内有无线网络且连接设备较少，网络质量较佳，也可以选择使用室内无线网络进行直播。当无线网络不能满足直播需要时，要尽快解决，也可以使用移动4G或5G网络，但要保证有足够的手机流量。

（2）室外直播设备。 现在越来越多的主播选择到室外进行直播，以求为用户带来不一样的视觉体验。室外直播面对的环境更加复杂，需要配置的直播设备主要有以下7种。

① 手机。手机是室外直播的首选，但不是每款手机都适合做室外直播。进行室外直播的手机，其CPU（Central Processing Unit，中央处理器）和摄像头配置要高，可以选用中高端配置的手机。只有CPU性能够强，才能满足直播过程中的高编码要求，解决直播软件的兼容性问题。

② 收音设备。在室外直播时，如果周围的环境比较嘈杂，就需要外接收音设备来辅助收音。收音设备分为两种，第一种是无线蓝牙耳机，第二种是外接线缆（适合对多人进行采访时使用）。无线领夹式直播录音设备收音麦器如图2-15所示。

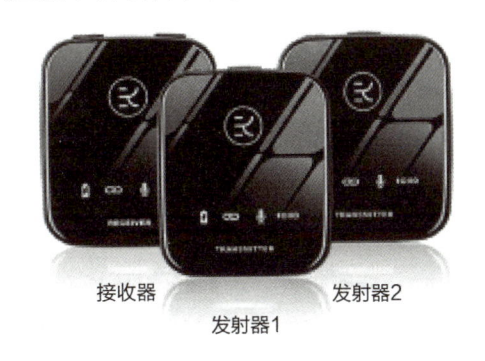

图2-15　无线领夹式直播录音设备收音麦器

③ 上网流量卡。网络是室外直播首先要解决的问题，因为它对直播画面的流畅程度有着直接的影响。如果网络状况较差，就会导致直播画面出现卡顿现象，甚至出现黑屏的情况，这会严重影响用户的观看体验。因此，为了保证室外直播的流畅度，主播要为手机配备信号稳定、流量充足、网速快的上网流量卡。

④ 手持稳定器。在室外做直播，通常主播需要到处走动，一旦走动，镜头就会出现抖动，这样必定影响用户的观看体验。虽然有的手机具有防抖功能，但是手机自带的防抖效果有限，这时需要主播配置手持稳定器来保证拍摄效果和画面稳定，如图2-16所示。

⑤ 运动相机。在室外进行直播时，如果主播不满足于手机的拍摄视角，可以使用运动相机来拍摄，如图2-17所示。运动相机是一种便携式的小型防尘、防震、防水相机，它体积小巧，佩戴方式多样，拥有广阔的拍摄视角，可以拍摄慢速镜头，主播可以在一些极限运动中使用运动相机进行拍摄。

⑥ 自拍杆。使用自拍杆能够有效避免"大头"画面的出现，从而让直播画面呈现得更

加完整，更具有空间感。自拍杆的种类非常多，如带蓝牙的自拍杆、能够多角度自由翻转的自拍杆，以及带美颜补光灯的自拍杆等。就室外直播而言，带美颜补光灯的自拍杆和能够多角度自由翻转的自拍杆更受欢迎。图2-18所示为一款能够多角度自由翻转的蓝牙自拍杆。

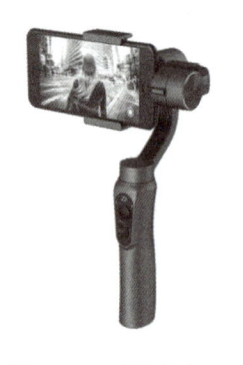

图2-16 手持稳定器　　　　图2-17 运动相机　　　　图2-18 蓝牙自拍杆

⑦ 移动电源。目前直播的主流设备是手机，手机的便携性大大提高了直播效率，但通过手机进行室外直播时，对手机的续航能力是很大的考验，因此移动电源是辅助室外直播的必备设备。

2.2.2 直播间场景布置

直播间是主播与用户交流互动的场所，直播间的环境布置，是观众进入直播间后的第一视觉感受，装修专业的直播间可以带给观众愉悦的观看体验、体现商家（主播）的专业性、吸引用户停留，是促进成交的关键一步。

一般来说，直播场地面积控制在8～20平方米即可。如果是美妆直播，面积为8平方米即可；如果是穿搭类直播，面积在15～20平方米左右，要有试衣服的空间，除了主播，还可能要有展示模特、助理、客服等。个人直播的场地面积标准为8～15平方米，团队直播的场地面积标准为20～40平方米。直播前，需要对直播场地进行回音和隔声测试，隔声不好或者回音太大都会影响直播效果。

直播间是用户最直接的视觉体验场所，如果直播间环境脏、乱、差，用户可能在进入直播间之后看上一眼就退出了，所以直播间首先要保持干净、整洁，在开播之前把各种商品、道具都摆放整齐，营造一个简洁、大方、明亮、舒适的直播环境。直播背景墙最好简洁、干净，背景墙以浅色、纯色为主，如图2-19所示。主播可以根据自身形象或者直播风格来对背景墙进行调整，如果直播风格是可爱风，那么背景墙或者窗帘可以用暖色；如果直播风格是成熟稳重风，那么背景墙则尽量以纯色为主。一般情况下，灰色是最适合摄像头的背景色，既不会过度曝光，视觉舒适，也有利于突出服装、妆容或者商品的颜色。

虽然直播间场景的搭建并没有统一的硬性标准，主播可以根据自己的喜好进行设计与布置，但是作为电商直播间，商品营销是主要目的，所以最好用销售的商品来装饰直播间，如可以用摆满商品的货架作为背景，如图 2-20 所示。当然，也可以使用品牌 Logo 作为直播间的背景墙，这样既显得直播背景干净利索，又能增强品牌效应，如图 2-21 所示。另外，主播还可以将实体店作为直播间，以凸显直播的场景感，如图 2-22 所示。

图 2-19　背景墙设置示例图　　　　　　　图 2-20　商品摆放背景直播

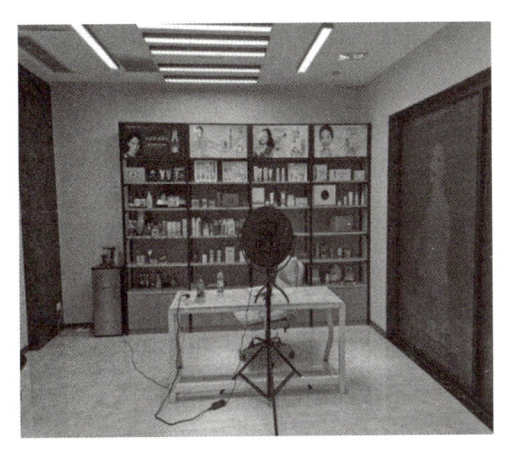

图 2-21　品牌 Logo 背景直播　　　　　　　图 2-22　实体店直播

此外，直播间的地面可以铺设吸声毯，以降低直播混响；直播间的地面还可以选择浅色系地毯、木地板，以便于展示服饰、美食、珠宝等商品。如果直播场地的空间很大，为了避免直播间显得过于空旷，可以适当地丰富直播背景，如放一些室内小盆栽、小玩偶等，干净、整洁即可。在节假日，可以适当地布置一些与节日气氛相关的装饰品，或者配上与节日相关的妆容和服装，以此来吸引观众的目光，提升直播间人气。

2.2.3　直播间的辅助道具

直播间的辅助道具能够在直播时非常直观地传达主播的意图，强调直播营销环节中的重点，成功地吸引用户的注意，丰富直播画面，加深用户对直播或商品的印象。直播间常用的辅助道具包括以下 4 种。

① 商品实物。商品实物是必须有的道具。主播在镜头前展示商品实物或试用、试穿商品等，既可以提升商品的真实感，又可以提升用户的体验感，如图 2-23 所示。

② 黑板、白板、荧光板等道具板。黑板、白板、荧光板等道具板（见图 2-24），能够展现文字、图片信息，其主要作用如下。

- 在服饰类直播中提示用户如何确定尺码，如身高 160～170 厘米，体重 50～60 千克，选 L 码，这样能够提高沟通效率，减轻客服的压力。
- 在彩妆类直播中可以为用户提供建议。例如，什么肤色或什么场合适合选择哪种色号的口红等。
- 提示当日"宠粉"活动、福利商品等。
- 提示下单时的备注信息，以及发货或特殊情况说明，如预售×天或×天内发货。

图 2-23　直播间的实物道具　　　　图 2-24　直播道具示例

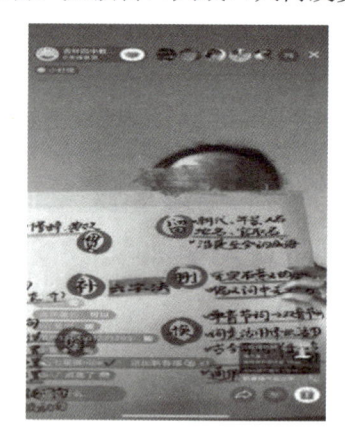

③ 手机、平板电脑、电子大屏等。手机、平板电脑、电子大屏等主要配合主播在进行商品介绍时展示商品全貌、官方旗舰店价格、名人同款或明星代言，以及广告宣传等。

④ 计算器、秒表等。主播可以用计算器计算商品的组合价、折扣等，以吸引用户的注意力，并且突出价格优势；秒表可以用于营造抢购商品的紧迫感，它们都是有助于商品营销的辅助工具。

2.2.4　直播间灯光的选择

一个好的直播间除有适当的装饰和合理的布局外，灯光的选择也至关重要。直播间常用的灯光有主光、辅助光、轮廓光、顶光和背景光 5 种。

（1）主光。直播间的主灯一般选择冷光源的 LED 灯，如果没有特殊要求，10 平方米左右的房间选用功率为 60～80 瓦的灯即可。主光是用于照明的主要光源，可以使主播脸部受光匀称，这是灯光美颜的第一步。此外，还要注意光源的色温，如图 2-25 所示，不同色温所营造的氛围不同，适合不同商品。例如，暖黄光比较适合家庭、酒店、咖啡馆等温馨环境，可用来直播家居用品、床上用品等；正白光如同中午的太阳光，有较高的流明和显色性，可以用来直播家电、饰品等商品。

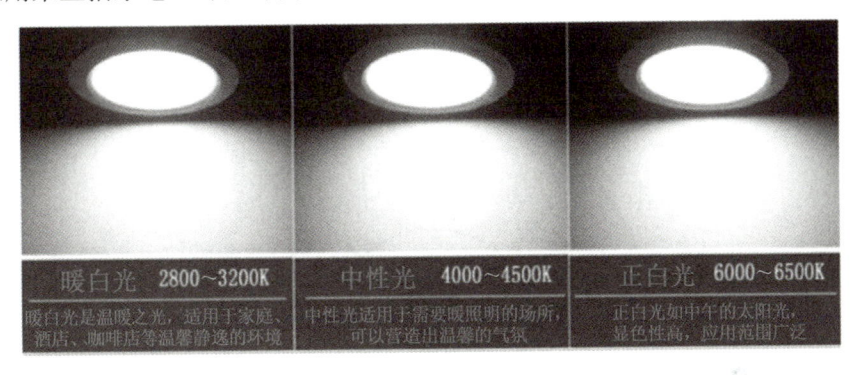

图 2-25　光源的色温

（2）**辅助光**。辅助光用于辅助主光，增加面部整体的立体感，起到突出侧面轮廓的作用。前置的辅助灯尽量选择可以调节光源的灯，灯泡的瓦数可以稍大一些，这样便于根据实际需要调整光源的强度。辅助光的常见类型有射灯、壁灯等，如图 2-26 和图 2-27 所示。

图 2-26　射灯 　　　　　　　　　图 2-27　壁灯

（3）**轮廓光**。轮廓光又称逆光，在主播的身后位置，可以勾勒出主播的轮廓，将主播从直播间背景中"分离"出来，起到突出主体的作用。

（4）**顶光**。顶光是次于主光的光源，从头顶位置照射，为背景和地面增加照明，让主播的颧骨、下巴、鼻子等部位的阴影拉长，从视觉上拉长脸部轮廓，达到"瘦脸"的效果。

（5）**背景光**。背景光又称环境光，主要作为背景照明光源，使直播间各个位置的照度尽可能统一，起到让室内光线均匀的作用。

2.2.5　直播间灯光的摆设

在直播间，不同的灯光采用不同的摆放方式，创造出来的光线效果也不同。

（1）**主光**。主光灯建议放置在主播的正面，与摄像头的镜头光轴成 0～15°夹角，如图 2-28 所示。从正面照射的光充足、均匀，这样会使主播的脸部柔和，达到美白的效果。

建议使用球形灯，最好是显色度在 96%以上的球形灯，因为球形灯打出来的光非常柔和。但是，由于主光是正面光源，会使主播的脸上没有阴影，所以视频画面看上去比较平面，缺乏立体感和层次感。

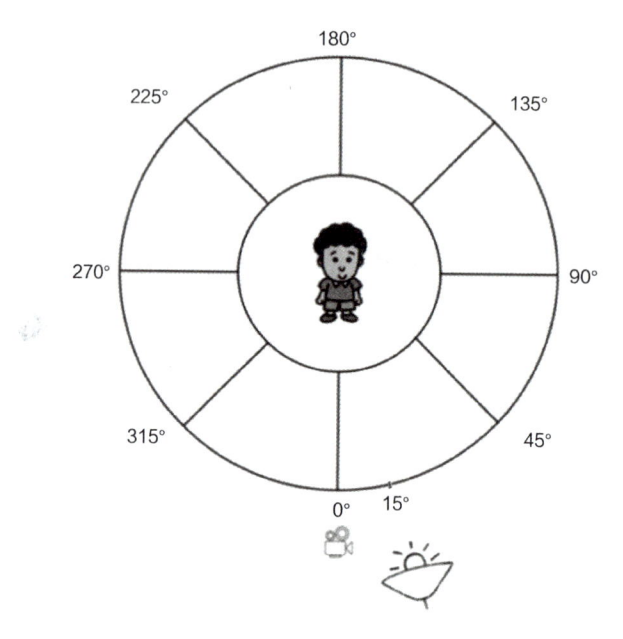

图 2-28 主光的布置

（2）**辅助光**。使用辅助光能够制造面部轮廓阴影，塑造主播整体造型的立体感。从主播左前方 45°打辅助光可以使面部轮廓产生阴影，塑造脸部立体感，如图 2-29 所示；从主播右后方 45°打辅助光可以使面部偏后侧的轮廓被打亮，与前侧的光产生强烈反差，从而提高主播整体造型的立体感。

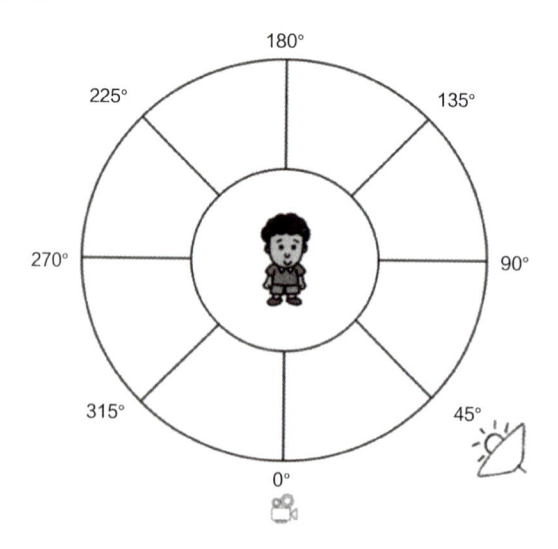

图 2-29 辅助光的布置

辅助光要放在距离主播两侧较远的位置，从而在让主播形象更加立体的同时，也能照亮周围大环境。在使用辅助光的时候，要注意避免光线太暗或太亮，光度不能强于主光，不能干扰主光正常的光线效果，避免因某一侧光线太强而导致主播的某些地方曝光过度，而其他地方光线太暗，同时不能产生光线投影。

（3）轮廓光。轮廓光从主播的身后位置照射，如图2-30所示。作为轮廓光，一定要注意调节光线亮度，如果光线过亮，主播背后就会产生光环。

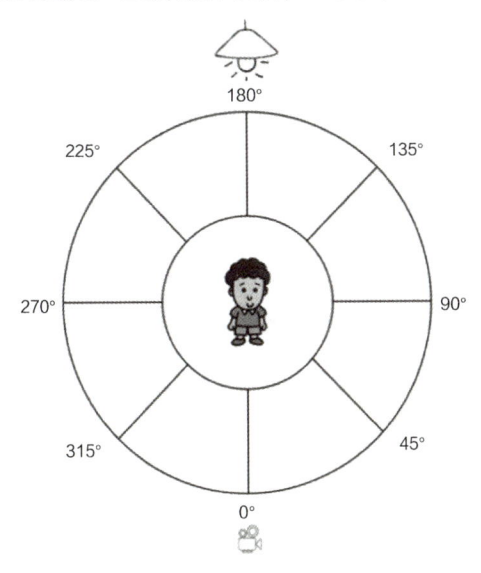

图2-30　轮廓光的布置

（4）顶光。顶光是从主播上方照下来的光线，其布置如图2-31所示。顶光能够产生浓重的投影感，有利于轮廓造型的塑造，起到"瘦脸"的作用，但是顶光容易在主播的眼睛和鼻子下方形成阴影。顶光的位置距离主播的头顶最好在两米以内。

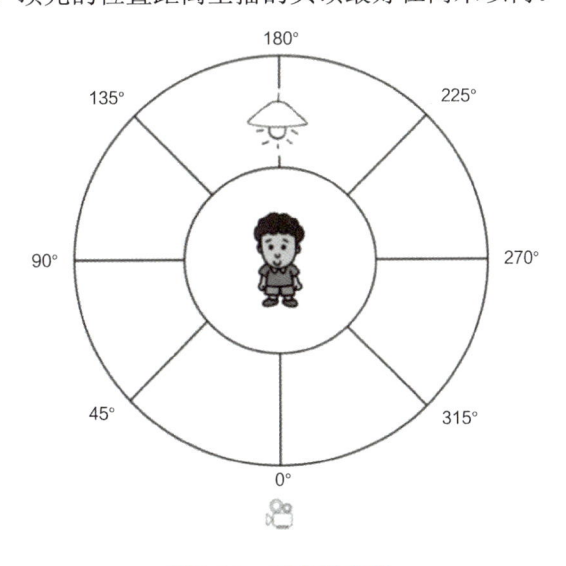

图2-31　顶光的布置

（5）**背景光**。背景光的设置要尽可能简单，切忌喧宾夺主，如图2-32所示。背景光还可以使主播在美颜的同时保留直播间的完美背景。背景光一般采取低光亮、多光源的布置方法。

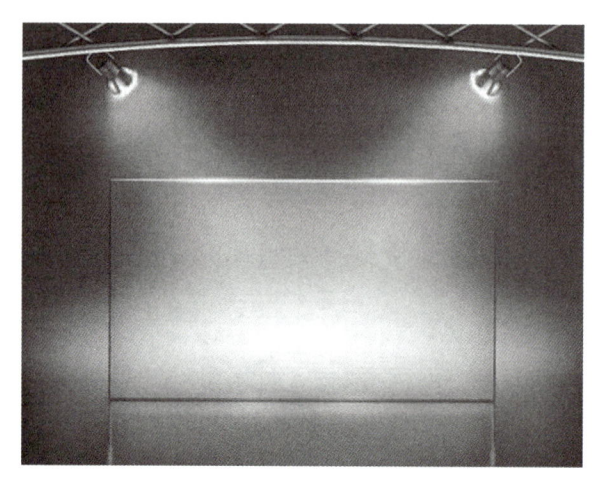

图2-32 背景光的布置

2.2.6 常用的直播间布光法

科学合理地布光能让直播环境更加柔和温暖，能够让主播的颜值提升，使主播或商品呈现的画面效果更加理想。不同的灯光效果还能打造不同的直播风格，常用的直播间布光方法有立体轮廓法、蝴蝶光瘦脸法、三灯布光法。

（1）**立体轮廓法**。想要增加轮廓立体度的主播，可以采用斜上光源的布光方式，在主播头顶左右两侧45°向下打光，如图2-33所示。在调试灯光的过程中，主播可以看到自己的眼睛下方出现一块明亮的三角形光斑，如图2-34所示。这种布光方法也叫作伦勃朗布光法，其优点是可以突出鼻子的立体感，强化主播的脸部骨骼结构。

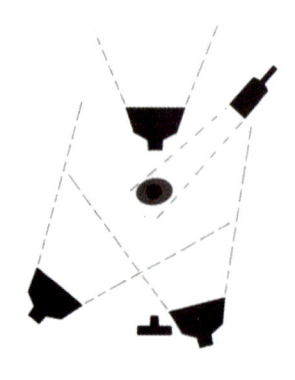

图2-33 立体轮廓法　　　　　图2-34 立体轮廓法

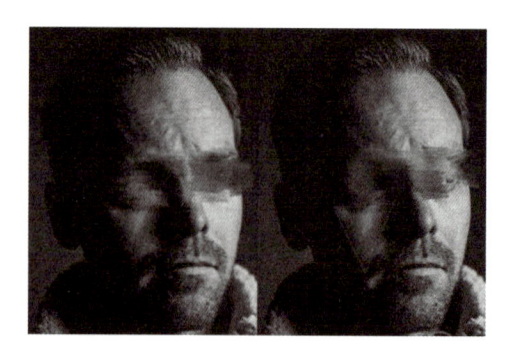

（2）**蝴蝶光瘦脸法**。如果主播想在直播画面中呈现娇小的面庞，就可以使用蝴蝶光瘦脸法。这种布光方法是在主播头顶偏前的位置布置光源，使用较多的是金贝常亮摄影灯，

蝴蝶光瘦脸法会让主播的颧骨、嘴角和鼻子等部位的阴影拉长，从而拉长脸部轮廓，达到瘦脸的效果，如图2-35所示。需要注意的是，这种方法不适合脸型较长的主播。

（3）三灯布光法。三灯布光法一般适用于空间较小的场景，其优点是能够还原立体感和空间感。三灯布光法是将一台环形柔光灯作为主要光源放置于主播正前方作为面光，另外两台柔光灯分别放在主播两侧打亮其身体周围，如图2-36所示。环形柔光灯自带柔光罩，光线非常柔和，即使长时间直播也不会让主播感觉刺眼，而柔光灯柔和的光线能够使商品更有质感，对观众更有吸引力。

图 2-35　蝴蝶光瘦脸法　　　　　　　　图 2-36　三灯布光法

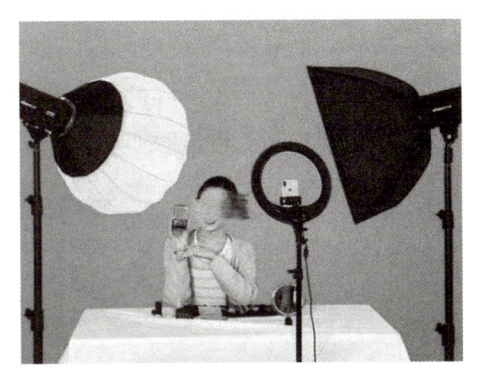

任务三　直播选品与商品规划

2.3.1　直播间选品定位

商品的选择和规划是直播营销的起点，要想提高直播间的订单转化率，主播一定要善于选品，合理规划商品的定价、结构、陈列、上架顺序等，并对直播间的商品进行精细化配置和管理。选品是直播电商中最重要的内容之一，如果想把直播当作长久的事业来做，就要把品质放在第一位，这样才能获得粉丝的信任，只有选择好合适的商品，直播才有成功的可能。主播人物设定的定位与选品息息相关，如果选品毫无头绪，直播就无从开展。对于主播来说，选品既是直播前比较重要的一环，也是主播与粉丝之间的"过滤器"，90%以上的直播都是"货"带"人"，只有保障商品的最优品质，才能使直播卖货得到可持续发展。

1. 直播平台选品规则

淘宝直播平台的限制推广商品主要是一些国家明令禁止的商品、虚拟商品、二手闲置用品等，具体限制商品类目见淘宝网规则频道。抖音的禁止分享商品主要是仿真枪械类、易燃易爆毒品类、医疗器械类等未经允许、违反国家行政法规或不适合交易的商品。当然，我们也要分析直播间里卖得好的商品具有哪些特征，卖得好的商品有粉丝不能亲自到现场挑选的跨境进口商品，粉丝重点关注生产工艺、原材料的商品等。直播电商环境能为消费者提供多场景、多方位的商品使用情况、售后服务等消费细节讲解。

2. 直播电商选品规划

直播电商选品规划主要有"西游记模式"和"新闻联播模式"两种方向。"西游记模式"围绕某一主题、某一品牌、某一领域商品线进行垂直型选品布局，长期围绕这一思路布局并重点展开。而"新闻联播模式"则根据综合型选品思路，按照自身供应链优势、直播间商品认可度、粉丝需求、时尚热点和商品颜值等展开选品规划，灵活调整选品，以丰富直播间商品品类，满足直播间的日常活动和粉丝要求。直播卖货选品方向如图2-37所示。

图 2-37　直播卖货选品方向

直播电商影响用户购买的关键因素，如图2-38所示。直播电商选品公式：价格优势（或高折扣）×高知名度×强需求，主要根据用户购买的关键因素来设定。通过公式可知，直播电商选品要选择性价比高的商品，这样的商品往往是粉丝的首选，商品的价格尽量控制在百元左右，100元是用户对一个价格区间的心理底线。此外，抖音上60%的热销品价格在10~50元之间。商品的高性价比还体现在赠送的优惠券上，尤其是大额优惠券，这可以帮助用户省钱，符合粉丝群体的心理定位。直播商品筛选还需要关注商品的品牌知名度，一般来说，高知名度的商品能增强粉丝的信任感，提升直播间粉丝对商品品质的认可度和订单转化率。同时，选择偏向粉丝的刚需快消品，有助于提高复购率。

影响用户购买的关键因素			
从下到上引发购买可能性逐渐提升	需求	价格	品牌知名度
	刚需	历史低价	知名度高
	非刚需	买一送多或大礼包	在特定圈层有一定的知名度
		直播间专享价格	
		价格中等或折扣高	知名度低

图 2-38　直播电商影响用户购买的关键因素

直播电商选品主要来源于第三方数据平台、同品类头部达人的直播间和市场需求。主流选品渠道包括工厂型选品、经销商型选品和品牌商选品 3 种，工厂型选品是指将直播场景放在工厂内，开启直卖模式，直接面对消费者，无中间商赚差价；经销商型选品着重打造爆品，利用自身资源优势，需要进行大量的选品测试以满足顾客需求；品牌商选品货品充足，且有一定的知名度。这 3 种选品渠道在品类、价格和供应稳定性等方面有所不同。

首先，直播团队通过蝉妈妈、飞瓜等数据平台关注同行 TOP 店铺的热销品、讲解时长、上架顺序及 GMV 构成，从而获取实时爆品数据，查看商品近 90 天的浏览量、抖音订单数、关联视频或直播等，快速了解商品近期的推广情况，根据浏览量和销量的增量走势图，快速发现商品销售的波动情况。其次，直播团队可以观看同品类头部达人直播间，头部达人直播间推荐的商品是当下主流热销品。最后，直播团队不仅要重视基于市场需求的应季品和热销品，还要优先考虑最近主播或明星推荐且非常受欢迎的产品。

3. 直播电商选品策略

直播电商选品主要围绕匹配度、性价比、需求和独特性卖点 4 个维度展开。首先，不管是达人主播还是商家主播，推荐的商品都要与主播的人物设定标签相匹配。其次，物美价廉的商品往往是粉丝首选，商品的价格尽量控制在百元左右，高性价比、低客单价的商品在卖货中更占优势，低价或者高性价比的商品符合粉丝群体的心理定位。再次，选一些快消品，复购率高的商品会有更好的效果，直播间售卖的商品要紧贴需求，要满足当前的活动趋势和粉丝需求，如季节性、流行度等，这样能够发挥粉丝更多的用户生命周期价值。最后，直播商品选择还可以通过挖掘独立卖点来开展，如个性商品、消费升级商品、新概念商品、刚兴起的商品和富有故事引起用户共鸣的商品等，通过商品的新、奇、特等卖点来吸引粉丝关注和下单。

① 直播商品与主播的人物设定相匹配。选品策略，即通过相关方法挑选适合直播的商品。选品的首要任务是匹配直播间的用户画像，不管是达人主播还是商家主播，推荐的商品都要与主播的人物设定相匹配，主播在选品时要判断商品是否符合用户画像所描述的需求，这样符合粉丝消费能力和对账号的预期，更有助于提升商品转化率。

用户画像一般由性别、年龄、地域、兴趣、购物偏好、消费承受力等组成，主播在选品时要判断商品是否符合用户画像所描述的需求。如果你的账号内容与母婴相关，那么你直播卖货选品尽量选择母婴商品；如果你的账号的内容主攻美妆，那么你直播卖货选品尽量选择美妆相关商品。一方面，你对商品的熟悉度高，另一方面，也符合粉丝对账号的预期，更有助于提升商品转化率。

例如，当前比较受欢迎的抖音、快手等直播平台，从用户细分来看，抖音用户是偏潮流、时尚的群体，因此抖音适合的商品品类应该是冲动消费品、时尚消费品、大众类消费品及新品类。而快手用户是相对大众、接地气的群体，因此快手适合高性价比商品和大众类消费品。只有选择符合用户画像的商品，转化率才会高。用户愿意购买主播推荐的商品是因为商品满足了大部分客户的根本需求，同时主播也了解自己的粉丝群体和用户画像，知道用户喜欢什么样的商品。表 2-4 所示为主要内容平台用户画像。

表 2-4 主要内容平台用户画像

平台名称	定位	日活量	用户黏性	用户基本特征	适合的卖货品类
抖音	原创短视频分享平台	10 亿次（2023 年 7 月 1 日）	弱关系 平台推送及内容运营	潮流、时尚 30 岁以下的用户占 53.2% 用户男女比例为 52：48 三线及以下城市用户占 55.9%	冲动消费品 时尚消费品 大众类消费品 新品类
快手	国民短视频社区	6.85 亿次（2023 年 11 月 12 日）	强关系 注重私域流量和"粉丝"运营	大众、接地气 30 岁以下的用户占 52.7% 用户男女比例为 52：48 三线及以下城市用户占 59%	大众类消费品 高性价比商品
小红书	分享生活方式的社区平台	1 亿次（峰值）（2023 年 9 月 20 日）	强关系 意见领袖属性较强	垂直、"种草" 30 岁以下的用户占 51.5% 用户男女比例为 13：87 一线城市用户占 57.7%	时尚消费品 高端消费品 美妆日用品
哔哩哔哩	Z 时代兴趣爱好社区	9370 万（2023 年 6 月 1 日）	强关系 拥有较强黏性的净值用户	年轻、"二次元" 30 岁以下的用户占 95.5% 用户男女比例为 48：52 一线及沿海城市用户占 70%	个性化产品 "二次元"周边衍生品

对于主播来说，主播选择的商品与主播一定要相互匹配，推荐的商品都要与主播的人物设定标签相匹配。例如，在推荐母婴用品时，未婚女性主播就缺乏说服力，而拥有"宝妈"身份的主播就显得自然得多，可信度也更高。主播需要提高商品的更新频率，使用户一直保持新鲜感。同时，商品应该具备好的品相，主播应选择在外观、质地、使用方法和使用效果等方面对用户形成感官冲击的商品；直播商品应是质量有保证的商品，评估主播卖货能力的一条重要标准是用户复购率，而决定用户复购率的通常是商品质量。因此，直播选品的标准要以商品质量为核心，主播在选品时一定要与可靠的商家合作，并提前与商家对接好售后流程。

② 直播商品与时下热度和活动匹配。主播选择卖货商品时可以结合时下热度或特色，直播间售卖的商品要紧贴用户需求，要满足当前的活动趋势和粉丝需求。例如，端午节吃粽子，或是某知名艺人参加某平台的直播时穿的是黑白短裙，吸引了直播间用户的目光，这些都是主播可以贴合的热度。某知名艺人参加某平台电商直播时穿的是黑白短裙这一热点，纷纷上新同款服装，于是第二天电商平台就出现了很多写着"××同款黑白短裙，正宗布料制作，只要 199 元""××同款短裙现在特价出售，只需 159 元"等宣传语的店铺。

结合热点能够在很大程度上提升直播间的热度，吸引更多的用户进入直播间。主播可以利用平台数据寻找热点，例如，既可以通过淘宝·光合平台的"热门榜单"了解用户关注的热点（见图 2-39）；也可以通过站外的搜索引擎或者社交平台获取热点信息，分析其关联商品，如微博热搜（见图 2-40）。

图 2-39　阿里创作平台的热点

图 2-40　微博热搜

直播间选品一定要有特色，即选择的商品一定要有卖点，并具有独特性。只有直播商品卖点清晰，特色鲜明，才能戳中用户的痛点，使其产生冲动消费，从而提升购买转化率。主播可以通过"商品特征＋商品优势＋用户利益＋赋予情感"的方式来诠释各类商品的卖点，如图 2-41 所示。

| 商品特征 | 商品优势 | 用户利益 | 赋予情感 |

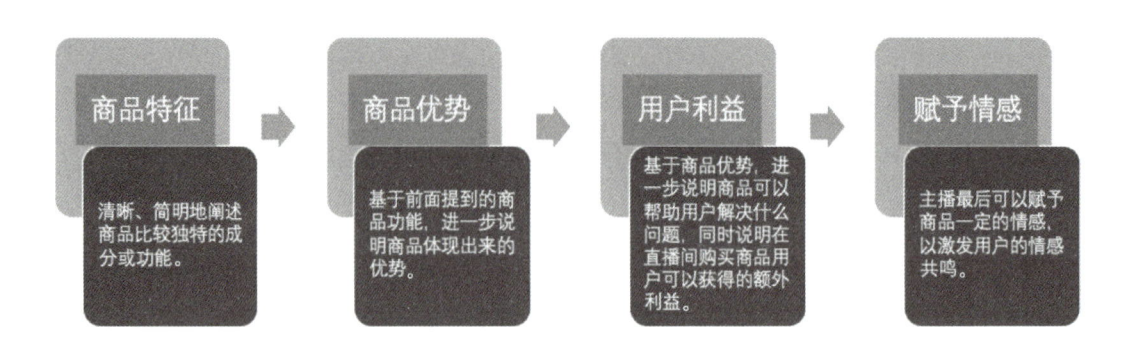

清晰、简明地阐述商品比较独特的成分或功能。 | 基于前面提到的商品功能，进一步说明商品体现出来的优势。 | 基于商品优势，进一步说明商品可以帮助用户解决什么问题，同时说明在直播间购买商品用户可以获得的额外利益。 | 主播最后可以赋予商品一定的情感，以激发用户的情感共鸣。

图 2-41　诠释各类商品卖点的方式

③ 直播卖货选择高性价比的商品。直播属于电商平台的一种营销工具，人们在电商平台购物的原因无外乎两个：一是方便快捷，二是商品价格便宜。在直播卖货的过程中，高性价比的商品更受用户欢迎，直播间的商品应该满足方便快捷、价格便宜的特点。例如，直播间的商品总是给用户"全网最低价""无条件退换""大额优惠券"等福利，这样不仅最大限度地保证了用户的权益，还让用户对其产生了很强的信任感，因此用户的复购率非常高。

此外，主播在直播间卖货时不仅担任导购的角色，还担任代言人的角色。主播在直播间推荐商品之前，最好亲自试用商品，这样才能知道商品品质是否能够满足用户需求，以及商品具备哪些特性、商品的使用方法、如何推荐商品等，才能在直播讲解时绘声绘色，提高说服力。尤其是主播不熟悉商品的时候，更要事先对商品性能、使用方法、优点等有所了解，以减少直播中的失误。对于新人主播来说，在直播初期可以选择一些销量好的商品，这不仅有助于提高直播间的转化率，还可以建立用户对自己的信任，积累口碑。

④ 直播卖货使用辅助工具选品。直播间选品可以根据第三方工具来辅助了解直播卖货商品的大盘数据，如可以借助灰豚数据来了解整个直播卖货领域的商品榜、爆款榜等统计数据，通过抖音精选联盟平台了解商品佣金比例、客户评价和商品口碑等数据，综合评判并完成商品筛选。有时，直播选品还需要考虑商品的刚需与非刚需、品牌知名度、商品性价比等各种因素。

⑤ 直播卖货测款上新。直播团队可以通过直播测试新款商品，并检验商品的点击率和成交率数据，通过直播运营看用户停留时长、互动率、转化率、新粉数量等实时数据，为上新、选品和后续直播运营提供更多科学依据。只要商品符合新、奇、特，或者具备社交属性，就可以进行测试。直播运营人员根据商品测款过程中呈现的点击率和成交率，筛选并确定直播间的爆品、衰退品、边缘商品和潜在爆款，通过直播间的测试数据进行数据选品。直播卖货商品测款分析，如图 2-42 所示。

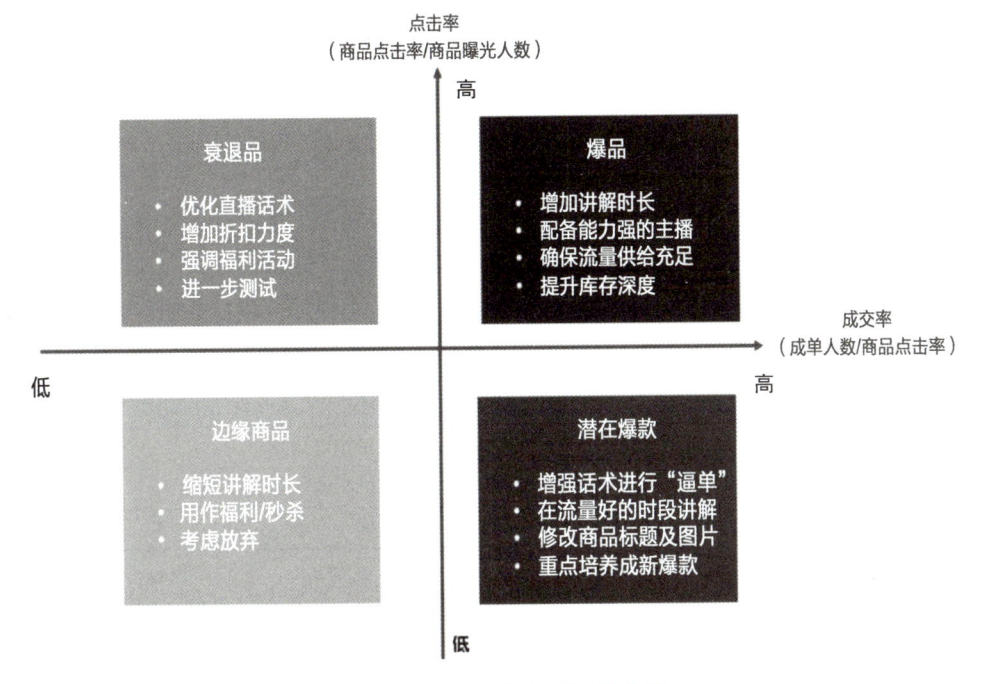

图 2-42 直播卖货商品测款分析

可将商品介绍过程制作成多个不同的短视频，通过不同的话术和场景来展示商品，分析用户点击和评论数据；也可在直播间上测试商品链接，与用户互动并讨论，根据直播间商品的点击率、成交率和粉丝反馈等，分析测款商品在直播间的具体表现，为后续的直播选品和运营策略提供依据。主播通过复盘直播间的商品购买人数、成交转化率、销量等数据优化选品，针对销量高的商品可以进行重点投放，以增加整体收益，这对后续的直播选品具有重要的指导意义。

4．直播电商选品步骤

① 确定主题，初步圈定货品池子。很多直播间都为整场直播活动赋予了意义，如上新专场、清仓福利专场、节庆专场或"宠粉"专场等，围绕商品价格、活动节点和粉丝情况来圈定货品池子。上新专场选品以应季新品为主；清仓福利专场选品以过季单品为主；节庆专场如在情人节时会加入一些爱情元素的选品，常见的商品包括情人节限定款商品和高颜值商品等；"宠粉"专场选品以粉丝为出发点进行主题确定，如"宠粉"专场教粉丝学穿搭等；一般来说，直播电商都是围绕上述主题圈定货品的。

② 根据用户画像、历史货品售卖情况精准选品。对历史直播专场的商品进行复盘分析，找出受欢迎的款式并寻找类似款，调整直播间的商品结构。

③ 确定销售目标，倒推备货结构。很多情况下，直播选品需要考虑直播团队的销售目标，通过量化的销售目标确定直播间商品流量和价格结构，不断细化直播间商品的销售目标。

2.3.2 直播间商品定价策略

商品定价是一项重要而复杂的工作，如果商品价格过高，主播在直播间推荐的商品可能就会卖不出去；如果商品价格过低，过早脱销，就会失去盈利的机会。一般来说，商品客单价通常分为高客单价、中客单价、低客单价3个档次，如表2-5所示。主播可以采用根据主播的人物设定定价、商品组合定价、阶梯式定价3种定价方法为商品定价。

表2-5 商品客单价档次分类

价格档次	价格范围	用户购买特征
高客单价	100元以上	十分看重质量和品牌，下单十分谨慎
中客单价	50～100元	有所顾虑，充分考虑购买的必要性和商品的实用性
低客单价	50元以下	购买决策过程很短，大多属于冲动式消费

（1）根据主播的人物设定定价。 主播的人物设定可以分为3种类型，分别为专业型主播、文化娱乐型主播、亲民型主播。

① 专业型主播。专业型主播在为商品定价时，商品价格可以以高客单价为主，中客单价为辅，一般商品单价在100元以上。

② 文化娱乐型主播。文化娱乐型主播在为商品定价时，商品价格可以以中客单价为主，直播商品的单价多在50～100元之间。

③ 亲民型主播。亲民型主播为商品定价时，商品价格可以以低客单价为主，中客单价为辅，直播商品的单价多在50元以下。

（2）商品组合定价。 商品组合定价属于心理定价的范畴，是指为了迎合消费者的心理，特意将某些商品的价格定得高一些，某些商品的价格定得低一些，以此取得整体经济效益的定价方法。这种定价方法一般将互补商品或关联商品进行组合定价。在电商直播中，商品组合定价应遵循以下三大原则。

① 赠品与商品相关联。例如，某款洗面奶在品牌店或电商平台卖××元，但在直播间，用户以同样的价格可以得到两份商品，再获赠一包洗脸巾。虽然主播可以赠送给用户其他商品，但是用户洗完脸后肯定会用到洗脸巾，因此赠送洗脸巾是很合适的，赠品也与商品相关联。主播这样做可以使用户感觉受到关爱，在保证质量的前提下，即使商品的价格稍微高一些，用户也容易接受。

② 套装搭配组合。例如，一般一套护肤品包括洗面奶、化妆水、精华、眼霜、面霜。如果单独购买这些护肤品，总价可能会超过2000元，但在直播间主播给出的价格非常合适，同样是洗面奶、化妆水、精华、眼霜、面霜，可能精华水的价格为500元，眼霜的价格为400元，面霜的价格为400元，洗面奶和化妆水的价格为0元，总价只有1300元。主播说出商品价格的时候，语速一定要快，声音要饱满，音量要大，向用户传达商品的优惠

力度，刺激用户，使其下单。

③ 赠品在直播中提前多次出镜。例如，一款500毫升的洗发水，实体店卖198元，电商平台卖168元，而在直播间，它只需138元，且买一送二，如果再加29元，主播就再送一瓶200毫升的护发素，用户可以搭配使用，洗发效果更佳。需要注意的是，护发素一定要在直播过程中多次出镜，并且由主播亲自展示或讲述使用感受，这样一来，这款护发素就能给用户留下深刻的印象。

（3）阶梯式定价。阶梯式定价主要用于销售客单价较低或成套售卖的商品，相当于"买一送一"的升级版。例如，某款零食在直播间第一件卖19.9元，第二件卖9.9元，第三件卖0元，限量1万件，主播引导用户在直播间直接下单，购买数量为3。所有人都知道买3件比较划算，但可能厂家给出的价格就是平均价，比起直接定价，阶梯式定价不仅给用户一种优惠力度大的感觉，刺激了用户购买的欲望，还提高了人均购买数量。

在采用阶梯式定价方法时，主播可以在直播时将原价写在白板上，与直播间的价格形成鲜明对比，引导用户关注优惠价格，同时通过语速和声音向用户传达商品的优惠力度，营造紧张的氛围，带动用户激动、兴奋的情绪，刺激他们下单。

2.3.3 直播间商品结构规划

直播间商品结构规划是指根据商品线的分析及市场变化，调整现有商品结构，从而寻求和保持商品结构最优的策略。一般来说，直播间的商品包括印象款商品、引流款商品、福利款商品、利润款商品、主打款商品、形象款商品。主播卖货时要梳理清楚不同类型的商品，做好商品的结构规划。

（1）印象款商品。印象款商品是指促成直播间首笔交易的商品，其特点是实用，并且人群覆盖率高。只有产生第一次交易后，用户才会对主播或直播间留下深刻的印象，下次再来看主播直播的可能性才会增加，因此印象款商品的重要性毋庸置疑。一般来说，主播可以选择中高性价比、低客单价的常规商品作为直播间的印象款商品。例如，卖包的主播可以选择零钱包、钥匙包等作为印象款商品；教服装搭配的主播可以选择腰带、打底衫等作为印象款商品。

（2）引流款商品。引流款商品是指帮助店铺吸引流量、引进更多意向用户的商品。主播卖货时应该设置引流款商品。引流款商品一般具有高性价比、低客单价的特点，相比于同类目属性环境下的竞争对手，有价格或其他方面的优势，通常是用户可以接受的大众商品。引流款商品意味着该商品是店铺主要的流量来源通路，因此，主播直播时要精准选择引流款商品，做好数据测试，尽量选择转化率高、地域限制较小的商品作为引流款商品。

在直播卖货的过程中，引流款商品一般放在直播的开始阶段，如9.9元包邮的商品等，用户对这类商品的购买决策成本较低，同时通过限时限量秒杀活动营造直播间紧张的购物氛围，从而快速提高商品转化率。

（3）**福利款商品**。福利款商品一般是粉丝专属，也就是"宠粉"款商品，直播间的用户只有在加入粉丝团以后，才有机会抢购福利款商品。有的主播直接赠送某款商品，以此作为福利，回馈粉丝；有的主播将某款商品降价以作为福利款商品，例如，"原价199元，今天直播间'宠粉'，只要39元，限量5000件"，以此激发用户的购买热情，引导更多的用户加入粉丝团。

（4）**利润款商品**。一场直播能够赚多少钱主要看利润款商品的盈利。为了实现比较理想的盈利效果，直播时利润款商品要在所有商品中占较高的比例。利润款商品适用于直播间目标用户中某一特定的小众群体，这些人追求个性，愿意消费，并且有能力去消费。因此，利润款商品一般品质高，有自己的独特之处，符合小众群体的心理。一般来说，利润款商品要等到引流款商品、福利款商品将直播间的人气提升到一定高度后再引入，直播间氛围良好的时候向用户推荐利润款商品，往往更容易成交，提高转化率。

（5）**主打款商品**。主打款商品就是常说的爆款商品，高流量、高曝光量、高订单量是该商品的具体表现。一般情况下，主打款商品的价格不会太高，利润较低，可为直播间冲销量、清除库存。一场直播中可设置一两款主打款商品，它对上架时间没有太多的要求，不管是高流量的时候，还是人气一般的时候，都可以上架和讲解主打款商品。一般主打款商品的讲解频次高或讲解时间长，需要时常出现在直播过程中，以便让用户充分了解该商品。需要注意的是，主打款商品是有生命周期的，在步入衰退期后，选品团队必须尽快找到第二个主打款商品，以防止主打款商品失去活力后成交额下滑。

（6）**形象款商品**。形象款商品又称品质款商品、战略款商品，它承担着提供信任背书、提升品牌形象的责任，可以在无形中为直播间增添好感，提高信任度。主播应该选择一些高品质、高格调、高客单价的小众商品作为形象款商品，形象款商品仅占直播间所有商品的小一部分。形象款商品可以有3~5款，适合目标用户群体中3~5个细分人群。例如，形象款商品可以是设计师定制款的限量商品，也可以是孤品、断码商品。

2.3.4 直播间商品陈列规划

在直播卖货时，很多人忽略了商品陈列规划这一环节，当用户进入直播间时，商品陈列是用户的第一视觉反应，合理的商品陈列规划能有效增加直播间用户留存人数，增强用户的下单购买意愿。常见的直播间商品陈列规划包含主题式商品陈列规划、品类式商品陈列规划和组合式商品陈列规划。

（1）**主题式商品陈列规划**。主题式商品陈列规划的主要特征是统一，主要是为了突出直播间的主题风格。一般来说，直播间的直播主题包括节假日、季节、品类3种，如表2-6所示。例如，在一场以中秋节为主题的直播中，主播在直播间陈列的商品都是与中秋节有关的各种月饼、中秋限定款杯子等。

表 2-6　直播间的直播主题

主题	分主题	具体内容
节假日	中国传统节假日	春节、元宵节、端午节、中秋节、腊八等中国传统节假日特色商品
	文化历史节假日	儿童节、母亲节、父亲节、教师节等文化历史节假日特色商品
季节	春季	春季新品、露营周边、防雨用具等
	夏季	夏季新品、清凉降火、防晒系列、避暑民宿等商品
	秋季	秋季新品、户外装备、时令小吃等
	冬季	冬季新品、保暖御寒用品、火锅食材、养生用品等
品类	零食	罐头、饮料、坚果等
	服装	裙子、短袖、牛仔裤、衬衫、毛衣、卫衣等
	美妆个护	洗面奶、卸妆油、精华、眼霜、眼影、口红等
	厨卫	洗涤用品、餐具等
	电器	扫地机器人、冰箱、洗衣机等

（2）**品类式商品陈列规划**。品类式商品陈列规划主要是通过品类组合，为用户构建可选择的氛围，从而让用户在众多商品中购买到自己心仪的商品。品类式商品陈列规划的直播间类似于小卖部、百货商店，能够为用户提供多品类商品和更多选择。

（3）**组合式商品陈列规划**。组合式商品陈列规划主要是通过商品与商品之间的紧密联系和搭配，引导用户将商品组合起来下单。例如，服装主播可以推荐一整套搭配，让用户买了衬衫还想要可搭配的裙子和外套；美妆主播可以把美食和制作美食的小家电组合起来进行销售；或是制造吃爆米花要喝可乐、吃牛排要喝红酒等场景来销售商品。但需要注意的是，在直播间陈列商品时，尽量不要把品类相似、价格相似的商品陈列在一起。

2.3.5　直播间商品的精细化配置与管理

直播过程中经常面临的问题是"款式不够""利用率不高""单品销量深度不够"等，归根结底，是因为没有对商品进行符合直播逻辑的合理化细分。在直播商品的配置与管理过程中，主播可以从确定直播主题、规划商品需求、规划商品配比与更新、把控商品价格与库存、已播商品储备再利用 5 个方面入手实现对直播间商品的精细化配置与管理。

（1）**确定直播主题**。如果把整理和布置商品看作是写一篇作文，那么最先需要确定的是作文题目，对于直播来说，就是确定直播主题。主播必须清楚本场直播面对的用户是谁，应该讲解什么，如何进行高效讲解。直播主题包括以下两种。

① 场合主题，主要是休闲、办公、聚会等。

② 活动主题，主要是上新、打折、节日等。

主播可以从这两种主题着手为自己的直播主题做一个阶段性规划。假设以上两种主题中的每个都可以做一场直播，就拥有了至少 6 个直播主题，并且主播可以根据这 6 个主题不断优化。确定了直播主题，下一步就该根据直播主题配置相应的内容了。不同的直播主题搭配不同特点的商品。

（2）规划商品需求。在确定直播主题之后，主播可以做一个简单的表格，规划商品需求，以此明确每一场直播需要"什么特征的商品"，表格中应清晰地呈现"直播主题""商品数量""商品特征"三大要素。表 2-7 所示为规划商品需求的示例。

表 2-7 规划商品需求的示例

主题选品			
日期	直播主题	商品数量/个	商品特征	辅推商品
2023 年 4 月 25 日	"五一"出游拍照必学穿搭	1000	穿着舒适，以色彩感为主	平跟凉鞋、小白鞋、太阳镜、帽子
2023 年 4 月 26 日	相亲时遇到前男友，气势不能输	800	显瘦，以裙装为主	单鞋、高跟鞋、包包、饰品
2023 年 4 月 27 日	反季清仓三免一专场	1200	冬季羽绒服，以棉衣为主	压缩收纳袋、羽绒服护理液、檀木丸

（3）规划商品配比与更新。规划完商品需求之后，就该精细化商品配置了，也就是商品配比与更新。此时，需要记住商品组合、价格区间、库存配置三大要素。合理的商品配置可以大大提高商品的利用程度，最大化消耗单品库存。经过反复测试，商品的配置比例包含单品配置和主次类目配置，单品配置比例如图 2-43 所示，主次类目配置比例如图 2-44 所示。

确定好商品配置比例以后，先根据直播时长等条件确定每场直播的商品总数，再根据以上两种直播主题对应的配置方式做好选品，如果一场直播的商品总数为 100 款，那么该场直播的商品配置比例如表 2-8 所示。

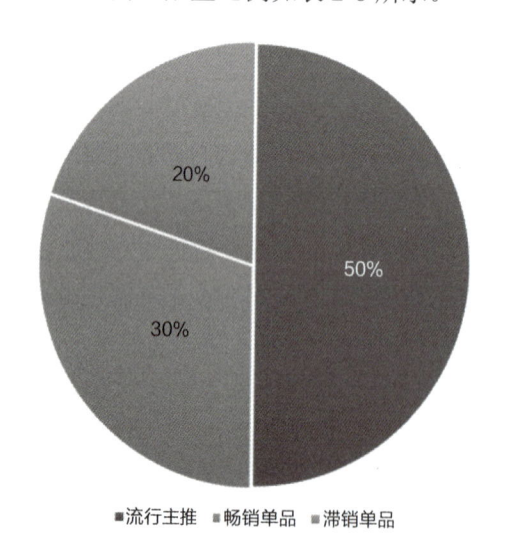

图 2-43 单品配置比例

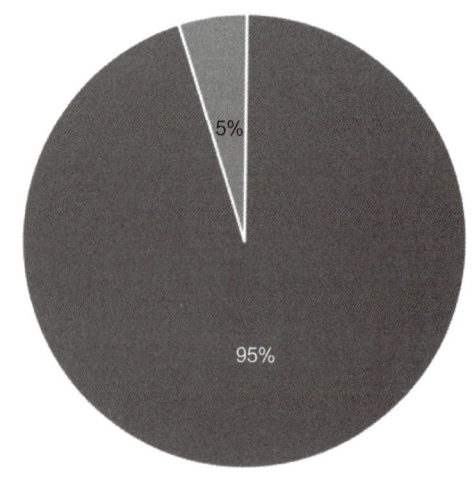

图 2-44 主次类目配置比例

表 2-8　一场直播的商品配置比例

直播商品总数	主类目商品 95 款			次类目商品 5 款
100 款	流行主推商品 47 款或 48 款	畅销单品 28 款或 29 款	滞销单品 19 款	A 款、B 款、C 款、D 款、E 款

接下来，在商品配置比例的基础上不断地进行商品更新。商品更新也讲究一定的比例，为了保证每场直播的新鲜感并做好老客户维护，需要不断地更新直播内容，其中比较重要的是商品更新。一场直播更新的商品总数至少要达到整场直播总商品数的 50%，其中更新的流行主推商品占 80%，更新的畅销单品占 20%。如果一场直播的商品总数为 100 款，那么该场直播的商品更新比例如表 2-9 所示。做好商品配比与更新，能够使直播内容更加丰富，直播转化率也会得到提高。

表 2-9　一场直播的商品更新比例

直播商品总数	主类目商品 95 款				滞销单品	次类目商品 5 款
	流行主推商品 47 款或 48 款		畅销单品 28 款或 29 款			A 款、B 款、C 款、D 款、E 款
	新品数量	预留数量	新品数量	预留数量		
100 款	40 款	8 款	10 款	8 款	19 款	

（4）**把控商品价格与库存**。在商品需求、商品数量及更新比例都确定好的前提下，主播需要进一步把控另外两大要素，即价格区间和库存配置。对于价格区间，主播要根据商品的原始成本、合理的利润和其他费用进行设置。在设置价格区间时，若同类商品只是颜色、属性不同，则商品价格差距不应太大。

库存配置是提高直播效果与转化效果的一个重要因素。主播需要记住一个原则，就是"保持饥饿"。根据不同场观（单场直播的总观看人数）和当前直播在线人数，配置不同的库存数量，使直播间始终保持"抢购"的状态。库存数量应比在线人数少至少 50%，否则无法达到"饥饿"的效果。在条件允许的情况下，直接设置店铺库存来配合直播时的商品库存需求是非常有必要的。

（5）**已播商品储备再利用**。根据直播需求，为了更充分地利用好商品资源，还要做好最后一步，即"已播商品的储备再利用"，对已播商品进行预留返场。在一场直播中，主播可以在所有商品中选出至少 10%的优质商品作为预留再利用商品，并应用到以下几个场景中。

① 在日常直播一周后的返场直播中，将预留再利用商品在新流量中进行转化。
② 当部分商品因特殊情况无法及时到位时，将预留再利用商品作为应急补充商品。
③ 当遇到节庆促销日时，将预留再利用商品作为活动商品再次上架。

在直播前期策划与筹备过程中，主播可以围绕直播定位、商品选款、直播间准备、直播筹备、店铺运营和渠道筹建来完成直播前的计划工作，筹集好人员、设备、商品、店铺、渠道和各种物料，并根据工作类别做好人员分工和时间安排，可以参照直播筹备计划表（见表 2-10）。

表 2-10 直播筹备计划表

工作类别	工作项	细节	负责人	11月 18 一	19 二	20 三	21 四	22 五	23 六	24 日	25 一	26 二	27 三	28 四	29 五	30 六	12月 1 日
直播定位	定位五步曲	我是谁，面对谁，提供服务，解决问题，个人愿景	×××					人物设定	人物设定							预备	开播
直播定位	调研	知己知彼，制定自己的直播风格	×××					调性设定	调性设定							预备	开播
商品选款	选品	自营商品、工厂溯源、时装周	×××						首批选款	首批选款	首批选款	首批选款				预备	开播
商品选款	定价	对比市场同类商品、卖点、定价	×××						首批选款	首批选款	首批选款	首批选款				预备	开播
商品选款	商品比例	引流款、爆款、利润款、常规款	×××						首批选款	首批选款	首批选款	首批选款				预备	开播
直播间准备	地点（自选）	工作室、工厂、店铺、背景墙	×××								场地准备	场地准备				预备	开播
直播间准备	灯光（自选）	环境灯、测光灯、前置灯架	×××								选购	选购				预备	开播
直播间准备	布景（自选）	背景墙纸、摆设道具、尺子	×××								选购	选购				预备	开播
直播间准备	声卡（自选）	麦克风、收音设备等	×××								选购	选购				预备	开播
直播筹备	流程策划	直播间促销活动、流程策划	×××										设计	设计		预备	开播
直播筹备	商品卖点	根据选出的款撰写卖点文案	×××										设计	设计		预备	开播
直播筹备	人员分工	确定直播间人员的工作	×××										设计	设计		预备	开播
直播筹备	准备工作到位	留意直播间动态、烘托气氛	×××												检查	预备	开播
店铺运营	店铺装修	店铺网页设计	×××										准备	准备		预备	开播
店铺运营	详情页设计	商品展示、细节图、参数表	×××										准备	准备		预备	开播
店铺运营	商品拍摄	场景搭建、季度拍摄、精修、设计	×××								场景采购搭建	场景采购搭建	拍摄	精修	精修	预备	开播
店铺运营	主题风格策划	按人群、季节、服装特性确定主题	×××								主题构思	主题构思				预备	开播
渠道筹建	大众门户	抖音、快手短视频引流	×××							预热			预热		预热	预备	开播
渠道筹建	社交媒体	小红书、爱逛等垂直媒体引流	×××							预热			预热		预热	预备	开播
渠道筹建	双微引流	微博、微信、图文引流	×××							预热			预热		预热	预备	开播

直播团队应做好品控，对主播直播间宣传的商品进行层层把关。首先，严格审查合作商家的资质，对其提供的商品做好检验工作。其次，对销售后的商品供应进行监督，防止商家为主播团队和消费者提供不同品质商品的情况出现。最后，一旦市场上出现负面反馈，就做好应对措施，避免舆论扩大，进一步造成恶劣影响。为防范风险，主播团队可全程留存证据，证明自己在推广过程中尽到了相应的义务，以应对可能产生的纠纷。

任务四 熟悉淘宝直播规则

2.4.1 淘宝直播封面规范

直播封面图是用户了解直播的第一步，能够彰显直播间特色，吸引用户进一步了解，一张好的封面图对于直播电商来说非常重要，淘宝直播作为直播卖货的领军平台，其直播封面图应具备以下3个特点。

① 主题明确。封面图应展现直播主题，符合所在频道的定位。

② 图片美观。使用清晰、明亮的实拍图，构图合理；若出现主播，则主播的举止令人感觉舒适。

③ 个性化。直播封面图可以使用主播试用商品的图片，使其与众不同。

在制作直播封面图时，除了避免过分修图、光线过暗、画面模糊、有明显色差、拉伸变形等情况，还应注意以下问题。

① 不宜使用漫画、插画、素材图等作为直播封面图。
② 不宜使用拼接图片作为直播封面图。
③ 图片中不宜出现表情包。
④ 不宜在图片上压字。
⑤ 图片上不宜出现播放器的标志或出现水印。
⑥ 内衣等商品的封面图不宜出现人物或模特。
⑦ 如果直播间无明星参与直播，就不能用明星的照片作为封面图；如果直播间有明星参与直播，就可使用明星的照片作为封面图，但是必须提供相关的肖像使用授权文件等。
⑧ 不宜使用过于密集、容易令人产生不适的图片。
⑨ 不宜使用与自然现象不符的图片。

2.4.2 内容创作者管理规则

使用阿里创作平台及淘宝直播平台的服务发布内容、进行信息推广的用户被（包括淘宝平台商家、淘宝达人等）统称为内容创作者。内容创作者可通过平台发布文字、图片、音频、视频、直播等内容，这些内容可在淘宝平台各站内渠道，如内容创作者个人主页、微淘、淘宝头条、有好货、每日好店、哇哦视频、淘宝直播，以及淘宝合作的第三方站点等进行展示。

符合条件的淘宝平台会员可入驻阿里创作平台成为达人，以开展内容创作、信息发布和推广活动，满足相应条件的达人还可入驻淘宝直播平台成为达人主播。商家可以开通阿里创作平台及淘宝直播平台功能以推广自己店铺的商品，若要推广其他商家的商品，则需要满足达人相应准入条件并完成相应认证流程。

（1）达人。 如入驻阿里创作平台成为达人，可推广他人商品，但要满足以下条件。

① 如果是个人，须完成支付宝个人实名认证，且年满 18 周岁（同一身份信息下只能允许一个淘宝账户入驻）。

② 如果是企业，须完成支付宝企业实名认证（同一营业执照下允许不超过 10 个淘宝账户入驻）。

③ 如果淘宝平台商家申请成为达人，须同时满足两个条件：本自然年度内不存在出售假冒商品的违规行为；具有一定的店铺运营能力和客户服务能力。

④ 经淘宝平台排查认定，该账户及其实际控制人的淘宝平台账户未被淘宝平台处以特定严重违规行为处罚，或未发生过严重危及交易安全的情形。

如果入驻淘宝直播平台成为达人主播，除上述条件外，还要满足以下 3 个条件。

① 达人账户状态正常。

② 根据平台要求完成认证。

③ 具备一定的主播素质和主播能力。不满足准入要求，或市场管理与违规处理达到清退情形的，立即清退。清退后如果满足准入要求可再次提交准入。

（2）商家。 如果入驻阿里创作平台成为商家（仅限推广自身商品），则须满足在淘宝平台开设店铺，且店铺状态正常的条件。

如果入驻淘宝直播平台成为商家主播，除上述条件外，还要满足以下条件。

① 根据平台要求完成认证。

② 店铺具备一定的综合竞争力。

③ 商家主播具备一定的主播素质和主播能力。

④ 近 30 天店铺 DSR 评分 3 项均不低于 4.5 分。

⑤ 近 30 天内店铺纠纷退款率不超过店铺所在主营类目纠纷退款率均值的 5 倍，或纠纷退款笔数不超过 5 笔。

⑥ 近 30 天内店铺品质退款率不超过店铺所在主营类目品质退款率均值的 3 倍，或品质退款笔数不超过 5 笔。

⑦ 淘宝网个人店铺卖家，还要符合：店铺信用等级为 1 钻及以上；主营类目在线商品数至少 5 个，且近 30 天店键情量至少 3 个，近 90 天店铺成交金额至少 1000 元；符合《淘宝网营销活动规则》；本自然年度内不存在出售假冒商品的违规行为；本自然年度内未因发

布违禁信息或假冒材质分以上。

⑧ 对卖家准入有特殊要求的，从其规定。

不满足准入条件中的②③④⑧或市场管理与违规处理达到清退情形的，立即清退。清退后如果满足准入要求可再次提交准入。

2.4.3　浮现权规则

当商家直播售卖商品时或者别人直播售卖其商品时，如果商家拥有淘宝直播浮现权，就可以在直播界面看到商品链接，让观看直播的用户直接点击链接浏览商品或购买商品。浮现权是淘宝直播平台赋予内容创作者发布直播内容并将其优先展示在淘宝直播频道的权利。

如果主播满足以下条件，那么平台可择优开放浮现权。

① 主播成长等级达到"等级2"。

② 若为商家主播，则淘宝网卖家须符合《淘宝网营销活动规则》，天猫商家须符合《天猫商家营销准入基础规则》。

③ 近30天内容创作者利用直播方式推广的商品纠纷退款笔数不超过5笔。

④ 近30天内容创作者利用直播方式推广的商品品质退款率不得超过所有以直播方式推广商品的品质退款率均值。

⑤ 保持稳定的开播频次，持续推广优质商品，持续生产优质的直播内容，如果不再满足该条件，平台将会收回其浮现权。

2.4.4　直播推广用语规则

（1）确保履行承诺。言必信，行必果，所有通过文案、直播标题、贴片文案和直播间口述等方式描述的优惠、让利、价格承诺、服务承诺、赠品等，务必保证"真实、准确、有效"，承诺的内容务必保证执行到位，不得欺骗、误导和诱骗用户。

（2）禁止虚假宣传。常见的虚假宣传案例如下。

① "直降千元"。"直降"是与本商品的活动前7天最低成交价做对比，直播推广的商品中至少存在一款商品，其销售价格与前7天最低成交价之间的差价为1000元。

② "仅限今日""今日特惠""明天涨价""仅此一天""错过等一年""最后一波"等表述不仅容易诱导消费者冲动消费，还缺乏相应的依据，虚假性很高，在直播过程中应禁止使用。

③ 大促期间，若要使用"最后××小时""最后一天"等能够确切量化的词语，必须在文案中注明所描述的活动及活动周期。直播中涉及数据的相关宣传必须保证数据的真实性、准确性，并进行数据说明。数据应为真实数据；文案应准确说明数据内容及获取方式；数据统计需要说明统计起止时间点、统计维度。

（3）表述应准确。如果是抽奖活动，就不能说"买就送"；如果是买正装送小样，就不能说"买一送一"；使用优惠券的促销，必须明确优惠的形式，例如，领券享"299 减 80"，如果优惠券有使用上限，就不能说"上不封顶"。

（4）禁止使用绝对化用语。绝对化用语在大多数情况下无法使用，只有在少数场景下可用，在直播时要尽可能地回避。常见的绝对化用语示例如表 2-11 所示。《中华人民共和国广告法》中之所以禁止使用"国家级""最高级""最佳"等用语，是考虑到竞争状态不断发展变化，任何商品服务的优劣都是相对的，具有地域或者时间阶段的局限，在广告中使用"最高级""最佳"等绝对化语言，违背事物不断发展变化的客观规律。使用绝对化用语不但容易误导消费者，而且可能会贬低同类商品或服务，因此禁止使用。

表 2-11　常见的绝对化用语示例

常见的绝对化用语	世界领先、全球著名、第一、Top1、No.1、冠军、××之王、××之冠、金牌 巅峰、顶级、顶尖、顶峰、顶端、绝无仅有、唯一、空前绝后、绝对 首选、全国首家、万能、全能、完美、抄底、底价、最低价、最好、最×× 极品、极端、独一无二、无与伦比、史无前例、永远、永久、都

（5）禁止价格欺诈。在直播间，不允许使用"原价"一词。"原价"是指商品促销前 7 天内的最低成交价，若所售商品的划线价并不是前 7 天内的最低成交价，则不能称为原价。同时慎用"折扣"一词，谨慎进行价格比较。任何"××折"都要有一个对比的基础价格，需要明确说明对比价格的出处（这个对比价格必须是真实成交且可证明的），否则以同款商品在当次促销活动前 7 天在同一渠道销售的最低成交价作为基础价格，直播间所说的"折扣"一词代表的含义如下。

① "全店××折"是指全店商品经校验均为××折。

② "全店××折起""不止××折"，监管往往从有利于消费者的角度解释，会认定折扣力度大于××折。例如，全店 5 折起，会被认定店铺内商品为 1 折、2 折、3 折、4 折、5 折的商品。

③ "底价"一词不允许使用，"底价"与"最低价"同义，容易对消费者产生误导，因此建议使用"低价"一词。

（6）其他注意事项。首先，抽奖和秒杀活动中的奖品价格不超过 5 万元。直播间如果举行抽奖、秒杀等活动，活动中的商品市场价值不能超过 5 万元，否则会被认定为不正当竞争。奖品为使用权的按照商品本身的价值计算，如汽车一年的使用权是按照汽车本身的市场销售价来计算的。

其次，禁止通过比较的方式贬低竞争对手。如果与第三方进行比较，就必须真实、客观、无贬低和诋毁的内容；如果涉及数据，就必须有明确出处和依据，包括统计时间和截止时间。

最后，禁止格式霸王条款，例如，不得出现"最终解释权归×××所有"之类的字眼。

此外，公序良俗需谨慎。有违公序良俗是指与社会主义核心价值观相悖，不积极，不健康、不向上向善、不风清气正的内容。其他特殊宣传点如下。

① 酒类商品的特殊要求。不允许宣传、鼓动、倡导、引诱饮酒或者宣传无节制饮酒，"贪杯无罪"等词语不能用。

② 治疗功能不允许擅自宣传。治疗功能是指与"治病"相关的功能，如果没有获得"国药准字"，则不得进行类似宣传；若已获得"国药准字"，则需严格在批准文书阐述的功效范围内进行宣传。

③ 保健功能不允许擅自宣传。增强免疫力、辅助降血脂、辅助降血糖、抗氧化、辅助改善记忆、缓解视疲劳、促进排铅、清咽、辅助降血压、改善睡眠、促进泌乳、缓解体力疲劳、提高缺氧耐受力、对辐射危害有辅助保护功能、减肥、改善生长发育、增加骨密度、改善营养性贫血、对化学性肝损伤的辅助保护作用、祛痤疮、祛黄褐斑、改善皮肤水分、改善皮肤油分、调节肠道菌群、促进消化、通便、对胃黏膜损伤有辅助保护功能等都属于保健功能，若没有获得"国食健字"，则普通食品不得使用进行宣传；若已获得"国食健字"，则需严格在批准文书阐述的功效范围内进行宣传。

④ 化妆品特殊用途不允许擅自宣传。美白、育发、染发、烫发、脱毛、健美、除臭、祛斑、防晒属于化妆品特殊用途，若没有获得特殊用途化妆品批准，则不得使用；若已获得"国妆特字"，则需严格在批准文书阐述的功效范围内进行宣传。

⑤ "跨境"一词谨慎使用，"免税"一词禁止使用。如果使用"跨境"一词，就要保证所有活动商品都是通过海外直邮或保税集货等正规跨境模式进行销售的商品，不允许出现"货物已在国内"的情况。商家为消费者承担了应缴税收，并非根据税收政策计算免征额在50元以下的真正意义上的免税，因此不能使用"免税"这一法定概念。

2.4.5 违规处理措施

内容创作者的违规处理原则与程序遵从《淘宝网市场管理与违规处理规范》的相关规定。内容创作者违规行为分为一般违规行为（A类违规）、严重违规行为（B类违规）及推广假冒商品行为（C类违规），三者独立扣分，分别累计，分别执行。

- 一般违规行为是指除推广假冒商品行为和严重违规行为外的违规行为。
- 严重违规行为是指除推广假冒商品行为以外，其他严重破坏平台运营秩序或涉嫌违反国家法律规定的行为。
- 推广假冒商品行为是指推广假冒注册商标商品或盗版商品的行为。

1. 扣分节点

① 违规行为成立后，平台对内容创作者进行扣分。当扣分达到节点时，平台会对内容创作者采取相应的节点处理措施，违规行为的扣分节点处理措施如表2-12所示。

表 2-12 违规行为的扣分节点处理措施

违规行为类型	情节严重程度	处理措施
一般违规行为	12 分	限制图文、短视频、直播内容发布 3 天
严重违规行为	12 分	限制图文、短视频、直播内容发布 7 天
	24 分	限制图文、短视频、直播内容发布 14 天
	36 分	限制图文、短视频、直播内容发布 28 天
	48 分	清退内容创作者身份
推广假冒商品行为	12 分	限制图文、短视频、直播内容发布 7 天
	24 分	限制图文、短视频、直播内容发布 14 天
	36 分	限制图文、短视频、直播内容发布 28 天
	48 分	清退内容创作者身份
内容创作者的违规行为将作为其成长激励的重要考核指标		

② 内容创作者因单次违规扣分较多，导致累计扣分满足多个节点处理条件的，或在违规处理期间又须执行同类节点处理的，以当前扣分分值执行节点处理措施。

③ 被执行节点处理的内容创作者，在其全部违规行为被纠正、违规处理期满、违规处理措施执行完毕后，方可恢复正常状态。

④ 内容创作者的违规扣分在每年的 12 月 31 日 23 时 59 分 59 秒清零。

内容创作者因推广假冒商品扣分累计达 24 分及以上的，该年不清零，以 24 分计入次年；次年新增推广假冒商品扣分未达 24 分的，违规扣分于该年 12 月 31 日 23 时 59 分 59 秒清零，累计扣分达 48 分及以上的，清退内容创作者身份。同时平台会对推广假冒商品实行"三振出局"制。"三振出局"制是指内容创作者每次推广假冒商品的行为记为"一振"，若同一内容创作者推广假冒商品累计达到"三振"，将被清退内容创作者身份（通过信息层面判断的违规行为 3 天内视为一次，记为"一振"）。

"发布内容平台不允许发布的信息"的具体情形包括但不限于以下情况。

① 未经许可，发布新闻、游戏、电影、电视剧、综艺节目、体育赛事、境外节目等。

② 发布淘宝直播平台不允许发布的内容，包括但不限于：

- 未经平台允许，推广淘宝直播平台限制推广的商品。
- 多个内容创作者（主播）账号发布相同的直播内容。
- 在直播的过程中空置镜头达 15 分钟以上。

③ 发布阿里创作平台不允许发布的内容，包括但不限于：

- 未经平台允许，推广阿里创作平台限制推广的商品。
- 未经平台允许，推广淘宝平台短视频限制推广的商品。

④ 发布违反阿里妈妈相关推广规范的内容，包括但不限于：

- 违反淘宝客推广软件产品服务使用规范。
- 未经平台允许，推广阿里妈妈禁止推广的商品。

2. 常见违规场景

常见违规场景包含以下几种情况。

① 穿着过于清凉、暴露。例如，裸露、穿着暴露；抽烟、血腥暴力场景。

② 空播。例如，不播放实际内容，只有空镜头。

③ 商品展示不规范。例如，内衣穿在真人身上示范等。

④ 播放不宜播放的内容。例如，播放电影、电视剧、新闻、体育赛事等，或者卖货的同时在直播间背景播放电视等。

⑤ 引导线下交易。例如，通过直播间展示或口播、客服等方式，发布外部链接或二维码，引导客户绕开平台交易流程，私下交易等。

⑥ 主播违规声明不退不换。例如，除特殊类目且按规则达标的商品外，主播在直播间自行声明商品不退不换；或直播间宝贝链接的商品标题或详情标注不退不换等。

⑦ 盗版假冒商品。主播应该对所推荐的商品进行初步鉴别并承担相应责任，对于主播推广的商品明显涉及出售假冒、盗版商品，或为出售假冒盗版商品提供便利条件的，淘宝直播平台按照平台规则和相关法律规定予以严肃处理。

⑧ 专拍链接。例如，直播间所售商品没有明确的商品详情页对商品性状、质量、参数进行准确描述，仅以秒杀链接、福袋链接、邮费链接、价格链接等不能说明商品特性的商品链接在直播间进行售卖；所售商品和宝贝链接的描述严重不符等。

任务五　熟悉抖音直播规则

2.5.1　直播间"硬广"引流

由于抖音与微信是不兼容的，所以不能在短视频中添加微信二维码。除此之外，也不能在短视频中添加手机号、QQ 号等与平台不相关的引流信息。在抖音直播间也是一样的，如果主播直播时为了把粉丝引流到自己的微信上，在直播过程中出示二维码、微信号、QQ 号、手机号等，即使只是暗示性地引导也不行。一旦被抖音平台监测到，轻则抖音直播间被限流，重则封号，封号后直播间基本上就不能直播了。目前，抖音对这类硬推广的监测力度很强，一定不能在直播间进行这类操作。

2.5.2　未成年人相关规定

抖音针对 14 岁以下用户推出了青少年模式，并且抖音一直以来都规定未成年人是不可以开直播的。从中可以看出抖音对未成年人的限制越来越严格。抖音直播间部分高风险行业是禁止关联未成年人的，如美妆、游戏、医疗等，若关联未成年人，则会被抖音限流或禁播。另外，有未成年人出镜的短视频也不能设置购物车，即使发布短视频时通过了审核，也很快会被下架。

2.5.3 直播间平台规则

（1）**直播间传播负面内容**。抖音直播间的负面信息传播，包括但不限于消极言论、负面导向，诱导未成年人打赏，诋毁等不良信息。一旦抖音检测到传播负面内容，就会对直播账号采取限流或者禁播的处罚。

（2）**直播间封面低俗**。高质量的直播间封面有助于吸引更多用户进入直播间。如果直播间封面使用了着装过于暴露或者动作低俗的图片，或者广告宣传等内容（如二维码、推广信息），直播间就会有限流的可能。

（3）**多平台，多账号同时开播**。很多主播在多个平台，使用多个账号同时开播，主要是为了获得更多的礼物，提升直播间的转化率。但是这种做法有宣传其他平台内容的营销嫌疑，而这种导流到其他平台的行为在抖音是被严令禁止的。因此，如果在多个平台使用多个账号进行直播，就很可能被平台限流甚至禁播。

（4）**直播间存在禁售商品**。直播间可以销售众多品类的商品，值得注意的是，禁售商品一定不能在直播间进行销售。如果在直播间销售平台禁售的商品，就有可能被限流甚至禁播。

2.5.4 直播间禁止用语

抖音常见的禁止用语包含绝对化用语，无法形容的词语，权威性词语，不文明用语，疑似欺骗用户的词语，刺激消费词语，淫秽、赌博、迷信、恐怖、暴力、丑恶用语，民族、种族、性别歧视用语，化妆品虚假宣传用语，医疗用语等。

思政园地

网络秀场直播平台、电商直播平台要坚持社会效益优先的正确方向，积极传播正能量，展现真善美，着力塑造健康的精神情趣，促进网络视听空间清朗。要积极研究推动网络视听节目直播服务内容和形式创新，针对受众特点和年龄分层，播出推荐追求劳动创造、展示有益才艺和健康生活情趣等价值观的积极的直播节目。以价值观为导向打造精品直播间板块或集群，让有品位、有意义、有意思、有温度的直播节目占据好位置，获得好流量。要切实采取有力措施不为违法失德艺人提供公开出镜发声的机会，防范遏制炫富拜金、低俗媚俗等不良风气在直播领域滋生蔓延，避免其污染网络视听生态，冲击社会主义核心价值观。

开办网络秀场直播或电商直播的平台要切实落实主体责任，着力健全网络直播业务各项管理制度、责任制度、内容安全制度和人资物配备，积极参与行风建设，保持行业自律，共同推进网络秀场直播和电商直播活动规范有序健康发展。网络电商直播平台要对开设直播卖货的商家和个人进行相关资质审查和实名认证，完整保存审查和认证记录，不得为无资质、无实名、冒名登记的商家或个人开通直播卖货服务。平台须对相关信息的真实性定期进行复核，发现问题及时纠正。要对头部直播间、头部主播及账号、高流量或高成交的直播卖货活动进行重点管理，加强合规性检查。要探索建立科学分类分级的实时动态管理机制，设置奖惩退禁办法，提高甄别和打击数据造假的能力，为维护诚信市场环境发挥积极作用。

【思考与分析】

1. 查阅直播电商人才培训和评价规范相关资料，分析直播电商专业知识构成。
2. 论述企业直播电商新营销过程中直播间内部与直播间外部的职能分工与业务协同。
3. 四人或五人为一组，组建直播团队，明确团队人员的职能分工。
4. 各直播团队根据各自的直播需求，完成直播间场景搭建方案和采购清单。

【选择题】

1. 直播营销平台应当建立健全风险识别模型，对涉嫌违法违规的高风险营销行为，不应该采取的措施是（　　）。

    A．违规警示　　　B．限制流量　　　C．暂停直播　　　D．直接封号

2. 关于直播间灯光的摆设，下列灯光不能反映主播轮廓的是（　　）。

    A．辅助光　　　　B．主光　　　　　C．轮廓光　　　　D．顶光

3. 下列关于直播沟通技巧的说法正确的是（　　）。

    A．主播在直播的时候一定要注意自己的语言，避免说出一些误伤他人的话

    B．主播直播时要真诚，可以快意恩仇

    C．为了增加信息量，主播语速要尽可能地快

    D．主播直播时要保持微笑，不要有其他表情

4. 一般直播场地按照空间使用需要提前规划为 3 个区域，下列不属于这 3 个区域的是（　　）。

    A．设备摆放区　　B．货品陈列区　　C．背景陈列区　　D．后台人员工作区

5．主播会建议哪一类用户购买性价比高的印象款商品？（　　）
　　A．高频消费型用户　　　　　　B．低频消费型用户
　　C．随便看看的平台老用户　　　D．直播平台新用户
6．下列属于主播直播的基本能力的是（　　）。
　　A．语言表达能力　　　　　　　B．商品讲解能力
　　C．直播控场能力　　　　　　　D．商品卖货能力
7．下列不属于室内直播设备的是（　　）。
　　A．视频摄像头　　　　　　　　B．电容话筒
　　C．灯光设备　　　　　　　　　D．手持稳定器

项目三

直播活动的策划

学习目标

- 掌握淘宝直播、抖音直播、快手直播的开通方法
- 熟悉抖音小店和快手小店的入驻流程
- 了解直播活动的开播流程
- 掌握高质量直播电商的设计方法
- 了解直播脚本策划的基本要素
- 掌握直播中单品的脚本设计方法
- 掌握直播间单品销售五步法
- 掌握整场直播活动的脚本设计方法

直播活动并非一场简单的小型活动，如果直播活动没有清晰的直播营销方案作指导，就无法达到预期的营销目的，甚至无法顺利地进行。因此，在直播活动开始之前，直播运营人员必须先厘清直播营销的思路，制定合理的直播营销方案，根据直播营销方案有目的、有针对性地开展直播活动。

常言道"不打无准备之仗"，直播活动需要有明确、清晰的活动策划作指导，这样才能达到预期效果。在直播活动开始前，直播团队需要开通并熟练掌握平台直播功能，制定合理的直播策划方案。其中，整场直播活动的脚本设计要对直播活动进行统筹规划和安排，包括逻辑和玩法的编写及直播节奏的把控，而单品直播脚本能够帮助主播明确每款商品的卖点和利益点，使直播活动执行到位。

任务一 开通平台直播功能

在直播活动开始之前,直播运营人员要对直播活动的整体流程进行规划和设计,以保证直播活动顺利进行,确保直播活动的有效性。如今,淘宝直播、快手、抖音"三分天下",淘宝直播、快手、抖音三大直播卖货平台的对比如表3-1所示。

表3-1 淘宝直播、快手、抖音三大直播卖货平台的对比

	淘宝直播	快手	抖音
直播卖货启动时间	2016年	2018年	2018年
用户画像	主要是25~35岁的女性用户	男性用户偏多,三四线城市人群的占比较大	女性用户居多,一二线城市的人群居多
商品来源	淘宝、天猫	自有店铺、快手小店,以及淘宝、天猫、有赞、京东、拼多多等第三方平台	自有店铺、鲁班电商,以及淘宝、天猫、京东等第三方平台
卖货的主要品类	服装、珠宝、美妆、食品、生鲜、母婴童装、家居日用等	食品饮料、美妆、家居日用等	穿搭时尚、3C数码、家居日用等
平台特点	根植于淘宝,具备非常强的电商属性	去中心化机制,偏社交运营,以"人"卖货	中心化机制,平台偏内容运营,以"内容"卖货

3.1.1 开通淘宝直播功能

1. 开启淘宝直播

淘宝卖家想开通淘宝直播功能,可以在手机淘宝App中点击"淘宝直播"板块,进入"淘宝直播"后申请主播入驻,图3-1所示为手机淘宝的"淘宝直播"入口。淘宝卖家可以下载淘宝主播App,登录账号后申请主播入驻。

淘宝卖家申请成为淘宝主播后,可以登录千牛工作台查看账号的直播权限。淘宝卖家可使用淘宝账号在PC端登录千牛工作台,通过"内容"菜单可以开通淘宝直通功能。在直播正式开始前,主播可以创建直播预告。首先,打开淘宝主播App并登录;在"更多工具"选项下点击"创建预告"选项,如图3-2所示。在打开的界面中可以上传封面,设置直播标题、直播时间、内容简介等信息,如图3-3所示。其次,点击"频道栏目"选项,选择要卖货的商品所属栏目,如图3-4所示。再次,在打开的界面中选择本店的商品,点击"确认"按钮,如图3-5所示。最后,商品添加完成,点击"发布预告"按钮,如图3-6所示。

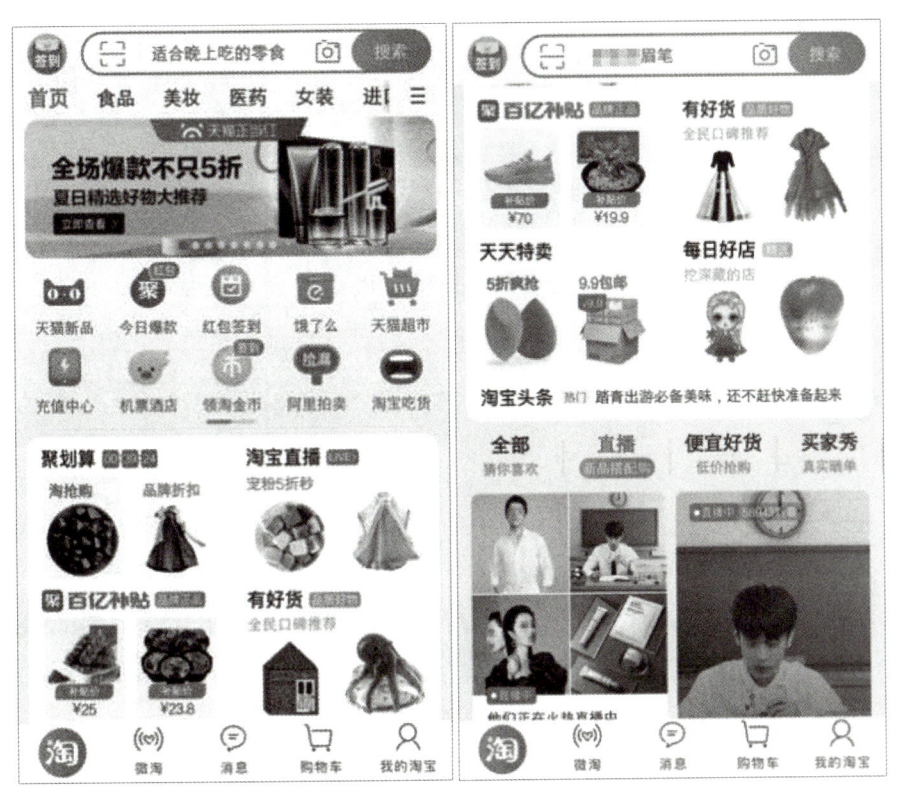

图 3-1　手机淘宝的"淘宝直播"入口

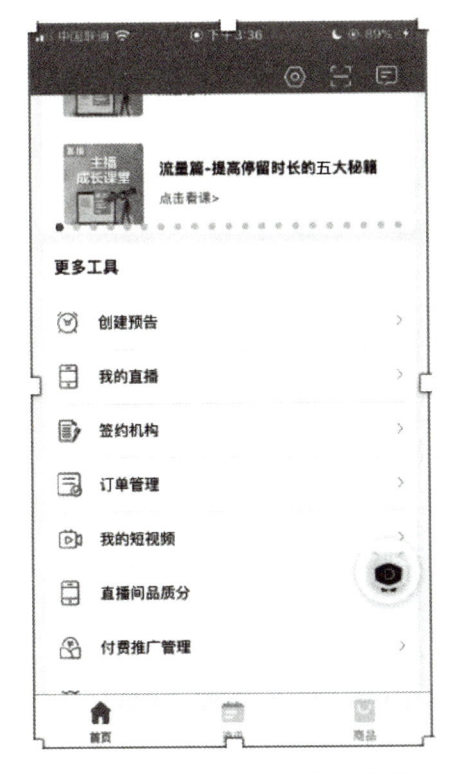

图 3-2　点击"创建预告"选项

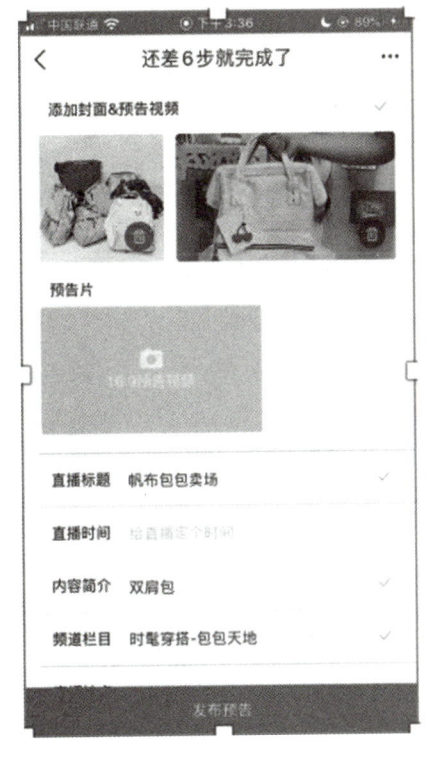

图 3-3　设置直播信息

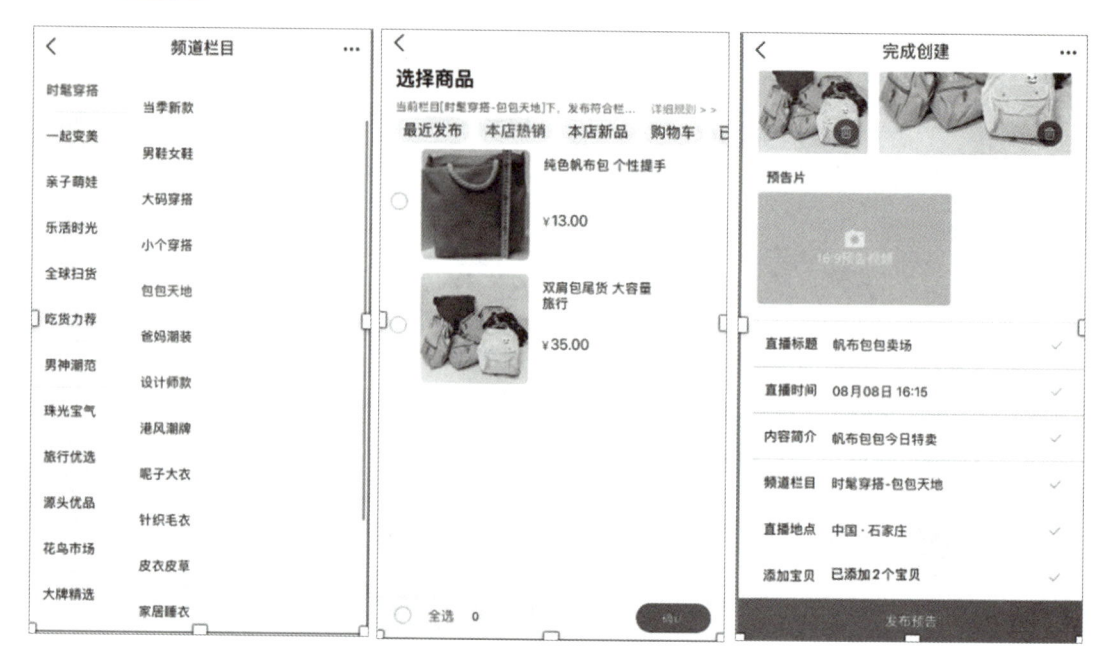

图 3-4　频道栏目　　　　图 3-5　选择商品或确认　　　　图 3-6　发布预告

手机端淘宝直播的具体操作可在"我的直播"列表中查看创建的直播预告，点击"开始直播"按钮，如图 3-7 所示。进入直播界面后，下方有"分享"按钮，如图 3-8 所示，可生成分享海报。在直播界面下方点击"添加"按钮，便可以在打开的界面中选择商品，如图 3-9 所示。主播除了可以添加本店商品进行直播卖货，还可以添加购物车商品、已购买商品或最近浏览的商品进行代播。直播界面下方有"更多"按钮，点击此按钮，可以在打开的界面中进行更多操作，如"通知粉丝""粉丝连麦"等，如图 3-10 所示。

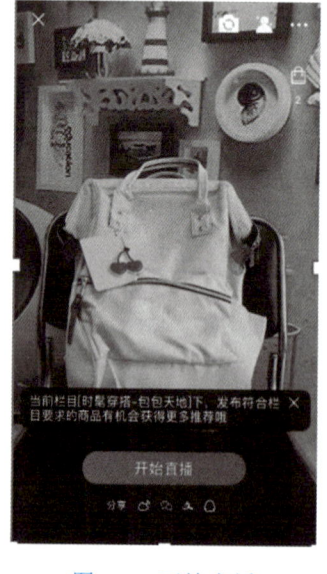

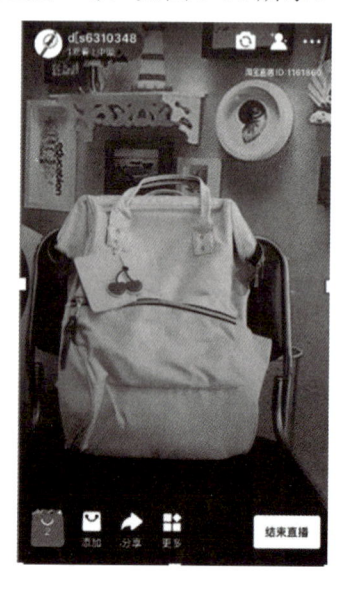

图 3-7　开始直播　　　　图 3-8　淘宝直播分享

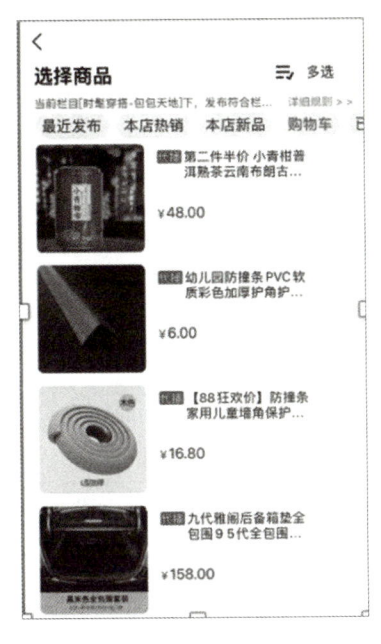

图 3-9　添加商品　　　　　　　　　图 3-10　"更多"按钮

2. 管理淘宝直播

直播运营人员可以在 PC 端通过淘宝直播的中控台对直播进行管理。在 PC 端打开淘宝直播页面后，在左侧选择"我的直播"选项，便可以看到正在进行的直播。在直播画面下方的互动面板中可以进行所需的直播操作，例如，若要添加直播商品，则可以单击"宝贝"按钮，如图 3-11 所示。在弹出的"宝贝"对话框中选择要添加的商品，所选商品就被添加到直播商品列表中了。在"宝贝"对话框上方选择"添加链接"选项，可粘贴淘宝网上商品的链接，如图 3-12 所示。

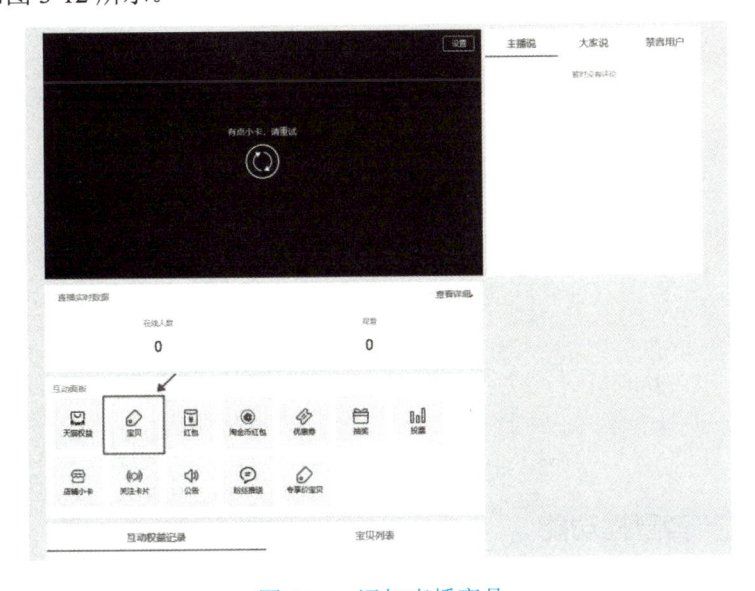

图 3-11　添加直播商品

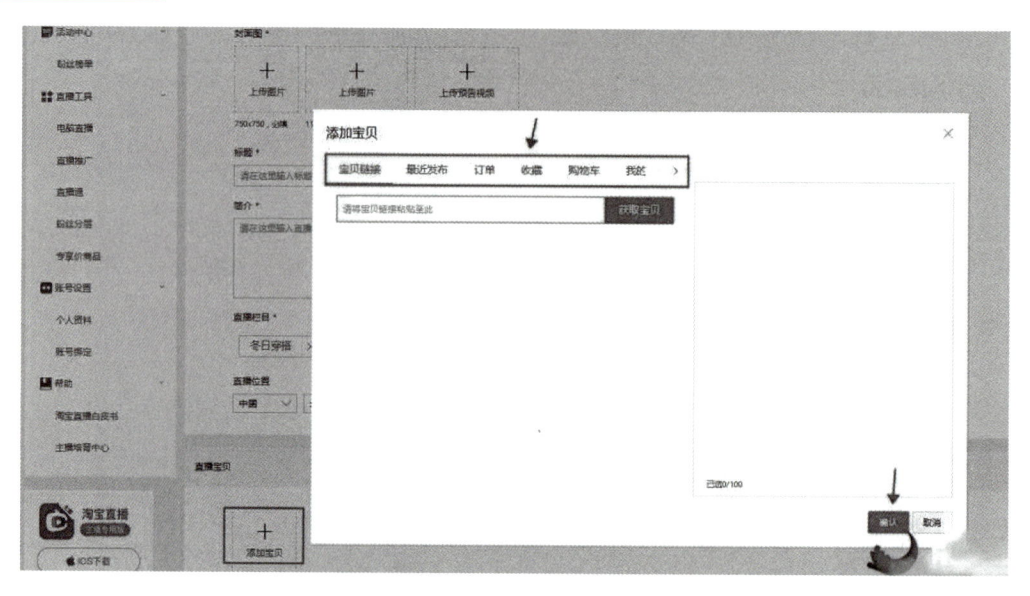

图 3-12 添加商品链接

如果主播想在直播间投放优惠券、红包、淘金币等，直播运营人员就可以在互动面板中单击"权益投放"按钮，根据对话框向导创建所需的权益类型，如图 3-13 所示。如果主播想在直播间进行抽奖活动，直播运营人员就在互动面板中点击"抽奖"按钮，在弹出的对话框中设置直播抽奖信息。

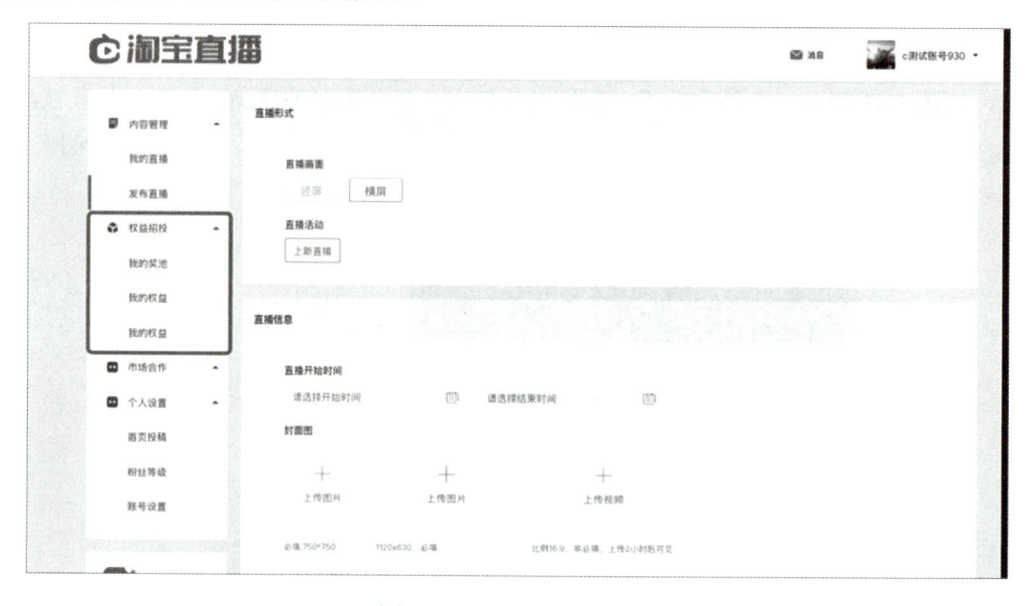

图 3-13 直播间权益投放

3.1.2 开通抖音直播功能

若要开通抖音直播功能，只需进行实名认证即可。打开抖音 App，注册抖音账号，点击"设置"→"账号与安全"→"实名认证",就可以完成实名认证,如图 3-14 所示。打开抖音 App,在下方点击"+",在菜单最右侧选择"开直播"选项,如图 3-15 所示,之后点击"开始视频直播",就可以开始直播了。

如果个人想通过抖音直播卖货,就要开通商品分享权限。开通该权限要求个人主页视频数(公开且审核通过)≥10 条,账号粉丝数(绑定第三方的粉丝数不算)≥1000,并提交 500 元押金。如果账号达到了这些要求,就可以申请开通商品分享权限,具体操作方法如下。

打开抖音 App,先点击"我"按钮,选择"创作者服务中心"选项,如图 3-16 所示;再点击"商品橱窗"按钮,如图 3-17 所示,选择"商品分享权限"选项,如图 3-18 所示。查看开通条件及所获得的权益,最后点击"立即申请",如图 3-19 所示,在打开的界面中输入手机号、微信号等信息并提交,等待系统审核。系统审核完成后,便可成功开通商品分享功能。抖音个人主页将显示"商品橱窗",进入"商品橱窗"界面,从中可以添加商品,进行橱窗管理。

图 3-14 抖音实名认证

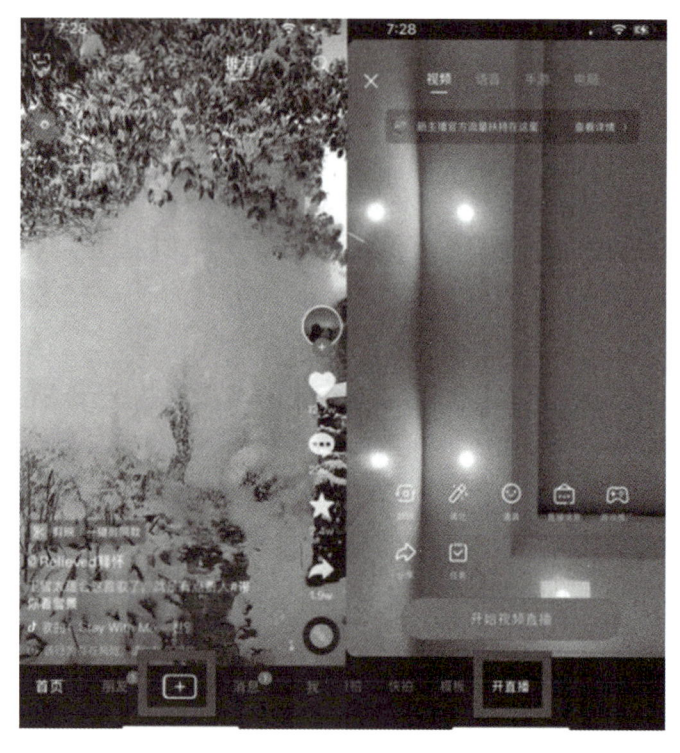

图 3-15 "开直播"选项

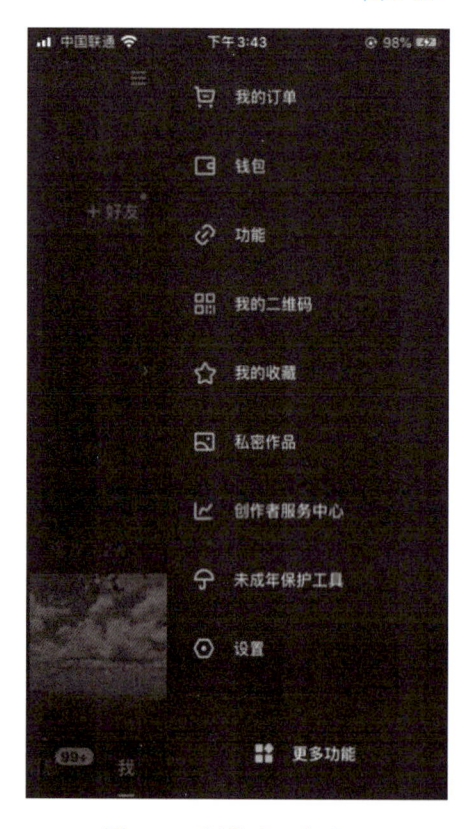

图 3-16 创作者服务中心

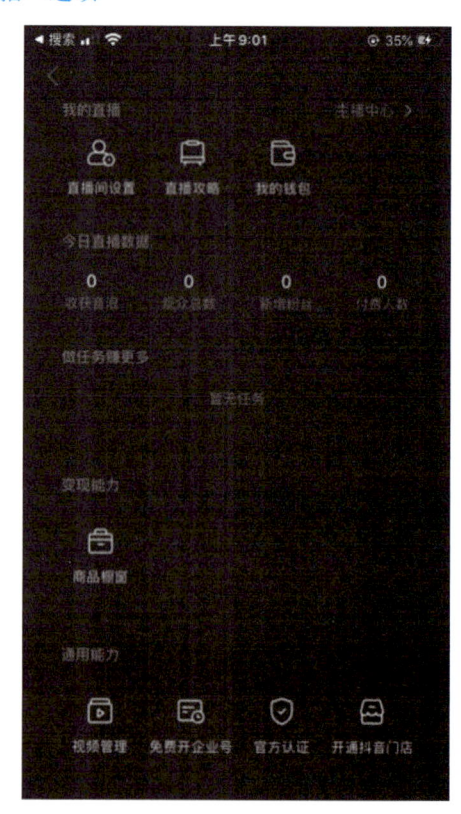

图 3-17 商品橱窗

项目三 直播活动的策划

图 3-18 商品分享权限

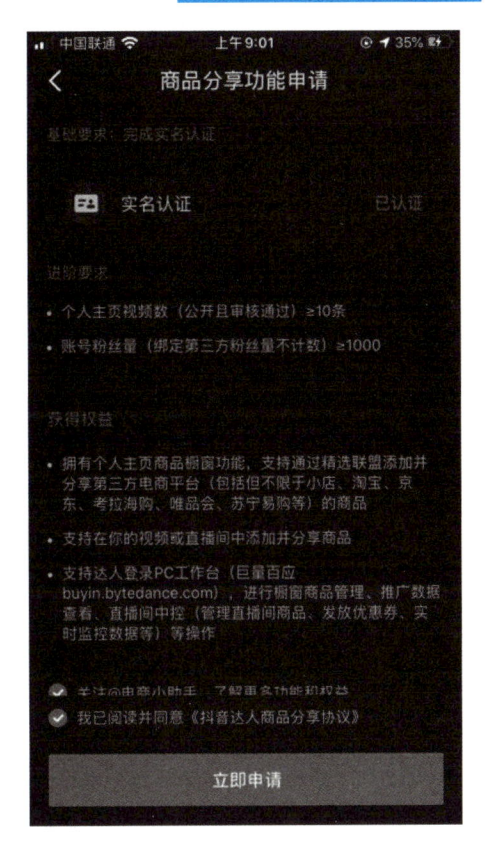

图 3-19 商品分享功能申请

3.1.3 抖音小店的入驻

对于抖音直播来说，常见的直播有娱乐直播和电商直播两种类型。如果进行电商直播，那么开通抖音小店能够为抖音电商直播活动提供有力的保障。抖音小店是为商家提供电商服务的平台，旨在帮助商家拓宽变现渠道，提升流量价值。抖音小店可以在抖音、今日头条、西瓜、抖音火山版等渠道进行商品分享，只需要开通一家抖音小店，便能拥有多个好物分享渠道。开通抖音小店后，可通过个人主页、长视频、短视频、直播、微头条、文章等多种方式进行商品展示。企业、个体工商户、个人均可入驻抖音小店，抖音小店入驻流程如图 3-20 所示。为创建更好的经营秩序，同时提升消费者的购物体验，抖音会对商家的主体资质、品牌资质、行业资质、商品资质的有效性和合规性进行审核。

在完成入驻之后，抖音小店可以上传商品，如图 3-21 所示，单击左侧菜单栏，进入"商家后台"→"商品"→"商品创建"，商品创建完成。抖音小店还包含营销工具，如图 3-22 所示，单击左侧菜单栏，进入"营销中心"→"营销工具"，就可以选择多种多样的营销工具，如优惠券、限时限量购、满减、购物红包、定时开售等。

83

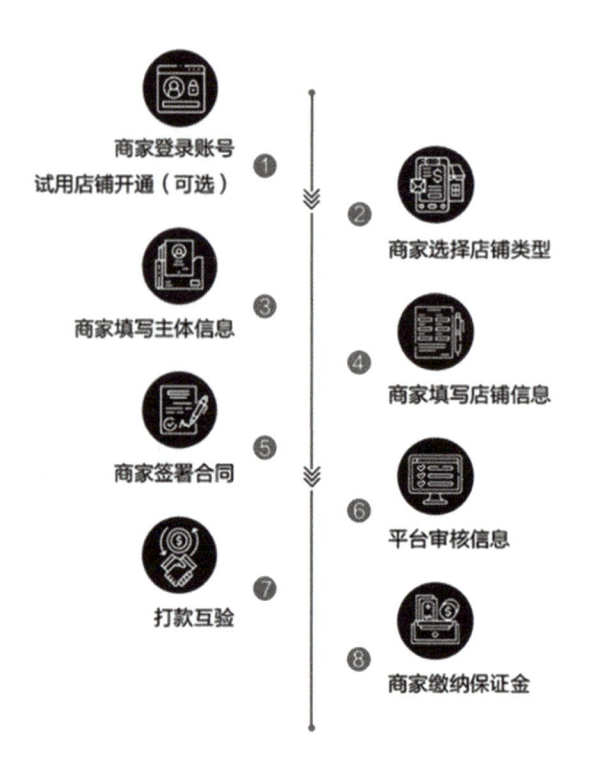

图 3-20　抖音小店入驻流程

图 3-21　上传商品

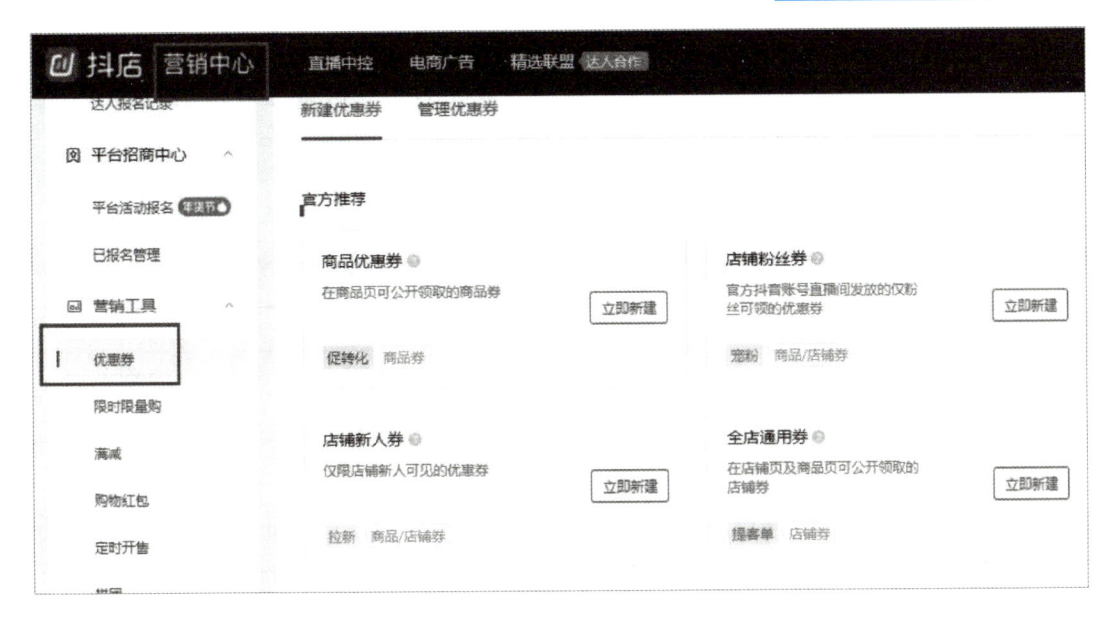

图 3-22 营销工具

其中，优惠券包括商品优惠券、店铺粉丝券、店铺新人券和全店通用券。限时限量购适用于商家在指定时间内，以相对优惠的价格售卖指定商品，旨在实现商品促销。限时限量购具备以下 3 个亮点。

① 可设置商品在短期活动中的价格变更，无须修改商品原价。

② 支持活动预热。

③ 商品详情页等页面有活动倒计时等功能。

满减适用于商家促销，以店铺为基本单元，通过消费满额后立减的形式，影响消费者的购买决策，以相对优惠的价格售卖店铺的商品，旨在实现商品促销。

抖音小店还有开通渠道号的功能，进入"商家后台"→"店铺"→"渠道管理"，便可开通渠道号。在入驻抖音小店之前，商家需要了解抖音小店的资质要求，包括主体资质和品牌资质等，具体内容可以查阅抖音商家助手等相关文档。入驻抖音小店还需要商家缴纳保证金，保证金是商家向平台缴纳的、用以保证平台规则和平台协议的履行及对商品和服务质量进行担保的款项。当商家出现违规情形时，平台可以依照平台规则或平台协议的相关规定对商家缴纳的保证金进行处置。

值得注意的是，保证金的缴存方式和金额以商家后台页面提示为准。同一商家在涉及多类目多渠道时，保证金缴纳采取就高原则，按最高金额缴纳。在经营过程中，若新增类目渠道，对应的保证金高于原有保证金的，商家需补交差额。因违规扣除或调整保证金导致店铺保证金余额低于其应缴存保证金金额的，平台将对店铺进行限制，如店铺停业整顿、全部商品下架等。若商家关店，则按照流程退还保证金。入驻抖音小店保证金标准如表 3-2 所示。

表 3-2 入驻抖音小店保证金标准

一级类目	保证金标准（元）			
	普通订单			广告流量订单
	个体工商户	企业	个人	
服饰内衣	2000	4000	500	20000
运动户外	2000	4000	500	20000
鞋靴	2000	4000	500	20000
厨具	2000	4000	500	20000
礼品箱包	5000	10000	暂不招商	20000
食品饮料	2000	4000	暂不招商	200000
生鲜	2000	4000	暂不招商	200000
钟表类	5000	10000	暂不招商	50000
珠宝首饰	10000	20000	暂不招商	/
母婴	5000	10000	暂不招商	200000
玩具乐器	2000	4000	暂不招商	50000
宠物生活	2000	4000	暂不招商	20000
家居日用	5000	10000	暂不招商	20000
家具	5000	10000	暂不招商	20000
家装建材	2000	4000	暂不招商	20000
农资绿植	2000	4000	暂不招商	200000
家用电器	10000	20000	暂不招商	200000
电脑、办公	10000	20000	暂不招商	200000
手机类	10000	20000	暂不招商	200000
数码	2000	4000	暂不招商	200000
个人护理	5000	10000	暂不招商	200000
美妆	5000	10000	暂不招商	200000
教育培训	5000	10000	暂不招商	个体5000，企业10000
教育音像	5000	10000	暂不招商	50000
图书	2000	4000	暂不招商	20000
本地生活/旅游出行	5000	10000	暂不招商	/
汽车用品	2000	4000	暂不招商	50000

为了保障消费者的合法权益，提升平台商品的质量，抖音将不定期对商家在售商品进行秘密购买，并将收到的实际样品委托给国家认可的检测机构进行检测和判定。一旦发现

商品标识标志、商品描述一致性、商品安全性能等存在问题，平台就会依据《商家违规行为管理规则》《商品品质抽检明细及违规处理细则》进行处罚。抖音小店商品抽检具体流程如图 3-23 所示。

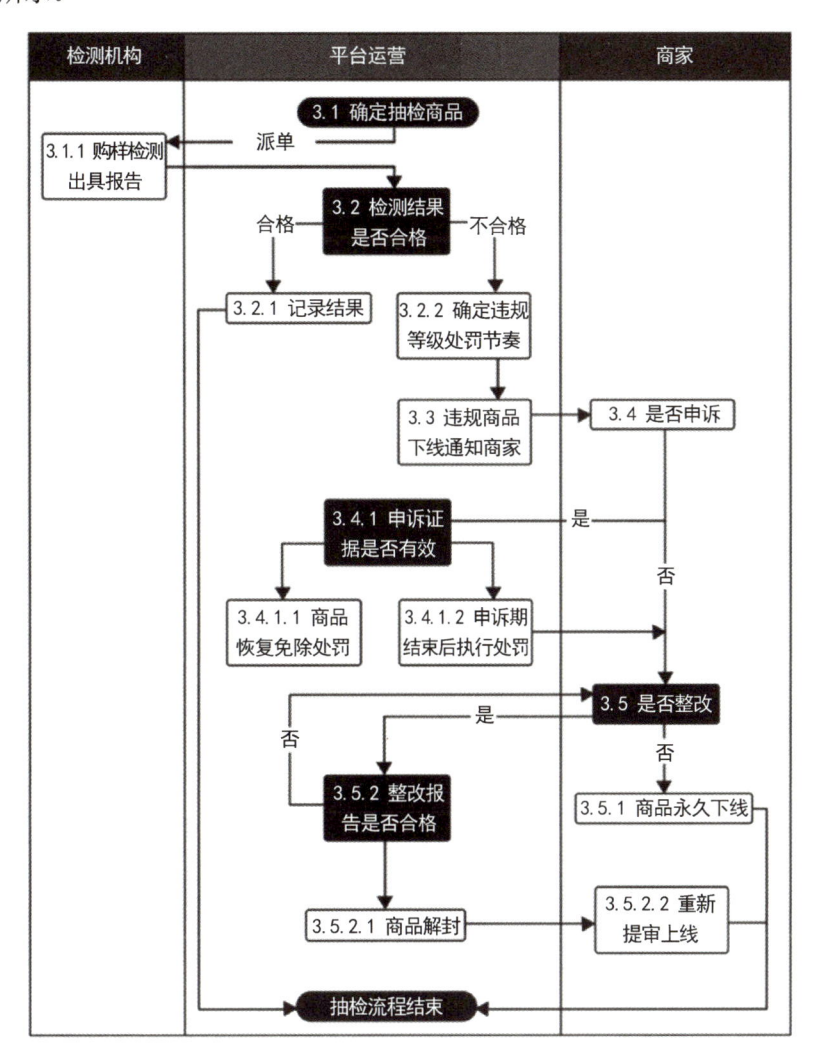

图 3-23　抖音小店商品抽检具体流程

3.1.4　开通快手直播功能

若要开通快手直播，则需要申请直播权限，具体操作方法如下。打开快手 App 并登录，在"设置"界面点击"开通直播"选项，如图 3-24 所示。在"实名认证"选项右侧点击"去认证"按钮，如图 3-25 所示。根据要求，填写姓名、身份证号等相关信息，完成人脸认证即可。

图 3-24　开通直播　　　　　　　　　　　　图 3-25　实名认证

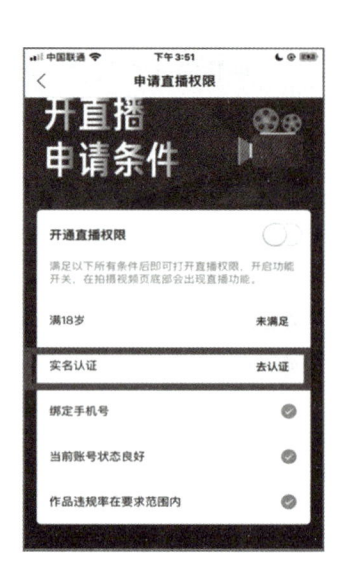

3.1.5　快手小店的入驻

快手小店是快手 App 内上线的商家功能,旨在为商家提供便捷的商品管理及售卖服务,支持多种收入方式,能够高效地将粉丝流量转化为收益。打开快手 App,点击"更多"选项,在该界面中点击"快手小店"按钮,如图 3-26 所示。进入"快手小店"界面后,点击右上方的"开店"按钮,如图 3-27 所示。在打开界面的上方先点击"卖家端"按钮,再点击"0 元开通"按钮,如图 3-28 所示,便可进入"开通快手商品服务"界面,填写相关个人信息并提交。

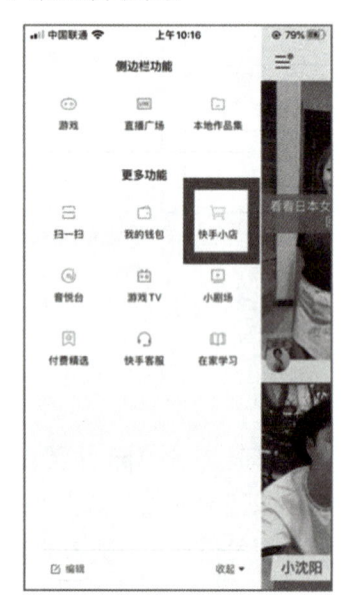

图 3-26　快手小店　　　　图 3-27　快手开店　　　　图 3-28　0 元开通

返回快手小店卖家端，在"基本工具"选项区点击"个人页店铺"按钮，如图3-29所示。在打开的界面中点击"立即展示"按钮，如图3-30所示。此时，当他人在快手上点击自己的头像进入个人主页后，个人主页上将会展示快手小店信息。

图 3-29　个人页店铺　　　　　　　　　图 3-30　立即展示

在完成快手小店入驻申请之后，主播需要在"账单管理"→"设置"中绑定支付宝、微信等收款账户。绑定收款账户后，便可在快手小店添加商品。打开快手小店，点击"添加商品"按钮，如图3-31所示；进入"添加商品"界面，点击"商品类别"选项，如图3-32所示，便可选择对应的商品类别。

图 3-31　添加商品　　　　　　　　　图 3-32　商品类别

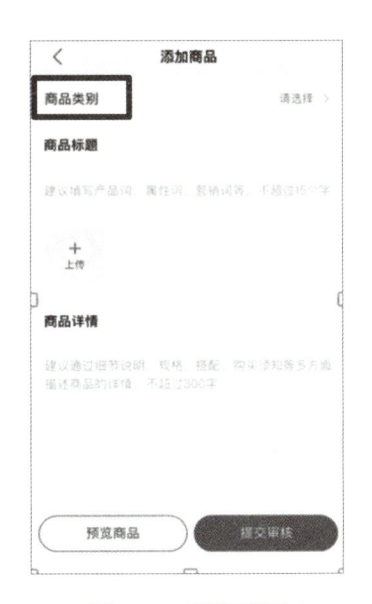

此外，应缴纳销售该类别商品所需的保证金。返回"添加商品"界面，输入商品标题、商品详情，添加商品主图和商品详情照片，并在该界面下方设置库存、单价、发货类型、承诺发货时间、限购等信息，如图3-33所示；接着点击"提交审核"按钮。审核通过后，在"在售"选项下会显示该商品。

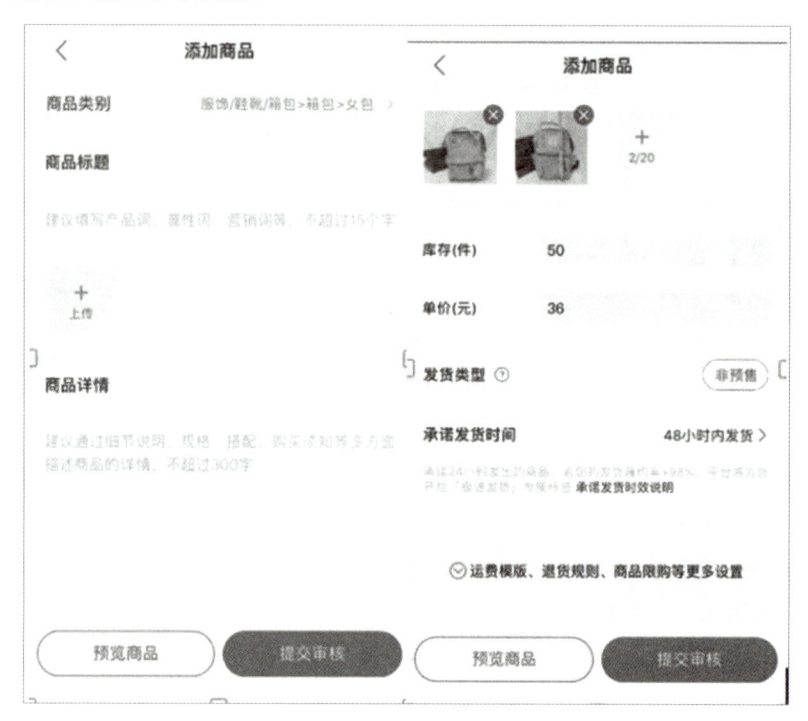

图 3-33　添加商品信息

任务二　直播活动的开播流程

在直播活动开始之前，直播运营人员要对直播活动的整体流程进行统筹规划和设计，以保障直播活动能够顺利进行，确保直播活动的有效性和可行性。

3.2.1　直播硬件准备

淘宝、抖音、快手的直播功能开通后，直播团队在正式开播前应准备好直播设备，确保网络环境稳定，以及计算机、麦克风、摄像头、手机支架等能够正常使用。

（1）确保网络稳定。直播对网络的要求比较高，不管是室内直播还是室外直播，都要尽量避免出现掉线、卡顿、延迟等情况，否则会影响用户的观看体验。因此，最好一台直播计算机单独使用一个网络。建议使用网络速度在100Mbps以上的家用宽带，保证上传速度在4Mbps以上。

（2）**计算机**。一般要求用于直播的计算机的操作系统为 Windows7 及以上，处理器版本为酷睿 i5 及以上，最好是酷睿 i7，主频为 2.0GHz 以上。需要注意的是，当计算机硬件配置过低时，可能会出现画面卡顿或者音画不同步。

（3）**摄像头**。在不同场景下使用不同的专业镜头会让拍摄效果大大提升，从而给用户带来良好的体验。常用的摄像头如罗技品牌摄像头，具有高清效果，并且支持大部分视频拍摄设备。

（4）**麦克风**。麦克风具有美化声音、修饰声线的作用，在直播过程中必不可少。有些摄像头自带麦克风，可以满足直播需求。更为专业的直播间还会配备声卡。

（5）**手机支架**。在直播活动中，要配备固定支架、移动支架、防抖动支架，以应对不同场景的直播拍摄。

（6）**其他专业化道具**。有一定规模的直播间，还可以配备补光灯、遮光板等更加专业的拍摄设备和直播设备。

3.2.2 直播目标确定

在直播活动开始之前，要确定直播目标。娱乐直播的内容可以是才艺表演，如唱歌、跳舞；对于企业、品牌商来说，直播不仅要有简单的才艺表演或话题分享，还要围绕企业、品牌商的营销目标来展开，从而为企业、品牌商带来实际的收益。清晰的直播目标定位会为主播带来画像清晰、稳固的粉丝。

企业、品牌商制定直播目标可以参考 SMART 原则。SMART 原则包含具体性、可衡量性、可实现性、相关性和时限性，如图 3-34 所示。

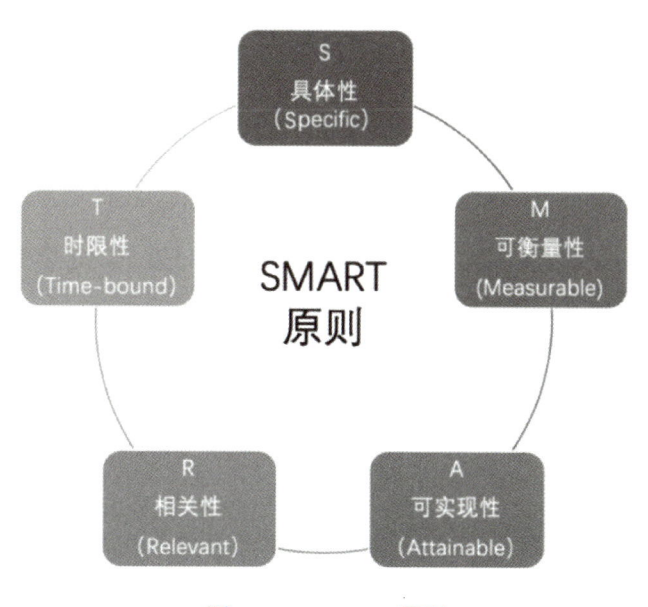

图 3-34 SMART 原则

（1）**具体性**。具体性是指用具体的语言清楚地表明要达到的目标，企业、品牌商的直播目标要切中特定的指标，不能笼统、不清晰。例如，"借助此次直播活动提高品牌影响力"就不是一个具体的目标，而"借助此次直播活动提高品牌官方抖音号粉丝数量"就是具体的目标。

（2）**可衡量性**。可衡量性是指直播目标应该是数量化的或行为化的，应该有一组明确的数据作为衡量目标是否达到的标准。例如，"通过此次直播活动提高店铺的日销售额"就不是一个可衡量的目标，而"通过此次直播活动让店铺的日销售额达到 30 万元"就是可衡量的目标。

（3）**可实现性**。可实现性是指目标要客观、符合实际，是通过付出努力能完成的。例如，企业、品牌商开展的上一场直播吸引了 3 万人观看，于是企业、品牌商将此次直播要吸引的用户人数设定为 80 万人，显然这个目标不切实际，难以实现；而将吸引观看的人数设定为 7 万人则是相对合理且可能实现的目标。

（4）**相关性**。相关性是指直播活动的目标要与企业、品牌商设定的其他营销目标是相关的。例如，很多企业、品牌商会在电商平台运营网店，企业、品牌商将某次直播活动的目标设定为"网店首页 24 小时内的访问量提高 80%"，这个目标是符合相关性要求的；如果企业、品牌商将某次直播营销的目标设定为"将商品的生产合格率由 90%提高至 95%"，那么这个目标是不符合相关性要求的，因为直播活动无法帮助商品的生产方提高合格率。

（5）**时限性**。时限性是指目标的达成要有时间限制，这样目标才具有督促作用。例如，"借助直播营销让新品销量突破 10 万件"，这个目标缺少时限，没有具体的时间期限来制约；而"直播结束后 24 小时内新品销量突破 10 万件"，这个目标是符合时限性要求的。

3.2.3 直播活动规划

开展直播活动要有完整的活动规划思路。直播活动规划包含 4 个方面，分别是直播封面设置、直播活动内容策划、直播活动流程规划和直播环境布置。

首先，直播封面设置。直播封面通常是给人的第一印象，因此封面图既要符合直播的内容，又要具有很高的辨识度，能让观众记住。

其次，直播活动内容策划。内容策划要简洁明了，直达主题，一般来说，直播活动的内容策划包括直播主题、直播目标、人员安排、时间节点等。需要注意的是，直播活动内容策划还应包含活动预算，说明整场直播活动的预算情况，包括直播中各个环节的预算，以合理控制和协调预算。

再次，直播活动流程规划。直播之前要做好直播营销活动的流程规划，合理的直播营销活动流程规划可以帮助主播更好地控制直播节奏，保障直播顺利进行，一个恰到好处的直播间流程设计能大大提升直播间的节奏感，既方便主播把控全场，也不会让观众失去兴趣。直播活动流程主要包括"过款式"直播流程和"循环式"直播流程，"过款式"直播流程适合有很多商品的直播间，一般大主播采用这种直播流程介绍商品。有些直播间的商品不是特别多，一般不建议采取"过款式"直播流程，因为这会使介绍每款商品的时间变长，会使观众失去耐心，离开直播间。一般一场直播会把所有商品循环多遍，应控制好每个商品循环的时长。不管是"过款式"直播流程，还是"循环式"直播流程，主播在讲解一款商品时都是有固定的单品讲解流程的。表 3-3 所示为某场直播活动的部分流程规划。

表 3-3 某场直播活动的部分流程规划

时间安排	直播内容	主播安排
16:00～16:10	热场互动	张小小
16:11～16:40	主打 3 款	张小小（主播）+王丽丽（助理）
16:41～16:50	"宠粉" 1 款	张小小（主播）+王丽丽（助理）
16:51～17:20	主打 3 款（第 1 次循环）	张小小（主播）+王丽丽（助理）
17:21～17:30	"宠粉" 1 款（第 1 次循环）	王丽丽（主播）+张小小（助理）
17:31～18:00	主打 3 款（第 2 次循环）	王丽丽（主播）+张小小（助理）
18:01～18:10	"宠粉" 1 款（第 2 次循环）	王丽丽（主播）+张小小（助理）

最后，直播环境布置。直播分为室内直播和室外直播。常见的室内直播场地有直播间、店铺、发布会场地等，常见的室外直播场地有公园、商品生产基地、广场等。直播团队在进行直播活动规划时，需要对选择的直播场地进行适当布置，包括直播灯光的布置、道具的选择摆放等。

3.2.4 直播活动预告宣传

为了达到良好的活动效果，在直播活动开始前，直播运营人员要对直播活动进行预告宣传。直播预告宣传就是预先告知直播的时间、地点、人物、事件。相比于娱乐直播，电商直播更加重视直播预告宣传，预告起到提前宣传、引流的作用，预告的好坏决定了直播能否获得主页推广及更多直播广场推荐，间接影响直播间的流量，影响着高质量顾客的回访机会。直播运营人员在设计直播预告宣传的时候，可以从以下两方面入手。

（1）创建直播预告。直播预告的标题应遵循简洁、易懂、突出重点 3 个原则，标题中不能出现"测试""测播"及违规词汇等。建议以"商品＋卖点＋利益点"的格式起标题，例如"平价××美妆专享福利""新店开张：上百种冬季毛衣 49.9 元包邮"。标题设置的重点是定位精准，吸引相关人群，为增加粉丝数量打下基础。直播预告封面应遵循清晰、易懂、高品质原则，图片要主题明确、美观、个性化，不要出现图上压字、令人不适、画面模糊等情况。直播预告的标题和封面如图 3-35 所示。

图 3-35 直播预告的标题和封面

淘宝对直播预告视频的尺寸有规定，必须是 16∶9。最好不要有水印，也不要出现字幕。直播时间分热门时段和冷门时段，一般来说，热门时段在 19 点至 24 点之间。内容简介要精练、突出重点信息。在内容简介中要先将商品折扣与优惠力度精确地表述出来，再将商品品牌、商品亮点、活动玩法等重要信息告知用户。直播预告还要选择正确的频道栏目，只有符合频道栏目主题的直播才能获取精准流量。

除了在直播平台上创建直播预告，直播运营人员还可以根据不同新媒体平台特性进行直播预告的创建宣传。例如，在微博上直播运营人员可以采用"文字+图片"的形式（见图 3-36）或者"文字+短视频"的形式（见图 3-37）来创建宣传直播活动；在微信群、微信朋友圈、微信公众平台中，直播运营人员可以通过推送九宫格图、创意信息长图来创建宣传直播活动；在抖音、快手等平台上，直播运营人员可以通过短视频来创建宣传直播活动。

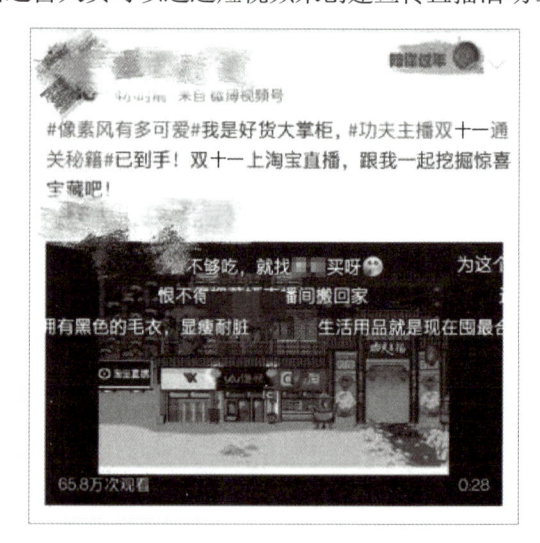

图 3-36 微博"文字+图片"形式　　　　图 3-37 微博"文字+短视频"形式

（2）选择合适的宣传频率。 在新媒体时代，用户在浏览信息时自主选择的余地较大，可以根据自己的喜好选择自己需要的信息，过于频繁地向用户发送关于直播活动的宣传信息，很可能会引起他们的反感，导致他们屏蔽相关信息。为了避免出现这种情况，直播运营人员可以在用户能够承受的最大宣传频率的基础上设计多轮宣传。如果用户能够承受"2 天一次广告"的宣传频率，那么直播运营人员可以在直播活动开始前 6 天、前 4 天、前

2 天及直播活动开始当天分别向用户推送宣传信息，以达到预期的宣传效果。

3.2.5 直播商品上架和排列

商品上架顺序，即直播时先介绍什么商品，后介绍什么商品。商品如何组合吸引力更强？商品排列顺序对直播间在线人气和流量的影响是非常大的。直播卖货并不是简单地把橱窗里的商品全部上架，罗列到直播间并依次介绍就可以了。不同的商品排列顺序，对用户留存、下单转化有不同的影响度。

① 关联法。直播间无论是主题式、品类式还是小组式的陈列方式的铺垫，都会引发用户联想，刺激用户进行关联消费。

② 对比法。对比法适用于为商品的上架建立焦点，无论是通过主播服饰的变化还是通过主播妆容的变化，都可以导入消费目标。

③ 跳跃法。跳跃法适用于打造热门款商品，通过"炮灰"款商品和热门款商品形成鲜明对比，用"炮灰"款商品作为伏笔来引出热门款商品。

④ 贯穿法。贯穿法适用于打造直播间爆款商品。通过爆款商品多次返场，集中发力，促成此单品在直播间的成交。

目前，为了提升直播间用户的停留时长和购物体验，直播间的排品法各种各样。直播间商品的排序通常采取夹心饼干法则，如图 3-38 所示，例如，夹心饼干里的一个分支 AABCC 排品法。AA 和 CC 分别是两款促销款商品，是用来提高用户黏性的，而 B 款既是品质款商品，也是利润款商品，因为利润款商品的讲解时间较长，所以前后必须要有促销款商品吸引用户，为用户带来较好的体验，这样主播在直播中介绍利润款商品时，用户不容易流失。

图 3-38　直播间商品夹心饼干 AABCC 排品法

在夹心饼干法则里，还有另外一个分支——ABCCAB 排品法，即"宠粉"款 + 引流款 + 利润款 + 利润款 + "宠粉"款 + 引流款，如图 3-39 所示。ABCCAB 排品法更丰富，上架顺序里面涉及粉丝的福利款商品，以及为了吸引流量的低价引流款商品，之后才是中间的利润款商品，按这种组合不断地循环下去，让直播间停留更多用户，始终保持直播间的人气，为直播间利润款商品的转化带来更多的人气和曝光量。开播前，直播团队要与直播运营做好直播节奏对接，弄清楚哪个时间段、哪些货品需要快速过款，哪些需要细致讲解，从而找到适合的投放节奏。

图 3-39　直播间商品夹心饼干 ABCCAB 排品法

3.2.6 直播开播技巧

直播开始前的筹备工作准备就绪之后，就是直播开播。直播开播技巧包括强化人物设定、建立需求、直播互动3个方面。

(1) 强化人物设定。 主播在自我介绍的时候应融入自己的人物设定。例如，有趣、独特或幽默的人物形象能够使用户印象深刻，专业背景、职业背景能够获取用户信任。如某主播是一名专业的酿酒师，通过直播为用户解决泡制各类果酒的问题，塑造专业、可信任的人物形象。在强化人物设定时，共同话题、共同经历可以引导用户与主播加深联系，产生情感共鸣。主播要积极发掘自己的闪光点，放大自己的优势，塑造鲜明的形象。

(2) 建立需求。 直播活动的内容要建立在用户的需求上，有了用户需求，用户才会产生下单行为。例如，用户的痛点是什么，商品的优势是什么。抖音兴趣电商买家购物属于感性消费，买家依托短视频、直播等形式边逛边看边买，短视频和直播间主播通过脚本和话术形式激发买家的购买需求，让原本没有的消费计划通过主播被唤醒和激发，如通过技能提升、高效工作、健康生活等正面讲解，以及制造恐惧和焦虑等反面形式激活观看者，从用户的角度介绍商品使用场景、痛点阐释、理想场景和体验过程等，使用户产生新的购买需求，改变以往对于该商品的认知，发现更多喜爱的好物。主播要通过解决问题与用户建立联系，引起用户的共鸣，而不是生硬地讲解商品的基本特征。

(3) 直播互动。 主播可以借助直播话术、发红包、发优惠券、限时限量限价、预告惊喜、制造悬念，才艺表演等形式，与用户进行直播互动，通过发起用户感兴趣的话题，进一步加深用户对本场直播的兴趣，让用户积极参与，增加停留时长，并产生购买需求。直播间常见的互动方式有提问、抽奖、游戏、回答弹幕等。在开播前准备与直播内容相关的问题，在提问的时候尽量问有 AB 选项的题目，由于抽奖只需要发弹幕就有机会，所以对于用户来说是简单的操作，大部分人都很乐意参与，抽奖对提升直播间的活跃度是非常有利的。用户提出的问题尽量马上回答，这会让用户觉得被重视，这样用户才有参与感，可以营造气氛，提高用户黏性。

3.2.7 直播下播复盘

直播下播复盘是指直播运营人员在直播活动结束后对本场直播进行回顾，评判直播活动的效果，总结直播的经验教训，成功之处可作为积累，失误之处可有效寻找改善方式，为下一场直播提供借鉴。一般每场直播完成后都要进行一次复盘，一个星期或两个星期进行一次大复盘是必须的，只有复盘才能不断进步。直播的结果一定是团队协作的成果，没有一个人能单独做好一个直播间。

直播下播复盘的价值主要有以下4点。

① 强化目标。直播前都有直播文案,即直播流程。主播应反复回顾直播文案,寻找直播过程中的遗漏点,清楚了解整个直播过程。

② 发现规律。通过复盘发现直播过程中哪些话题是用户感兴趣的,主播聊到什么话题时人数增多或弹幕增多。主播通过复盘积累经验,不断优化直播。

③ 复制技巧。复盘后总结的经验可以供下一场直播借鉴,最终变成主播自己或直播间的直播风格。

④ 避免失误。在直播过程中记录自己的失误,例如,没有快速回复用户问题导致用户离开直播间,或者是违反直播平台规定被平台提醒等。在直播复盘时要详细列出失误之处,避免在下一场直播中再出现类似的失误。

复盘通常包括直播经验总结和直播数据分析两方面。

直播经验总结主要是从主观层面对直播活动进行分析与总结,包括主播直播表现,如镜头效果、话术水平、商品展示效果、直播流程设计、团队协作配合等。直播运营人员通过自我总结、团队讨论等方式对无法通过客观数据表现的内容进行分析,总结不足之处,整理成经验手册,不断优化改进。

直播数据分析主要是通过直播后台分析直播整体数据情况,如直播观看量、用户转化率、商品销量等,对直播活动客观效果进行复盘和分析,寻找数据较差的原因,并不断优化,提升直播效果。

任务三 直播活动脚本策划

3.3.1 直播脚本的定义与作用

直播脚本是主播及其团队对于卖货商品的提炼。在每场直播中,主播要在较短的时间内形象地告诉消费者商品的核心卖点。例如,在直播过程中可以将不同颜色的口红用比较精准的词汇描述出来,所描述的场景很容易打动观看直播的用户,这其实是主播及其团队共同策划的结果。用户从观看直播到下单只有几分钟时间,想要获得好的直播效果,撰写直播脚本是必不可少的。

一份清晰、详细、可执行的直播脚本是直播顺利进行并取得良好效果的有力保障。一般来说,直播脚本的作用主要体现在以下3个方面。

① 提高直播筹备工作的效率。在直播开始之前,直播运营人员要事先做好充分的直播规划,不能临近开播才去考虑直播主题如何设置、直播场景如何搭建、相关优惠活动如何设置、直播人员如何配置等问题,这样容易出现人员职责不清、相关细节考虑不周等问题。

在开播之前制作直播脚本，能够帮助参与直播的人员了解直播流程，明确每个人的职责，让每个人各司其职，从而保证直播筹备工作有条不紊地展开。

② 帮助主播梳理直播流程。直播脚本能够帮助主播了解本场直播的主要内容，梳理直播流程，让主播清楚地知道在某个时间点应该做什么、说什么，以及哪些事项还没有完成等，避免主播在直播中出现无话可说、活动规则解释不清楚等情况。一份详细的直播脚本甚至在主播话术上有技术性的提示，能够帮助主播增强语言方面的吸引力，游刃有余地与用户进行互动。

③ 控制直播预算。对于中小卖家来说，若直播预算有限，则可以在直播脚本中提前设计好自己能够承受的优惠券面额、红包金额、赠品支出等，从而提前控制直播预算。

3.3.2 直播脚本的策划要素

在一场直播中，有些信息是必不可少的，如直播目的、直播时间、直播人员、卖货商品等，这些是直播脚本中必须策划的元素。

（1）直播目的。 在直播开始之前，主播要先弄清楚直播的目的是什么，是维系与用户的关系并与用户聊天，还是为即将发布的新品造势；是店铺清仓，还是分享生活中的好物等。目的不同，直播策划的重点就不同。

如果直播的目的是维系与用户的关系，那么策划的重点在于自己生活方式和态度的展示，以及对用户问题的解答；如果是为新品造势，那么策划的重点在于新款商品的展示介绍，以及开拍的注意事项；如果是店铺清仓，那么策划的重点在于清仓活动的介绍，以及用户所能获得的福利；如果是分享生活中的好物，那么策划的重点在于商品使用场景和功能的介绍。

明确直播目的是撰写直播脚本的第一步，并且在直播预告和直播刚开始的时候就要明确地告诉观众直播目的，这样，观众到直播间来就是带着期望的，明白这次观看直播可以得到什么。此外，很重要的一点是，每场直播的目的只能有一个，不然直播没有条理性，显得很混乱，会影响用户的观看体验。

（2）直播时间。 直播时间包括直播时长和开播时间，直播时长要根据实际条件和必要性等方面进行考量。一场有效的直播至少要达到30分钟，并不是说只要播30分钟就够了。阿里平台的数据显示，4~6小时是大部分主播比较喜欢的直播时长，因为这个时长能够完全覆盖上午、下午、晚上3个时段中的一个，和直播团队及消费者的日常工作节奏比较契合。一些头部主播的直播时长反而会减少，大概在2~4小时。对于一些尾部主播或新开播的主播来说，延长直播时长可以优化直播间的总体数据，因此直播时长最好在6~8小时。甚至有些商家的直播时长超过10小时，也有直播24小时的。

开播时间的选择一般有两种思路：一种是高峰时段开播，另一种是避开高峰时段开播。

一般来说，晚饭后到睡觉前是观看直播人数最多的时间段，一些头部主播都会选择在20点开播。但是，高峰时段开播的主播比较多，竞争也比较激烈，导致新手主播分到的流量很少。因此，为了避开激烈的竞争，新手主播可以采用避开高峰时段开播的策略，如提早一两个小时开播，或者在其他主播下播之后的深夜再开播，甚至有一些主播会选择在凌晨直播。

直播脚本要明确写出开播的时间和预计直播的时长，这样有利于开播前对直播进行宣传推广并设计直播内容。

（3）**直播人员**。专业的主播往往不是单打独斗的。一个成熟的直播间至少有3个人，一个是主播自己，一个是助理，主播和助理进行配合，一问一答，一唱一和，可以更好地活跃直播间的气氛。直播间还需要场控，一般场控不出镜，主要配合主播回答用户的一些问题、在线联系商家、操控后台、打下手等。直播脚本中要明确直播人员及各自的分工，这样有利于加快直播间各个工作人员相互之间的磨合，保证直播间的各项工作有序进行。

（4）**直播内容**。优质的直播内容是吸引用户观看直播的关键因素。一个好的直播主题，可以帮助主播确定直播的内容创作方向，避免后期内容偏离原方向。一个有特色的主题，能够抓住观众的眼球，吸引他们观看直播。主播在策划主题的时候，可以多关注一下网络上的热点事件和词汇，将热点事件作为直播的核心点不断延伸，增加与用户可聊的话题。在策划直播内容前，主播要先提炼内容标签，对内容进行高度垂直聚焦，让用户形成记忆点，深度挖掘内容的多面性和原创性，不断提升自己的内容专业度和深度，引起用户的兴趣。

3.3.3 直播中单品的脚本设计

（1）**直播单品脚本设计**。与娱乐平台的直播不同，电商平台直播的主要目的是卖货，是以商品为核心的。通过几小时的直播，主播不仅要让消费者快速"种草"，还要引导消费者在直播间下单。在直播期间，商品卖点的展示是非常集中的，在一场3小时的直播中，主播往往会介绍20～40种商品，分给每个商品的直播时间只有几分钟，这就需要通过脚本提前准备好商品的直播内容。

单品脚本就是针对单个商品的脚本。在一场直播中，主播会向用户推荐多款商品，主播只有了解每款商品的特点和营销手段，才能更好地将商品的亮点和优惠活动传达给用户，刺激用户的购买欲。因此，为了帮助主播明确商品卖点，熟知每款商品的福利，直播运营人员最好为直播中的每款商品都准备一份对应的直播脚本。直播运营人员可以将单品脚本设计成表格的形式，将品牌介绍、商品卖点、直播利益点、直播时的注意事项等内容都呈现在表格中，这样既便于主播全方位地了解直播商品，也能有效避免在人员对接过程中产生疑惑或不清楚的地方。某品牌一款电热锅的单品脚本如表3-4所示。

表 3-4　某品牌一款电热锅的单品脚本

项目	商品宣传点	具体内容
品牌介绍	品牌理念	××品牌以向用户提供精致、创新、健康的小家电为己任，该品牌主张以愉悦、创意、真实的生活体验丰富人生，选择××品牌不只是选择一个商品，更是选择一种生活方式
商品卖点	用途多样	具有煮、涮、煎、烙、炒等多种烹饪功能
商品卖点	商品具有设计感	① 分体式设计，既可以当锅用，也可以当碗用。 ② 容量适当，一次可以烹饪一个人、一顿饭的食物。 ③ 锅体有不粘涂层，清洗简单
直播利益点	"双十一"特惠提前享受	今天在直播间内购买此款电热锅享受与"双十一"活动相同的价格，下单时备注"主播名称"即可
直播时的注意事项		① 在进行直播时，直播间界面显示"关注店铺"卡片。 ② 引导用户分享直播间、点赞等。 ③ 引导用户加入粉丝群

单个商品讲解把商品讲解解构为场景联想、商品卖点、品牌优势、销量评价、直播优惠、限时限量等多个模块。一般单品讲解主要包括核心卖点（提升生活品质的明星同款牙膏）+使用场景（特别适合职场中经常与人沟通的人）+折扣力度（平时 79.9 元一支，今天直播间 129.9 元两支，平均一支不到 65 元，还送一瓶旅行装漱口水）+催单（只有 200 单，赶紧去抢），这种单品讲解适合低客单价商品。

此外，还可以通过如下步骤来完成通用单品的内容策划和讲解，按照找到痛点（现在每个人基本上都有牙龈黑三角，影响美观）、放大痛点（长期容易有牙龈疾病，去看牙医价格会非常昂贵）、引出商品（这款牙膏含有高浓度氨基酸，可以帮助修护牙龈黑三角，让你在任何场合都能够拥有自信笑容）、提升价值（×××代言，×××大品牌，经过了多年研发研制）、降低门槛（平时 79.9 元一支，今天直播间 129.9 元两支，平均一支不到 65 元，还送一瓶旅行装漱口水）等步骤，不断激发用户的关注、获得用户的信任，进而实现转化。

（2）直播单品卖点提炼与设计。商品卖点提炼一般可以参考六大法则。

① 卖点有其实（卖点永远不能替代商品，必须建立在商品实物基础上）。

② 卖点有其理（支撑商品核心卖点的理由必须可信、易懂、便于表达记忆和传播）。

③ 卖点有其市（核心卖点必须有足够数量的受众）。

④ 卖点有其需（核心卖点对应的市场需求或潜在需求是实际存在的）。

⑤ 卖点有其特（核心卖点要尽量优于或别于同类竞品），通过价格和竞品分析提升商品竞争力。

⑥ 卖点有其途（核心卖点必须有能够传递给目标消费者的途径），商品卖点陈述主要围绕商品性能与销售通路（见图 3-40）、消费者高层次需求（见图 3-41）两个思路开展。

商品性能与销售通路

1 卖技术
从技术先进性入手，如某品牌笔记本电脑突出采用高速图形处理技术

2 卖品质
突出商品的高品质，如某汽车突出采用进口发动机

3 卖原料
从原材料着眼，只有好的原料才能做出好的商品，如某牙膏品牌采用高档硅原料

4 卖包装
包装是消费者对产品的第一印象，独特的包装也可作为卖点

5 卖价格
价格永远是消费者关注的焦点，比同类竞品低价是一个重要卖点

6 卖服务
对于耐用品尤为突出，众多家电产品更是把服务提高到战略的高度

图 3-40　商品性能与销售通路

消费者高层次需求

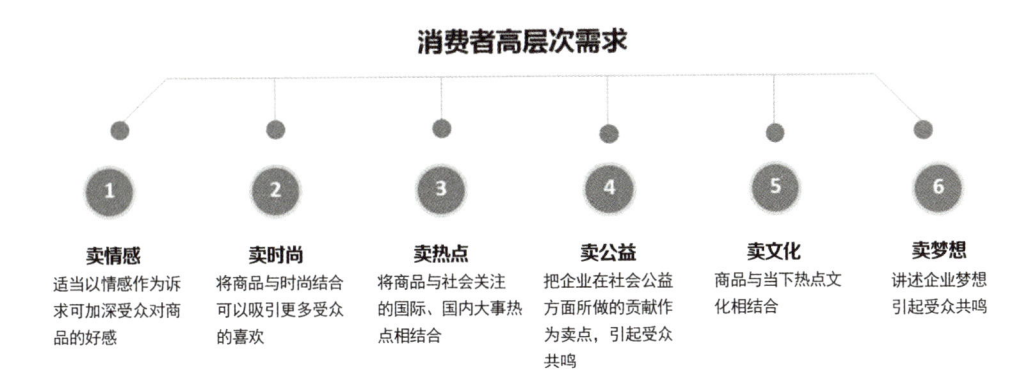

1 卖情感
适当以情感作为诉求可加深受众对商品的好感

2 卖时尚
将商品与时尚结合可以吸引更多受众的喜欢

3 卖热点
将商品与社会关注的国际、国内大事热点相结合

4 卖公益
把企业在社会公益方面所做的贡献作为卖点，引起受众共鸣

5 卖文化
商品与当下热点文化相结合

6 卖梦想
讲述企业梦想引起受众共鸣

图 3-41　消费者高层次需求

（3）**直播商品五步销售法话术**。五步销售法主要包括提出问题、放大问题、引入商品、提升高度和降低门槛 5 个方面，如图 3-42 所示。想要把东西卖出去，需要的技能可以用 8 个字概括：深研人性、投其所好。主播结合消费场景提出消费痛点及需求点，给消费者一个理由，可以浅显地提出困扰，并让这些困扰成为直播间里瞬间活跃的话题，引出话题，让用户产生共鸣。现今的消费市场，正在经历着从"主动消费"向"被动消费"过渡的阶段，随着人们生活水平提高了，大部分消费并没有那么"紧迫"和"明确"，消费行为以发现式、激发式消费为主。合理地叙述可以营造一个消费场景，给人身临其境的感觉，在这个场景下对某些商品的需求就显得至关重要了。例如，"今天又是一个暴晒天啊！羡慕那些皮肤晒不黑的人，我的皮肤一晒就容易变黑，虽然我很喜欢夏天，但是夏天的暴晒让我非常痛苦"，以聊天的方式提出问题，并让问题成为活跃直播间的话题。

放大问题要全面和最大化，把大家忽略的问题和隐患尽可能地放大出来，甚至放大到生理、心理及情感上也不为过，但是切记不要造成"恐吓营销"，不要夸大其词，要点到为止。例如，把不做防晒措施的危害放大，把晒黑上升到变丑的层级，突出紫外线的危害。引入商品是指以解决问题为出发点，解决之前提出的问题，在这一步中，切记不要对商品进行详细地讲解，只需把问题解决掉，把使用商品所产生的好的结果展现给消费者。提升

高度这个阶段就是展示主播丰富的专业知识的阶段了,主播要详细地讲解商品,并通过对行业、品牌、原料、售后等各个角度的介绍来增加商品的附加值,让用户对商品产生期待。降低门槛,当主播给观众介绍完商品所有的相关内容之后,可以讲解商品的优惠信息、渠道的优势、独家紧缺程度等,从而突破观众最后的心理防线,让消费者开启疯抢模式。直播商品五步销售法示例如表 3-5 所示。

图 3-42　直播商品五步销售法

表 3-5　直播商品五步销售法示例

第一步	提出问题。提出消费痛点及需求	"夏天的暴晒让我非常痛苦",这个问题成为活跃直播间的话题
第二步	放大问题。放大用户可能遇到的问题	把晒黑上升到变丑的层级,说明紫外线的危害
第三步	引入商品。以解决问题为出发点	不要详细讲解商品,先说明商品能解决之前提到的一些问题,再把问题解决掉,把好的结果愿景展现给大家
第四步	提升高度。详细介绍商品	展示雄厚的专业知识的阶段,首先从专业的角度讲防晒产品的发展、演化,对比不同商品的优点和缺点,然后详细讲自己推荐的商品的亮点
第五步	降低门槛。讲解优惠信息等	讲解优惠信息、渠道的优势、独家紧缺程度等,降低观众最后的购买心理防线,又称为"临门一脚"

(4)**主播 4P 文案话术**。主播可采取"产生需求、激发欲望和促成下单"的话术结构,采用 4P 文案公式,即描绘(Picture)、承诺(Promise)、证明(Prove)、敦促(Push)4 部分,其中,描绘和承诺会引起用户兴趣,证明会激发用户购买欲,敦促则刺激用户行动。

首先,从用户的角度介绍商品使用场景、痛点阐释、理想场景和体验过程等感官方面的内容,一般以场景描绘开头。很多短视频和主播通过痛点阐释、产生原因和场景氛围描述等形式指明为什么需要此种商品或服务,让浏览者产生自身购买和使用商品的心理预期,认为购买了该商品,会产生某种心理暗示。

其次,直播通过认知颠覆、权威性、稀缺性、与众不同、好评如潮和他人证言等形式激发浏览者的购买欲望,通过商品卖点挖掘、信用背书和售后保障等内容要点,通过主播语言和营销话术来说服浏览者为什么买自家商品，准确清晰地列出商品和服务卖点，通过理性（如人物证明和具体数据）和感性（员工故事和客户口碑）两个层面来向客户证明商品值得拥有，提升用户购买欲望和信心。

最后，通过优惠券、满减、限时限量、算账等形式，告诉浏览者此时购买本商品的理由，通过在直播间营造库存紧张、销售火爆等氛围，制造限时优惠的紧张感，同时有明确的购买指引，敦促用户促成消费者订单立刻转化。

3.3.4 整场直播活动的脚本设计

整场直播活动的脚本用于规范整场直播流程与内容，对直播套路和商品排列顺序进行规划。整场直播活动的脚本包括开场互动、商品讲解、活动环节、引导成交、下场直播预热 5 部分。

（1）开场互动。在直播开始时，主播需要通过用户欢迎问候、引导关注、直播加热与暖场、福利抽奖、活动剧透、新闻热点等各种形式拉近与用户的距离，用真诚提高用户的好感度。如果直播开始时观看人数少，可进行剧透互动，让用户提前选款，为之后的爆发蓄能。

如果 20 点开始直播，那么主播可以在 19 点 50 分打开直播间，让一些用户先进来。利用这段时间主播可以做一些简单的设备调试，或者和进入直播间的用户打招呼，进行一些日常沟通，提醒用户加关注。20 点直播正式开始时，主播先不要着急介绍商品，因为这时候用户还不多，可以先介绍本次直播的主题、流程，还有一些比较有诱惑力的机制等，使直播间的气氛活跃起来。

（2）商品讲解。主播都会通过性价比高的"货"进行开局，让用户能够养成守候主播开播的习惯。商品可以分为爆款商品、次爆款商品、日常款商品、新品、滞销款商品，在一场直播中，商品的排序是非常讲究的，每款商品的讲解时间一般为 10 分钟。爆款商品是用户普遍比较关心的商品，为了保证用户观看直播的停留时长，主播可以把爆款商品放在直播的后面时段播。一些关注量比较高的次爆款商品和主推款商品放在直播开头播。打造 20%的爆款商品是直播间的主线玩法，用直播间 80%的时间介绍直播间 20%的商品，开头剧透引出爆款商品，直播详细介绍热门款商品和爆款商品，通过直播间与场控互动、与老板娘砍价等玩法促成爆款商品销售。

如果此次直播的商品比较多，主播可以先用一两个小时按照自己设计的商品顺序来直播。等所有的商品都展示了一遍，留 30～60 分钟的时间让观众报号，根据观众的需求重新展示一些热度比较高的款式。此外还要重点关注观众的提问，结合观众的问题来直播。

（3）活动环节。很多用户喜欢看直播，就是因为直播间的商品便宜，优惠活动多，虽然看的过程中可能会花钱，但是感觉钱花得很值。要想让直播间热闹起来，活动环节是必不可少的。现在直播间的活动形式有很多，如优惠券、红包、福袋、盲盒、礼品等，在进行脚本策划的时候，要提前想好本次直播的活动形式，也可以将多种形式的活动结合起来。

在直播中,一般可以在刚开播的时候就设置一些优惠券,让新进直播间的观众多待会儿。直播过程中可以结合点赞数或者时间点不定时发放优惠券。最好可以提前准备一个有吸引力的大奖,安排在直播的后半段。

(4)引导成交。如果顾客有心购买,但认为商品的价格超出了预期,此时只要向他们进行引导,一般都能使洽谈顺利进行下去。引导在买卖交易中的作用很大,它能使顾客转移脑中所考虑的对象,产生一种想象,使顾客在买东西的过程中变得特别积极,在他们心中产生一种希望交易尽早成交的愿望。可以说,引导是一种语言催化剂。不同商品的优惠力度是不同的,在设计直播脚本的时候需要针对不同的商品设置不同的引导话术。主播引导成交的话术有两个关键点:一是吊足用户胃口,找准时机宣布价格,让用户觉得物超所值;二是强调促销政策,包括限时折扣、现金返还、随机免单、抽奖免单等,让用户热情达到高潮,促使用户集中下单。

(5)下场直播预热。在直播即将结束的最后5分钟,主播可以预告下场直播的开播时间、福利,为下场直播进行预热。

整场直播活动的脚本设计如表3-6所示。

表3-6 整场直播活动的脚本设计

直播活动概述				
直播主题	秋季护肤小课堂			
直播目标	"吸粉"目标:吸引10万名用户观看。 销售目标:从直播开始至直播结束,直播中推荐的3款新品的销量突破10万件			
主播、副播	主播:××、品牌主理人、时尚博主;副播:××			
直播时间	2022年5月1日,20:00~22:30			
注意事项	① 合理把控商品讲解节奏。 ② 适当提高商品功能的讲解时间。 ③ 注意对用户提问的回复,多与用户进行互动,避免直播冷场			
直播流程				
时间段	流程安排	人员分工		
		主播	副播	后台/客服
20:00~20:10	开场预热	暖场互动,介绍开场截屏抽奖规则,引导用户关注直播间	演示参与截屏抽奖的方法;回复用户的问题	向粉丝群推送开播通知,收集中奖信息
20:10~20:20	活动剧透	剧透今日新款商品、主推款商品,以及直播间优惠力度	补充主播遗漏的内容	向粉丝群推送本场直播活动
20:20~20:40	讲解商品	分享秋季护肤注意事项,并讲解、试用第一款商品	配合主播演示商品使用方法和使用效果,引导用户下单	在直播间添加商品链接;回复用户关于订单的问题
20:40~20:50	互动	答疑解惑,与用户进行互动	引导用户参与互动	收集互动信息
20:50~21:10	讲解商品	分享秋季护肤补水的技巧,并讲解、试用第二款商品	配合主播演示商品使用方法和使用效果,引导用户下单	在直播间添加商品链接;回复用户关于订单的问题

续表

直播流程				
时间段	流程安排	人员分工		
		主播	副播	后台/客服
21:10~21:15	福利赠送	向用户介绍抽奖规则，引导用户参与抽奖并下单	演示参与抽奖的方法	收集抽奖信息
21:15~21:40	讲解商品	讲解、试用第三款商品	配合主播演示商品的使用方法和使用效果，引导用户下单	在直播间添加商品链接，回复用户关于订单的问题
21:40~22:20	商品返场	对3款商品进行返场讲解	配合主播讲解商品，回复用户的问题	回复用户关于订单的问题
22:20~22:30	直播预告	预告下一场直播的时间、福利、商品等	引导用户关注直播间	回复用户关于订单的问题

思政园地

随着直播行业的发展，直播水军、刷单买好评、买人气等违规行为日益突出，直播平台面临越来越多的诟病和越来越大的监管压力。2023年"3·15"晚会曝光了直播行业的一些乱象，引发了广泛关注和讨论。一些直播平台为了追求高收益，放任直播水军、刷单买好评等行为存在，导致直播行业信誉受损，同时也给广大消费者带来了极大的困扰。直播水军指的是为了提高直播间人气而雇佣的虚假观众，刷单买好评是为了提高商品销量和好评率，而买人气则是通过花钱购买直播间的礼物、弹幕等来提高人气和排名。这些违规行为不仅是对消费者权益的侵害，也会对直播行业的健康发展造成严重影响。

在"3·15"晚会曝光的案例中，一些主播为了吸引更多观众和提高直播间的人气，不惜雇佣直播水军，通过虚假观众数量骗取广告赞助费用。而刷单买好评的行为更是屡禁不止，一些商家在直播中通过提供优惠券和返现活动来诱导消费者进行购买，并通过刷单和购买好评来提高商品销量和好评率。这些行为不仅是欺诈行为，还存在违反广告法、消费者权益保护法等相关法律法规的问题。

【思考与分析】

1. 直播商品海报文案如图3-43所示，计划在中秋节当天20点，按照单场直播准备和实施流程，策划一场2小时左右的月饼直播销售活动，请填写表3-7。

图 3-43　直播商品海报文案

表 3-7　中秋节直播活动策划

直播主题	
直播目标	
直播人员	
直播时间	
前期准备	
直播预案	
直播环节	主播活动

2．请根据表 3-8 完成直播脚本学习，结合直播策划，完成直播活动的脚本设计。

表 3-8　直播脚本（时间为 120 分钟，按实际情况安排）

	内容提纲
第 1~6 分钟 聚人	① 营销方法：提前创建好直播间，开始在朋友圈铺垫，一对一群发，自己的群也都发，让大家点进去订阅一下，帮你提升一下人气。一般提前 2 天时间进行预热，直播的时候最好是把手机调为飞行模式，直播开始之前 1 小时，在群里、朋友圈再发一遍，可以在群里发红包再让大家关注并帮忙转发一下。不要直接卖货，先聚人，多互动，设置悬念，烘托气氛，播放背景音乐，讲故事表演才艺皆可，注意不要冷场，哪怕刚开播直播间只有几个人，也不要不讲话，锻炼自己的口才能力，懂得自言自语，千万不要冷场后不讲话。不断包装、渲染商品与品牌的产地、工艺、背景等，但不说具体商品，引发观众好奇，吸引观众观看。与街头表演聚人，吸引路人围观类似。 ② 观众心理感受：卖的到底是什么？"欢迎×××进入直播间，刚进来的宝宝们点点关注，加入粉丝团不迷路"，告诉观众自己只卖低价单品，价格太高、质量不好、不实用的商品自己是不会卖的。

续表

	内容提纲
第1~6分钟 聚人	③ 拉家常，拉近用户距离。 ④ 包装渲染商品的产地、历史、口碑、销量等数据，吸引眼球，卖关子不讲具体商品，目的在于勾起观众的好奇心，聚人。例如，"大家好，我是一名新主播，还有很多不懂的地方，如果有做得不好的地方，希望你们多多见谅，如果有喜欢听的歌曲，可以打在公屏上，会唱的话我就给你唱，不会我就去学，感谢大家的支持"
第7~12分钟 留客	① 营销方法："今晚有神秘大奖送给在座的各位宝宝们""今晚这边我们将进行两轮抽奖，选出×位幸运观众赠送××××，究竟是哪位幸运的宝宝呢？20点准时开始"，通过神秘大礼、现场抽奖等留住观众不转台，造势，让家人、朋友过来捧场。 ② 观众心理感受：看看能不能中奖。宣布促销利好政策，并号召观众互动，拖住观众。7~12分锁客做以下两件事。 说：提前规划好商品使用场景，主播在直播过程中以提问的方式与观众互动，让观众自己说出商品的使用痛点，主播口头阐述商品的功效、使用感受、精华成分，与其他渠道对比的价格优势等，让观众感觉"用得上，可以买"。 做：现场试用商品，分享使用体验与效果，验证商品功能……多管齐下，激发观众的使用需求与购买欲望。例如，"欢迎来到××××直播间，点个关注不迷路，把持不住开守护，事不宜迟赶紧行动！别忘了点关注"
第13~18分钟 锁客	① 营销方法：通过大量模拟商品使用场景，激发观众需求。例如，"大家每天早晨起来是不是感觉脸干干的，经常长痘，留痘印，长期使用化妆品护肤品都没办法解决"。 "日常我们自己使用的×××商品是不是不方便，那用了这款商品之后就可以完美解决"，随后演示试用效果。 ② 观众心理感受：是啊，这些场景我都经历过，不用挺麻烦，用了好像确实挺方便
第19~24分钟 留客	① 营销方法："需要你就买，不需要你就不买""主播虽然是个卖货主播，但是主播不是无良卖货主播，大家聚在一起就是缘分"，劝观众"不要盲目购买他的商品"，比强势地推销更容易被人接受，例如，"好的，接下来这款商品经研究表明具备××××的功效，对人体无任何的伤害，然后接下来我们体验一下"。 ② 观众心理感受：这主播好像还不错，非常靠谱、有良心，感觉商品也挺好
第25~30分钟 说服	① 营销方法：通过竞品分析、商品对比等打消观众疑虑，帮观众做选择。"某宝某东的价格×××，而今天在直播间仅需要×××，总共库存仅有1000件，需要的宝宝们要快点下手抢单了，数量有限"拿类似商品进行对比，以凸显所售商品的优势。从商品功效、价位、成分、包装设计、促销力度、现场使用结果等与竞品对比，进一步帮观众排除选择。 ② 观众心理感受：性价比挺高，可以试试
第31~36分钟 催单	① 营销方法：通过礼品赠送、折扣礼金、增值服务等促使观众下单。例如，"今晚凡是在直播间下单的宝宝们，均赠送×××一个，同时享有额外的××××礼金和增值服务，注意啦！仅限今晚！仅限今晚！仅限今晚"。 再次强调促销政策，如限时折扣、前××名下单送等价礼品、现金返还、随机免单、抽奖免单、7天无理由退换货、包邮等促销活动……观众热情达到高潮，催促用户集中下单。例如，"各位宝宝，线上抢购的人数多，看中了的要抓紧时间下单了"。 ② 观众心理感受：有优惠，赶紧买！做两件事：吊足用户胃口，此时正式宣布价格，让观众感觉"物超所值"

续表

内容提纲	
第37~42分钟 逼单	① 营销方法：通过高频的原价与现价对比、活动期限、名额紧张等反复提醒观众下单。例如，"我们再来对比一下某宝某东的价格，大家可以去搜索看一下，今晚我们拿到价格对比过后相信大家会满意，我××的直播间不卖高价货，同时保证质量，买回去大家觉得满意"。 不断提醒用户即时销量，营造畅销局面，并重复功能、价格优势、促销力度等，反复用倒计时的方式迫使观众马上下单。例如，"厂家补贴，厂家补贴立减×××，我们这个真的没利润了，如果不是厂家，基本不会降价的"。 ② 观众心理感受：买了占便宜，不买没机会了
第43~48分钟 二次留客	① 营销方法：通过神秘大礼、现场抽奖等留住观众不转台。例如，"还有15分钟马上就又到我们紧张刺激的抽奖环节了，大家猜猜今晚我们送什么……就不给大家卖关子了，我看看想要的有多少人，想要的宝宝们扣一下666，直播间刷起来"。 ② 观众心理感受：前面已经有人中奖了，我真的想试试
第49~54分钟 二次锁客	① 营销方法：不要因为卖商品就会疯狂夸赞商品好，时常吐槽一些商品的价格、赠品等。例如，在卖面膜的时候，吐槽品牌商没有给到更优惠的价格。甚至说，好的面膜千千万，也不一定非要买这个。尽管如此，评论区还是会有不少粉丝下单购买，通过大量模拟商品使用场景，激发用户需求。例如，"现在已经下多少单了？我们还有多少货""已经下单800多件了，还剩最后的100件，还在犹豫的宝宝们要抓紧时间了，机不可失时不再来，最后100件！最后100件！最后100件"。 ② 观众心理感受：好想买，好想买，好想买
第55~60分钟 二次举证	① 营销方法："该商品经过主播我自己的使用效果体验，及其他几位粉丝反馈，祛痘效果还是非常不错的，仅仅半个月，就××××××。大家可以看一下粉丝给予的反馈聊天记录，最近主播我也是一直在用，效果确实非常不错，脸非常细腻"。 ② 观众心理感受：专家说的错不了，好像是这个道理
第61~66分钟 二次说服	① 营销方法：通过竞品分析，商品对比等打消观众疑虑，帮观众做选择。例如，"大家可以看一下相同类型的商品和价格，商品效果都是一样的，但是价格却是天差地别，主播自己也有询问使用该款商品和同类型商品的朋友，效果都是完全一样，而且主播的这款商品还有着××××的效果"。 ② 观众心理感受：要不是我儿子/女儿不让我买，我现在就买了
第67~72分钟 二次催单	① 营销方法：不断重复强调直播间的价格优势。例如，主播卖某一款商品时，一直强调"不用想，直接拍，只有我们这里有这样的价格，往后只会越来越贵""今晚直播间的商品直接对接的商品货源，主播这边的商品大家可以去某东、某多对比，对比过后再来我们直播间下单购买"。"主播自用款"是直播间经常使用的推荐词。"自用"的背后，是敢于押上自己的信用给商品担保，更重要的是在表明"我也是这个商品的使用者"的身份之后，观众更容易相信主播的描述。 ② 观众心理感受：真的好划算！看着效果也好，不错
第73~78分钟 二次逼单	① 营销方法：价格的"低"，是"比"出来的。善于给你的商品选一个参照物，可以放大商品的价格优势。例如，卖咖啡时对比7-11便利店咖啡的价格；卖大牌化妆品时，对比线下专柜的价格…… 例如，"大家可以对比一下，专柜价和某东的价格，价格方面的优势相信各位粉丝都是有目共睹的，该活动价格优惠仅限今晚，只给直播间的各位宝宝们，错过今天，下次主播什么时候再做活动就不一定了，各位宝宝们一定要把握住"。 ② 观众心理感受：真的忍不住了

续表

内容提纲	
第 79～84 分钟 三次留客	① 营销方法：除了卖货，也要在直播中聊自己的生活和感受。讲解化妆中的问题、技巧、小知识，有时候打动客户下单的并不完全是商品有多好，而是是否有自己需要的某个点，卖给自己的人怎么样。 ② 观众心理感受：好像自己确实能用得到的，这个商品的价格不错，也挺实用，主播也好讨人喜欢
第 85～90 分钟 三次锁客	① 营销方法：将自己和粉丝建立起一种亲密关系，无形中提升了粉丝的好感度和忠诚度。通过大量模拟商品使用场景，激发观众需求。例如，"我现在给各位屏幕前的宝宝们演示一遍××××是不是很实用××××，看一下其他的主播使用方法"。 ② 观众心理感受：用得上，真用得上
第 91～96 分钟 三次举证	① 营销方法：描述一个商品使用的场景，把观众的思维带入这个场景中，让观众觉得在那种情况下，有这个商品就会很方便。例如，主播卖驱蚊贴时可以说"小朋友晚上出去玩，把这个贴在袜子上，可以避免蚊子去咬小腿……"，卖帽子时可以说"如果你下楼买菜的时候懒得化妆，戴上这个帽子就好了……"通过讲述场景来调动了观众的想象力，促成最后的转化下单。在推荐商品时，讲一些家人、工作人员的使用经历，以此打消观众对商品的顾虑。 ② 观众心理感受：是的，就是这样
第 97～102 分钟 三次说服	① 营销方法：打消下单顾虑，销售比较难的时刻，恐怕就是收单的时刻。解决买单顾虑，有个常见好用的方法，就是在消费者犹豫的时候，销售员可以洞悉消费者的疑问，主动讲出消费者的顾虑，给一个让消费者放心的解答。例如，"孕妈妈也可以放心使用……小朋友也可以放心使用……"这些话的主要作用，并非把下单用户锁定到孕妇、小朋友身上；而是借用对于安全有特殊严格需求的孕妇、小朋友群体等也可使用，以此说明正在售卖的商品安全、可靠、无刺激，来增加更多普通消费者，放下对安全性、刺激性的顾虑，立刻下单。 ② 观众心理感受：是的，就是这样
第 103～108 分钟 三次催单	① 营销方法：不断重复强调直播间的价格优势。例如，在卖某一款商品时，主播一直强调"不用想，直接拍，只有我们这里有这样的价格，往后只会越来越贵""今晚直播间的商品直接对接的商品货源，主播这边的商品大家可以去某东某多对比，对比后再来我们直播间进行下单购买"。讲故事，可以讲自己的或周围人的经历，也可以讲商品的背景故事；利用从众心理，给予观众安全感，例如，"这款商品，在之前我们直播间已经卖过了×套了……这个商品在开卖之前，已经有××××加购（提前添加购物车）了……这个商品之前已经卖过了××××套，零差评"。 ② 观众心理感受：真的好划算！看着效果也好不错
第 109～120 分钟 三次逼单	① 营销方法："直播间最后 10 分钟，10 分钟后就下播了，还有没下单的宝宝们要抓紧时间了，好，我们最后来看一下这款商品××××××××，直播最后 5 分钟，5 分钟后我们进行最后一轮抽奖××××××××××各位宝宝们，主播要下播休息了，感谢各位宝宝们的支持，得奖的宝宝们等待工作人员联系，然后下单的宝宝们，商家这边会尽快发货，下次直播见，拜拜""还有最后 2 分钟，还没有下单购买到的要赶紧下单啦""挣钱不容易，省一分是一分，分分都是钱"。 ② 观众心理感受：不知道买到没有

109

【选择题】

1. 下列直播标题中，属于"传达利益点"型标题的是（　　）。
   A．母婴生活用品，快来抢购　　B．减脂塑形，轻松瘦身
   C．太大了！海水大虾　　D．纯棉加绒卫衣1折起

2. 下列选项中不属于脚本制作流程的一项是（　　）。
   A．文案撰写　　B．分镜制作　　C．素材准备　　D．用户调研

3. 下列准备工作中不能提高直播卖货的投入产出比的是（　　）。
   A．直播前准备工作　　B．直播时间控制在一两个小时
   C．在电视黄金时间段多打广告　　D．准备好直播脚本

4. 如何提升直播间的流量？（　　）（多项选择）
   A．分享给老客户、社群粉丝等，邀请他们进入直播间，提升直播间互动热度
   B．发起秒杀、赠送等活动吸引人，以提高转化率
   C．多名主播轮换直播，借助各自特色提升人气
   D．改善直播间货品结构，符合买家需求

5. 作为一名婴幼儿用品主播，下列举动有助于打造主播的人物设定的是（　　）。（多项选择）
   A．不断强调自己的身份，例如，有10年育儿营养师经验
   B．选择有记忆点的直播背景，例如，主推奶粉品牌标志背景
   C．确立我行我素的主播风格，让人记忆深刻
   D．坚持每天开播，且时间固定，风雨无阻

项目四

直播活动的实施与执行

学习目标

- 了解直播话术的设计要点
- 掌握直播间开场话术、直播间互动促单话术、直播结束时的感谢话术
- 掌握提升直播间人气的"五步法"
- 掌握直播间互动玩法和有效开展平台内付费推广的方式方法
- 掌握微信视频号直播人气提升技巧
- 掌握微信视频号直播互动策略
- 熟悉微信视频号付费推广策略
- 掌握抖音巨量千川投流
- 熟悉直播间"人""货""场"优化技巧
- 掌握直播间GMV提升运营模型
- 掌握快手直播STAGE"五盘模型"
- 掌握直播中意外情况的应对措施
- 掌握直播中恶意抹黑情况的应对措施

在直播活动实施过程中,主播需要巧妙地设计直播话术。灵活、优质的话术能够挖掘用户的核心需求,快速引起用户的注意和兴趣,激发用户的购买欲望,进而促使用户下单。同时,主播还要多维度、多方面地提升直播间的人气,汇聚人气,营造气氛。此外,直播活动是实时活动,直播团队必须有能力应对并及时处理直播时可能发生的各类情况,确保直播活动顺利进行。

任务一　设计直播话术

话术是销售人员的"武器"。话术的 3 个重要功能是拉近关系，产生持续信任，创造高消费力社群。

4.1.1　直播话术的设计要点

对于主播来说，话术水平的高低直接影响直播卖货商品的下单转化，直播卖货的整个过程是一个说服的销售过程。主播需要根据用户的期望、需求、动机等，分析直播商品所针对的个人或群体的心理特征，运用有效的心理策略，设计高效且富有深度的语言。因此，主播在设计直播话术时需要把握好以下 3 点。

（1）口语化产品介绍，搭配肢体语言。 如果想达成高成交率，那么主播在进行直播话术设计时，要能够口语化地介绍商品，同时搭配丰富的肢体语言、面部表情等，从而使主播的整体表现具有很强的感染力，能够把用户带入描绘的场景中。此外，在直播时，主播的语调要抑扬顿挫、富于变化，根据直播内容的不同灵活掌握语速。主播需要把商品说明书、官方话术，用朴实的生活化的语言表达出来，辅以适度的形体动作，这样更能打动消费者。

例如，主播向用户介绍一款新型的扫地机器人，如果按照说明书上的文字介绍扫地机器人的功能、使用方法，用户往往没有很大的购买欲望；反之，如果主播设计一段偏口语化的话术，并搭配丰富的肢体语言，语调抑扬顿挫，效果就完全不同。对于扫地机器人这款商品，主播可以在一开始抛出用户生活中普遍存在的困扰，如因家里有小孩儿故地面需要经常清洁，平时工作忙没有时间打扫卫生，而普通的扫地机器人又存在反应不灵敏、扫地和拖地不能一体化等缺点。基于此，直播间的扫地机器人能够满足用户的需求，除了硬件配置强，它还采用了二合一尘盒水箱，多种传感器敏锐、高效地完成扫地和拖地。值得注意的是，主播在讲解专业内容时，语速可以适当放慢；在促成用户下单时，语速可以适当快一些。

（2）注意话术灵活性，适度回应用户。 很多新手主播经常把直播话术作为一种模板或框架来套用，但是直播间随时会发生各种情况，话术并非一成不变，主播必须活学活用。面对用户提出的问题，主播要慎重考虑后再回应。根据用户的提问，主播需要适度回应，例如，对于用户的表扬或点赞，主播可以积极回应；对于用户的建议，主播可以酌情采纳；对于用户的批评，主播可以用幽默化解或坦荡认错；对于用户的恶意谩骂，主播可以不予理会或直接将其拉入黑名单。因此，直播话术设计要注意灵活性，避开争议性词语或敏感性话题，以文明、礼貌为前提，既能让表达的信息直击用户内心，又能营造愉悦融洽的直播间氛围。

（3）**话术富有情绪表达**。想要做好直播卖货这件事情，只是熟练运用各种直播卖货话术还不够。有些新手主播由于缺乏直播经验，所以经常会遇到忘记直播话术、紧张的情况，这时主播虽然可以参考直播话术脚本，但是一定要注意配合情绪、情感，面部表情要丰富，情感要真诚，加上丰富的肢体语言或使用道具等。

4.1.2 直播话术三原则

在直播过程中，直播话术需要符合3个原则，分别是专业性、真诚性、趣味性。

（1）**专业性**。专业性是主播直播卖货的核心，直播话术的专业性体现在两方面：一是主播对商品的认知程度，主播对商品认知得越全面、越深刻，在介绍商品时就越游刃有余，越能显示自己的专业程度，也就越能让用户产生信任感；二是主播语言表达方式的成熟度，同样的话由经验丰富的主播说出来，往往比由新手主播说出来更容易赢得用户的认同和信任，因为经验丰富的主播有更成熟的语言表达方式，他们知道如何说才能让自己的语言更具有说服力。主播只有不断地提升自身的专业素养，掌握丰富的专业知识，积累直播经验，才能赢得更多用户的信任，使用户主动下单。例如，美妆类目的主播需要精通美妆商品的成分、美妆知识、化妆技巧等。

（2）**真诚性**。主播在进行直播卖货时，不仅仅是销售员、导购员，更是用户的朋友。在直播过程中，主播应该站在用户的角度，以朋友的身份，真诚地与用户进行沟通和互动，给出自己真实的建议。主播在直播时，真诚的态度和语言更容易使用户产生情感共鸣，提高主播与用户的亲密度，拉近双方的心理距离，从而提高用户黏性和忠诚度，进而提高直播下单转化率。

（3）**趣味性**。现在，看直播已经成为很多年轻人日常生活中必不可少的一部分，很多人都喜欢在空闲时间看自己喜欢的主播直播。主播在直播时要让直播语言具有幽默感，不能让用户觉得直播内容枯燥无味，这就是直播话术的趣味性原则。幽默不仅能够展现主播的开朗、自信与智慧，还容易拉近主播与用户的距离，增强用户的参与感。同时，幽默的语言还是直播间气氛的调节剂，能够帮助营造良好、和谐的氛围，并加速主播与用户建立友好关系的过程。值得注意的是，主播的幽默一定要适度，掌握好分寸。

4.1.3 直播间开场话术

（1）**自我介绍**。用户第一次进入直播间，可能不知道主播是做什么的，因此主播应在第一时间向用户介绍自己。介绍时要简洁明了，突出重点，告诉用户为什么要关注主播，以及主播能给用户带来什么好处或价值。

① 欢迎新进直播间的×××，我是一名女装主播，会经常为大家推荐一些时尚穿搭技

巧和物美价廉的女装。如果你是一位爱美的女士，就可以给主播点一点关注。

② 直播间的用户们，大家好，我是第×天开直播，一个人做，没有团队，我对我的产品和专业知识非常有信心，如果大家在我的直播间稍作停留，那么我一定能帮到大家，也会有福袋和福利送给大家。

（2）开播欢迎话术。 直播间开播后，进入直播间的用户会逐渐增多，这时候主播应该采用适当的开播欢迎话术。开播欢迎话术的技巧包含介绍直播商品情况、介绍直播优惠或折扣力度、制造直播稀缺感、引导用户互动留言、增强用户的参与感、设置福利、体现服务内容的价值。

① 欢迎×××进入直播间，没有关注的家人记得关注主播哦，主播马上设置优惠券让大家领取。

② 欢迎大家来到×××直播间，今天是"双十一"大促销，我为大家带来×××款超值商品，今天直播间的朋友可以享受超低直播价。

③ 欢迎×××来到直播间，现在我再给大家来个预告，九块九的秒杀将于20点整开始哦，朋友们千万别走开呀！

④ 大家好！欢迎来到直播间，今晚的直播有超多的惊喜等着你，高品质的商品都是低价秒杀，机会难得，大家一定不要错过哦。

⑤ 感谢大家百忙中来到我的直播间，大家今天晚上有没有特别想实现的愿望呢？大家可以在评论区分享哦，万一我不小心就帮你实现了呢？

⑥ 欢迎大家来到我的直播间，我是一名新主播，希望大家能够多多支持我，参与评论，我会给予朋友们200亲密值，接下来发布作品和直播时，平台就会给予朋友们更多的活跃值哦。

⑦ 今晚，我们为观看直播的用户专门建立了一个免费的美妆交流群，欢迎朋友们加入，我会不定期地在群里为大家分享一些护肤方法和化妆技巧。

（3）开播暖场。 主播在开播后，可以设置抽奖活动，引导用户参与互动，以此达到开播暖场的效果。例如，话不多说，在正式开播前先来抽奖，今天是父亲节，在评论区输入口号"每天都要开心哦"，我会随机截屏5次，每次截屏的第一位朋友将获得80元现金红包。

（4）引导关注。 主播在开播之后需要时不时地为自己打个广告，不断地向用户传递自己的直播理念，介绍个人直播风格等，吸引用户关注自己。在引导用户关注时，话术技巧的重点在于强调福利，引导关注，强调签到领福利，强调直播内容的价值。

① 感谢×××的关注，还没关注主播的朋友们抓紧关注哦，主播每天会为大家带来不同的惊喜哦。

② 刚进直播间的朋友们，记得点击左上角按钮关注直播间哦，我们的直播间会不定期发放各种福利。

③ 喜欢×××直播间的朋友们，记得关注一下直播间哦，连续签到 7 天可以获得一张 30 元优惠券。

④ 对主播分享的商品或内容感兴趣的朋友们，可以点点关注哦，下次主播开播家人就可以第一时间找到我，不会错过精彩内容哦。

⑤ 想继续了解美妆技巧的朋友们，可以关注一下主播哦，带你学会更多美妆技巧。

4.1.4　直播间互动促单话术

（1）活跃氛围。主播在直播间应该活跃气氛，以此激发用户购买的兴趣和欲望。调动直播间气氛的话术可以是强调优惠，或是强调价值，又或是使用修辞手法等。

① 这套水乳精华液在官方旗舰店的价格是 1500 元，今晚在直播间的下单的朋友们记得领取 50 元的优惠券，并且还送同款 20 毫升化妆水两瓶、20 毫升乳液两瓶、10 毫升精华液两瓶，真的很值。

② 21 天让你的 PPT 水平迈上一个新"台阶"。

③ 这款 21 号色号，我跟你说，真的太美了，好闪，涂上以后嘴唇简直像钻石一般闪耀。

（2）激发兴趣。主播在直播时应该激发用户对商品的兴趣，因此在话术的表达上，应该提高商品的价值感，或是构建商品的使用场景，强调商品的细节、优点等。

① 今天直播间的价格，是我为朋友们争取到的相当优惠的价格了,现在买到就是赚到。

② 买这个颜色的口红，是你驾驭口红的颜色，而不是口红的颜色驾驭你。

③ 穿着这件白纱裙在海边漫步，享受温柔海风的吹拂，空气里仿佛充满了夏日阳光的味道。

④ 这款扫地机器人是我自己一直在使用的，我非常推荐它，它使用起来很方便，扫拖一体化，今天我为大家争取到 7 折的优惠价格，买到它就一个字，值！

（3）直播互动。无论是什么类型的直播间，用户都可能会说各种各样的话，提各种各样的问题，例如，"哇，听这个主播说话好舒服""这件衣服主播能试穿一下吗？想看看上身效果"等，这说明用户在关注主播，关注主播推荐的商品。因此，主播一定要及时反馈用户的提问，并且耐心细致地讲解产品。互动话术的关键在于主播回答问题要有针对性，同时，由于直播间不断有新的用户进入，同一个问题可能会被重复提问，所以主播要耐心地反复回答相同的问题。

例如，当用户提问上身穿衣效果时，主播可以回答"我现在穿的衣服是 2 号链接的商品，面料是聚酯纤维加氨纶，可以配裤子穿，时尚百搭，大家一定要关注哦""主播现在穿的衣服是 5 号链接的商品，橄榄绿色，与内搭是撞色系，今年很流行，衣服下摆也是流行设计，前后都是 A 字形设计，非常减龄，朋友们可以根据自己的肤色及喜好选择不同的颜色，对比一下自己的身高、体重选择适合的尺码哦"。

（4）引导下单。直播电商的最终目的是引导用户下单购买，主播在直播时可以从以下4个方面引导用户下单。

① 强调售后服务。

② 找准时机宣布价格，让用户觉得物超所值。

③ 强调促销政策，包括限时、限量、现金返还、抽奖免单等，制造紧张感。

④ 引导用户查看链接，加入购物车等。

主播常用话术如下。

① 我们直播间的商品都支持 7 天无理由退货，购买后如果对商品不满意是可以退货的，朋友们放心购买，并且我们还为大家购买了运费险，让大家没有任何试错成本，不满意可以无理由退货。

② 这款商品的原价是××元，今天我们直播间为了回馈朋友们的厚爱，只要××元，喜欢这款商品的朋友们千万不要再犹豫了，错过今天只能按原价购买了。

③ ××商品的折扣仅在本次直播间享有，过了这个时间就会恢复原价哦，想要的朋友们抓紧时间抢购。

④ 刚刚上架 2000 件，现在库存只剩 200 件、100 件、50 件……

⑤ 这款商品只有 10 分钟秒杀时间，喜欢的朋友们赶紧下单哦，时间不多啦！

⑥ 朋友们注意啦！这款商品福利价购买的名额仅有 100 个，先到先得，目前还剩 60 个名额，赶快点击左下角的购物袋按钮抢购。

⑦ 只剩下最后 5 分钟了，还没有下单的家人抓紧哦。

⑧ 如果家人还没有想清楚要不要下单，那么可以先将商品加入购物车，或者先提交订单抢占优惠名额哦。

⑨ 朋友们，如果对这款商品有疑问，可以在评论区随时提问，我们会为朋友们解答，您也可以直接点击商品链接查看商品详情。

4.1.5 直播结束时的感谢话术

主播在直播结束时，通常需要使用感谢话术。感谢话术是主播对用户心意的回馈，包含表达感谢，引导用户关注转发；强调直播间价值观；直播预告等。一些感谢话术如下。

① 主播还有 20 分钟就要下播啦！非常感谢朋友们的陪伴，谢谢大家！那我们明天晚上 8 点，还是在直播间见哦。

② 朋友们，我要下播啦！希望大家睡个好觉，做个好梦，明天晚上同一时间我们再见哦。

③ 感谢朋友们的关注、点赞，谢谢大家今天的陪伴。朋友们记得点击一下右下角的转发链接，分享我们的直播间哦，谢谢大家。

④ 感谢从开播一直陪我到下播的朋友们，谢谢大家。希望朋友们都在今天的直播间买

到了自己心仪的商品，点击关注按钮，我们明天同一时间继续哦。

⑤ 朋友们，直播间里的所有商品都是经过我们团队严格筛选，主播亲身试用的性价比很高的商品，大家可以放心购买。那今天的直播就到这里了，朋友们，我们明天再见。

⑥ 今天的直播到这里就要结束啦！朋友们有什么想要的商品，可以在交流群里留言，我们会根据大家的留言，非常认真地为大家选品，在之后的直播中把需要的商品带给大家。

⑦ 我们的直播还有 10 分钟就要结束了，最后再和大家强调一下，明晚 7：30 同一时间的直播，会有你们想要的×××商品，优惠力度非常大，朋友们一定要记得来哦。

⑧ 今天的直播就要和大家说再见了，明晚 7：30，年货节来啦！朋友们一定要来我们的直播间，大家相约明天见啦！

4.1.6　直播间的四步营销法

在直播过程中，主播通常可以通过需求引导、商品引入、赢得信任、促成下单四步来吸引用户的兴趣，从而激发用户的购买欲望，这就是直播间商品的四步营销法。某款精华液"四步营销法"示例如表 4-1 所示。

表 4-1　某款精华液"四步营销法"示例

四步营销法	直播话术
需求引导	有没有那种脸一遇热水就泛红，一用大牌养肤性特别强的精华面霜，皮肤就红肿的女生？有没有爱长痘痘的女生？有没有长了痘痘，有粉色痘印，脸部红血丝很严重的女生
商品引入	我给你们推荐一款自用的修红精华液，只要你的皮肤"闹情绪"，这瓶就可以稳住你"闹情绪"的皮肤
赢得信任	它贵，但是它真的好用，为什么？×××是某集团下面专门做芳疗的护肤品牌。她家的这款精华液能修复你的皮肤并维护皮肤稳定，让你的皮肤不过敏，让你的皮肤的"小情绪"舒缓下来。相信我，有经济条件的，买它！你把你的皮肤状况调整好之后，再去用大牌化妆品，大牌护肤品才会被吸收。调整不好，你用再多的大牌护肤品皮肤都不好
促成下单	今天给大家做的是限量包装组合，大瓶精华液 50 毫升，还附赠化妆镜、4 毫升他们家比较有名的橙花精华露，还有 5 毫升的舒缓面霜，然后直播间再赠 5 毫升的舒缓精华，再加两个 50 毫升的洗面奶。到手这么多，只要 680 元，我只有 1600 套。三、二、一，上链接

在这场直播中，单价 680 元的×××精华在 3 分钟卖出 1600 套，销售额达到 108.8 万元。这段直播话术就采用了"四步营销法"。首先，该主播通过场景描述用户的需求，引起用户的注意；其次，很自然地引入该款商品；然后通过品牌权威、自用推荐等形式赢得用户的信任；最后，通过直播间的价格优势、限量赠送等活动促成用户下单，实现高效地下单购买。

（1）需求引导。需求引导是指通过挖掘用户的需求来为商品引入做准备。主播需要围绕商品的特点和卖点，找出用户购买该商品之后能解决的核心问题，在需求引入的过程中，主播可以以亲身经历为例，从自身角度出发，叙述自己遇到的同类问题。一般来说，需求引导的关键点可以分为以下两类。

① 购买商品后能够给用户带来什么显著价值或是好处，如提亮肤色、穿衣显瘦等。

② 购买商品能够解决用户迫切需要解决的问题，例如，遮瑕膏可以以"最近脸上长痘，粉底液怎么也遮不住"挖掘用户需求，代餐奶昔可以以"夏天到了，好想穿很多好看的裙子，可是管不住自己的嘴巴，体重压根下不去" 挖掘用户需求等。

（2）引入商品。 通过需求引导，提前规划好商品的使用场景，接下来就是引入商品。商品引入往往围绕商品的核心卖点、使用感受等进行描述，让用户通过各个感官体验感受商品的特色，从而让用户内心感觉"有需要、用得上、值得买"，激发用户的购买欲望。在直播过程中，主播要以朋友的身份介绍商品，让用户感性思考，通过描绘商品使用场景，帮助用户模拟商品真实的体验感，从而让用户产生情感共鸣，感性地下单购买。如果主播只是单纯地像导购一样，官方地介绍商品的功能卖点，那么难以达到预期效果。

以一款烤箱为例，如果主播单纯地介绍商品的功能卖点："这款烤箱采用镀铝板内胆，运用新一代材质，还配有防爆照明灯，安全又明亮；上下管控温，有 3 种加热模式，更先进，控温更精准；可以用来烤肉类、鱼类、蔬菜类、蛋糕类等食品"，通常难以激发用户的兴趣。反之，如果主播营造商品的使用场景，并将商品使用体验描述出来："这款烤箱是专门为三口之家研发的，方便主人做早餐，可以同时烤 3 个面包、6 个蛋挞，满足全家人的营养需求；周末还可以在家做下午茶，烤一个全家人都爱吃的美味比萨，外加鸡翅、肉串、鱼虾，刚烤出来的时候特别香，全家人可以一起享受幸福时光"，通常能够使用户感同身受，给用户带来更多的想象空间，从而激发用户的购买兴趣。

此外，主播在引入直播商品时，还应该通过竞品的弱点来凸显自身商品的优势，以此展示商品的价值，增加商品在用户心中的好感度，坚定用户的购买信心。例如，以销售牛排为例，普通的直播话术为"×××牛排源自澳大利亚，为原切牛排，无拼装，肉质细腻，鲜嫩多汁，肥瘦适中，脂肪均匀，快速物流，锁住新鲜"。而凸显自身商品优势的直播话术，例如，"什么牛排适合健身人士吃呢？有些牛排脂肪含量太高（脂肪含量太高为竞品的弱点），牛排分草饲牛排和谷饲牛排，在我看来，草饲牛排更适合健身人士吃，因为其脂肪含量低、肌红蛋白含量高（脂肪含量低、肌红蛋白含量高为自身商品的优势）。这一款是阿根廷家庭装草饲牛排，里面有西冷、肉眼还有菲力，都很适合健身人士吃"通过对比赢得用户的好感度，从而坚定其购买信心。

（3）赢得信任。 赢得用户信任是直播卖货的关键，一般来说，赢得用户信任的方式有 3 种，分别为信任背书、数据证明、现场体验。

① **信任背书。** 信任背书是指通过第三方的知名度、权威性和信誉来增加消费者的信任度和好感度，简单地说，信任背书是一切可以增加目标消费者信赖感的东西。由于权威人物或机构本身就具有一层"光环"，所以能得到大多数人的认可和信任，其本身就是说服力

的象征，如果权威人物或机构能为商品背书，就会极大地提升商品在用户心中的好感度，更容易赢得用户的信任。

主播可以从多方面介绍权威内容，包括权威投资人、名人代言、高科技行业应用、专家推荐、权威媒体报道等。例如，"×××专家推荐，权威机构的×××认证（展示与商品相关的证书）""该商品由×××明星亲自测评代言"等。值得注意的是，主播在介绍商品的信任背书时，尽量使用用户普遍可以理解的话来介绍商品的背书内容。

② **数据证明**。主播在直播时可以用具体的销量、顾客评分、好评率、回购率等数据来证明商品的优质及受欢迎度。例如，在介绍某款扫地机器人时，主播的话术一般是"这款扫地机器人是爆款，卖得非常好，朋友们一定要买"。"爆款"这个用语没有数据支撑，对于用户来说说服力不大，所以在介绍商品时可以加入具体的数据，例如，"朋友们，这款扫地机器人，它的累计销量已经超过 80 万台了，顾客评分 4.9 分，好评如潮，用过的朋友们都知道……"

③ **现场体验**。对于直播来说，能够试用的商品主播一定要在直播间现场试用、试吃、试穿等，并且分享使用体验与效果，验证商品的功能和特色，这样更有说服力，也能将用户带入真实的使用场景当中。例如，主播在介绍某款空气炸锅时，可以现场进行使用，展示空气炸锅的使用方法及空气炸锅的使用效果。

（4）**促成下单**。通过以上 3 个步骤的铺垫，最后一步就是促成下单。在促成下单时，主播可以采用以下两个技巧。

① 主播可以展示商品的官方旗舰店价格或市场价，将其与直播间的价格进行比较，凸显直播间的价格优势，从而让用户感觉物超所值。

② 主播可以通过限时限量话术完成对用户的催单，用具体的数据营造直播间秒杀、狂欢的气氛，让用户跟着完成冲动购买行为。

4.1.7 直播卖货话术设计

知名主播卖货话术设计示例如表 4-2 所示。

表 4-2 知名主播卖货话术设计示例

商品名称	话术	备注
好巴食鱼豆腐	"大牌，在超市都能买到" "价格：累计减免，一包 19.9 元，3 包 37.6 元" "准备咯（抢货间隙试吃，补充味道信息、数量）" "不喜欢吃辣的人不要买，不喜欢吃的话会浪费钱"	小助理吃了好几块，把数量都摆在桌上
小梅屋西梅	"喝啤酒时放一颗，啤酒会很好喝" "新品，新款尝鲜价" "他家的果脯一直做得非常精致" "果肉很新鲜，不是风干的那种，酸酸甜甜的口味" "你们都会很喜欢吃" "加货"	

续表

商品名称	话术	备注
南宋胡记山核桃	"老字号" "包装精致适合送人" "在江浙一带非常出名,买桃酥饼就买南宋胡记" "酥的哟,咬下去没有硬邦邦的渣子" "小时候都吃,爷爷奶奶很喜欢,年轻人也可以吃一吃" "舌头都可以抿化的桃酥饼,很酥" "另一个卖点:不油,完全不会有黏腻的感觉" "3个月短保质期,把防腐剂的添加量减少到最少"	
谭八爷冷吃兔	"很有名的四川的兔肉品牌" "大块、新鲜、真兔肉" "辣,所以湖南、江西、武汉、贵州这些地区的人一定要买,爆辣款江浙地区的人就算了,可以尝尝微辣" "可以当下酒菜或零食" "没有兔头,都被切成肉块了"	打消对兔肉的顾虑
山本汉方的黑豆茶	"你知道吗?全世界已卖出了20亿杯(重复,非常有名)" "你们去高级的日料店,都是用它泡出来的" "可以反复泡,用大壶泡更好喝" "成立于昭和25年,百年品牌,在日本药妆店也卖得很好" 品牌故事,大麦若叶也是 "没去过日料店,以后赚了钱,去吃一次高级日料" "孕妇尽量不要喝" "红茶绿茶喝厌了可以尝尝,有回甘"	
高原之宝牦牛奶	"非常贵,稀有" "完全无添加,青藏高原放养的牦牛" "钙的含量比较高,给爷爷奶奶和小孩子买" "吸收和普通牛奶没什么区别,尝鲜可以试试" "和市面上的牛奶+牦牛不一样,是纯牦牛奶" "如果乳糖不耐受,不要买" "很贵,早期五六百元,现在200元左右非常合适"	
川娃子烤鱼	"在家里就可以吃的烤鱼" "特别特别火的烤鱼,如果半夜想吃夜宵楼下买不到,打开一包,嘶" "再配上方便面等" "里面是一整条鱼,还有笋、藕丁" "下面加一点水,自发热就好了" "配料表,是罗非鱼" "因为我自己也很喜欢吃鱼"	

续表

商品名称	话术	备注
王饱饱酸奶麦片	"直播间老朋友了" "重要的是,不加蔗糖,有很多膳食纤维" "酸奶块大,草莓冻干也很棒" "燕麦、芒果、草莓、蔓越莓……很多果干,很脆" "燕麦单吃其实很干,但是有脆脆的果干加在一起,咬的口感很丰富"	
统一冬阴功自热锅	"老朋友来咯" "超大活动" "有多少盒买多少盒" "冬阴功汤有奶香和椰香,很好吃" "给我妈买一份,上次去泰国,她每天都要吃"	
龙大肉食培根	"上市公司,肉质非常好" "可以直接吃,也可以加一些面包、香菜等" "里面有17片培根" "顺丰包邮、冷链物流" "收到不会坏,很新鲜,比超市提回家还新鲜" "小火慢煎就有滋有味的"	
奈雪的茶	"给所有合作厂商都提供了Logo,我们非常专业" "奈雪是新式茶饮的独角兽,50个城市有349家门店" "特征是,茶叶选得好,鲜果用量足,好喝" "喝一杯葡萄,好喝!" "着什么急,吃一会儿" "考虑公司福利,和厂商说要20杯" "来,好好介绍,专业一点儿" "奈雪的面包做得很好,特别是欧式面包,优点是低糖、低油,但缺点是比较硬,奈雪改良后,面包很柔软,又保留了口感" "听起来折扣并不是很多,但有的品牌就是很硬朗,我们争取到了一段时间的最低价,女朋友会非常喜欢"	
信良记	"下一个也很过瘾,也是吃的对吧" "相信很多人都知道这个品牌,在天猫、淘宝都是销量冠军" "我们同事都喜欢小龙虾,我因为过敏,不想在旁边讲相声,所以让厂商提供麻辣鱼" "小龙虾非常干净,腮白腹净,尾巴很Q弹;液氮锁鲜,油爆工艺,更好吃" "餐饮的CTO非常了不起,老牌美食家都知道这个徐老师,老饕食客" "哎呀,刚才没提到这个速冻的,把包装拿一下" "介绍包装,有22~25只" "最好用炒锅,煮开就能还原本来的味道" "在公司做过盲测,很多同事没有吃出速冻的口味" "你上链接,我终于可以吃了"	仿佛在餐厅上菜

续表

商品名称	话术	备注
安慕希	"伊利旗下的高端品牌" "咖啡味酸奶" "在场工作人员喝过都觉得很好" "很奇怪的组合，但这个非常好喝" "产品信息：阿拉比卡咖啡豆，有独特的香气"	
每日黑巧	"瑞士控糖全明星组合" "5盒，非常漂亮" "我们的老兄弟，锤科平面总监设计的" "天猫黑巧 TOP 3" "减肥又想吃巧克力的首选，3款无糖，两款低糖" "厄瓜多尔原料" "瑞士高科技，无糖，富含膳食纤维，帮助肠道蠕动" "送巧克力给女生非常好"	

任务二 提升直播间人气

电商直播正在如火如荼地快速发展，但是对于许多新手来说，对电商直播运营没有一个清晰的概念，入其门不得其法，完全不知道从何下手。例如，不知道直播平台有什么互动玩法、如何提升直播间人气等。不管是卖商品还是做社群，如果你把直播间当作一个背说明书的地方，那么可以预想这样的直播间是很难获得高人气的。

4.2.1 提升直播间人气的"五步法"

提升直播间人气的"五步法"包括剧透互动预热、"宠粉"款开局、爆款打造高潮、福利款制造高场观，以及完美下场为下场直播预热。

（1）剧透互动预热。直播的开场方式会给用户形成对主播及直播间的第一印象，如果第一印象不好，用户就会立刻离开直播间，甚至很有可能再也不会观看该主播的直播。因此，直播开场具有至关重要的作用，不管主播准备了多少直播内容，如果没有一个好的开场，就会事倍功半，甚至劳而无功。

一般来说，开始直播时观看人数较少，这时主播可以通过剧透直播商品进行预热。主播可以热情地与用户进行互动，引导其选择喜欢的商品。用回复口令进行互动的方式很快捷，直播评论区一般会形成"刷屏"之势，从而调动起直播间的气氛，为之后的直播蓄能。

（2）"宠粉"款开局。预热结束之后，直播间的氛围已经开始升温，这时主播可以宣布直播正式开始，并通过一些性价比较高的"宠粉"款商品继续吸引用户，激发其互动热情，并让用户养成守候主播开播的习惯，提高用户黏性。需要注意的是，"宠粉"款商品千万不能返场，销售完以后，即使用户要求返场的呼声再高，主播也不能心软，可以告诉用户第二天直播开始时仍然会有性价比高的商品，以此提升用户留存率。

（3）**爆款打造高潮**。在这一步，主播要想办法营造直播间的氛围。这一步所占用的时间可以占到整场直播时间的80%，但只介绍20%的商品。主播可以利用直播一开始的剧透引出爆款，并在接下来的大部分时间里详细介绍爆款商品，通过与其他直播间或场控的互动来销售爆款，将直播间的购买氛围推向高潮。

（4）**福利款制造高场观**。在直播的下半场，即使观看直播的人数很多，也会有不少用户并非主播的粉丝。为了让这些人关注主播，成为主播的粉丝，或让新粉丝持续关注主播，留在直播间，主播就要推出福利款商品，推荐些超低价或物超所值的精致小商品给用户，引导用户积极互动，从而制造直播间下半场的小高潮，提升直播场观。

（5）**完美下播为下场直播预热**。很多主播经常忽视直播结束时的下播阶段，认为反正都要下播了，自己可以随意一些。不过，"行百里者半九十"，主播在直播结束时不能马虎，否则会让用户感觉不被重视。另外，如果主播能利用好下播阶段，不仅可以有效提升下播时的直播场观，还能提升下次开播时的直播场观。主播在下播时可以引导用户点赞，分享直播，也可以使用秒杀、与用户聊天互动等方式，在下播之前再制造一个小高潮，给用户留下深刻的印象，使用户意犹未尽。同时，主播可以利用这一时间为下次直播预热，大概介绍下场直播的福利和商品等。

4.2.2 直播间互动玩法

直播时主播不能只顾自己说话，一定要引导用户热情地互动，提升直播间的氛围。直播间的热烈氛围可以感染用户，吸引更多的人进来观看直播。直播间的互动玩法有很多，例如，派发红包、设置抽奖环节、设计促销活动等。

（1）**派发红包**。给用户具体、可见的利益，是主播聚集人气、与用户互动的有效方式之一。主播在直播期间，向用户派发红包的步骤一般分为以下3步。

① 约定时间。主播提前告诉用户，5分钟或10分钟以后准时派发红包，并引导用户邀请朋友进入直播间抢红包，这样不仅可以活跃气氛，还会提升直播间的流量。

② 站外平台抢红包。除了在直播平台上发红包，主播还可以在支付宝、微信群、微博等平台上向用户派发红包，并提前告知用户，条件是加入粉丝群。这一步是为了向站外平台引流，便于直播结束之后的效果发酵。

③ 派发红包。到达约定的时间后，主播或助理就要在平台上发红包。为了营造热闹的氛围，主播最好在发红包之前进行倒计时，让用户产生紧张感。

（2）**设置抽奖环节**。直播间抽奖是主播常用的互动玩法，但很多主播对抽奖的效果并不满意。有的主播认为，每次抽奖都要花费10分钟，严重影响卖货节奏；有的主播认为，抽奖时用户很活跃，但抽完奖就会退出直播间几乎不买货，感觉抽奖是在浪费时间。这两种说法其实都失之偏颇，产生这种想法的根本原因是他们没有理解抽奖的精髓，即互惠互利法则。

用户能为抽奖环节停留，这本身就是一种互惠互利，因为用户的时间也是宝贵的。只要用户在直播间里停留，本质上就是在用自己的时间与奖品进行交换。要知道并不是所有用户在抽完奖之后就离开直播间，其实有很大一部分用户会被吸引，关注主播，并产生后续的购买行为。对于主播来说，用户平均停留时长体现了用户黏性，而这种黏性是需要慢慢"养成"的。只要有利于增加用户的平均停留时间，使用户黏性提高，就是值得采用的方法，谈不上浪费时间。不过，主播一定要设计好抽奖环节，虽然奖品是利他性的，但是最终结果一定要利己，这样才能真正做到互惠互利。

抽奖要遵循以下3个原则。

① 奖品最好是直播间里推荐过的商品，可以是爆品，也可以是新品。

② 抽奖不能集中抽完，要将抽奖环节分散在直播中的各个环节。

③ 主播要尽量通过点赞数或弹幕数把握直播的抽奖节奏。

抽奖环节的具体设置形式有以下4种。

① 签到抽奖。主播要每日定时开播，在签到环节，如果用户连续7天来直播间签到、评论，并保存好评论截图发给主播，在主播将评论截图核对无误以后，就可以赠予用户一份奖品。

② 点赞抽奖。主播在做点赞抽奖时，可以每增加2万次点赞就抽一次奖，这种活动的操作比较简单，但要求主播有较强的控场能力，尤其是在做秒杀活动时，如果刚好达到2万次点赞，主播可以和用户沟通，承诺在做完秒杀活动以后会立刻抽奖。

③ 问答抽奖。主播在做问答抽奖时，可以在秒杀活动中根据商品详情页的内容提出一个问题，让用户在其中找到答案，然后在评论区进行评论，主播从回答正确的用户中抽奖。

④ 秒杀抽奖。秒杀抽奖通常分两次，第一次是在主播剧透商品之后，秒杀开始之前抽奖。主播在剧透商品时要做好抽奖提示，这样可以让用户仔细地了解商品信息，增加下单数量，同时延长用户的停留时长。第二次是秒杀之后，剧透新商品之前抽奖，主播要做好抽奖和新商品介绍切换的节奏把控。

（3）设计促销活动。 在直播卖货时，主播可以根据自身情况，设计不同类型的促销活动，主要包括以下几种。

① 纪念促销。纪念促销是指主播利用人们对于特殊日期或节日的一种仪式感心理来销售商品。例如，节日促销、会员促销、纪念日促销等。

② 引用举例式促销。引用举例式促销是指在促销时重点介绍商品的优势、功能和特色，或对商品的使用效果进行介绍，并对比使用前后的效果。例如，"新品9折""买新品送

③ 限定促销。限定促销是利用人们"物以稀为贵"的心理，为用户创造一种该商品比较稀少的氛围，使用户认为该商品与众不同，或限定购买的时间，使用户产生紧迫感，从而尽快做出购买行为。

④ 组合促销。组合促销是指将商家可控的基本促销措施组成一个整体性活动，如搭配促销、捆绑式促销等。

⑤ 奖励促销。主播在做直播促销时，要让用户在接收营销信息的同时获得奖励。他们在获得奖励以后，心理上会产生满足感和愉悦感，对主播的信任度和购买欲望也会大幅度提升。例如，抽奖式促销、优惠券促销等。

⑥ 借力促销。借力促销是指借助外力或别人的优势资源来实现营销目标的促销活动。例如，利用热点事件促销、名人促销等。

⑦ 临界点促销。临界点促销主要是买卖双方围绕商品价格开展的心理战。例如，低至5折、定时打折清货等。

⑧ 主题促销。促销主题要符合促销需求，用简洁、新颖、有亲和力的语言来表达，在保持品牌形象的基础上做到易传播、易识别、时代感强、冲击力强。例如，"双十一"购物狂欢节、"6·18"购物节等。

⑨ 时令促销。时令促销分为两种：一种是季节性清仓销售，以"甩卖""清仓"名义吸引用户；另一种是反时令促销，例如，在盛夏时节销售滞销的冬季服装。

4.2.3 微信视频号直播人气提升技巧

微信视频号直播提高人气需要遵循一个原则，即尽可能地把微信上能够触达的用户吸引到腾讯直播里面，其实也就是如何把它传播好，让更多的用户提前订阅、提前关注。微信视频号直播的呈现形式是瀑布流，注意力和停留时长的竞争是很激烈的，微信视频号直播其账号权重主要由社交推荐，社交推荐越广，直播人气值越高。一般来说，一场微信视频号直播活动主要包括直播预约、直播渠道推广、直播间互动连麦、微信裂变等。

微信视频号是腾讯去中心化的一个产品，微信视频号包括关注订阅、社交推荐、兴趣热点和地理位置四大分发场景，其中最为核心的就是社交推荐。社交推荐其实就是微信视频号会根据用户的好友发布、点赞、关注、评论、转发等行为，为用户优先推荐相关视频。如果用户的某个视频被朋友点赞，该视频就有可能被系统推荐给朋友的朋友。

（1）微信公众平台导流。想做好微信视频号，就要利用好微信公众平台的流量，前提是将微信视频号和微信公众平台进行绑定，需要注意的是，微信公众平台和微信视频号的主体要一致。主页内会显示微信视频号主页链接、直播预约按钮、微信视频号内容页面，方便进入微信公众平台主页的用户预约直播。同时，我们也可以在编辑推文时，将直播预告卡片插入推文中，用户可直接点击预约，如图4-1所示。

图 4-1　微信视频号直播预约

（2）**视频内容**。视频内容是指平常发布的微信视频号短视频。只要主播创建了直播预告，用户刷到主播的视频时就会看到预约提醒。

（3）**直播预约引导**。在直播过程可以提醒用户，预约下一场直播，主播可以在后台手动弹出提醒窗口，图 4-2 所示为微信视频号直播预约渠道。一般在直播过程中，为了不断提升某场直播预约人数，通常在直播开场前几分钟进行暖场、设备调试等环节，提醒观众下一场直播时间，提前预约起来效果会比较好。在直播中进行抽奖环节时，可以进行下场直播预告，借着福利热度，观众停留的人数会比较多。在直播快要结束阶段，再次通过话术引导和预约弹窗等形式提醒直播预约。

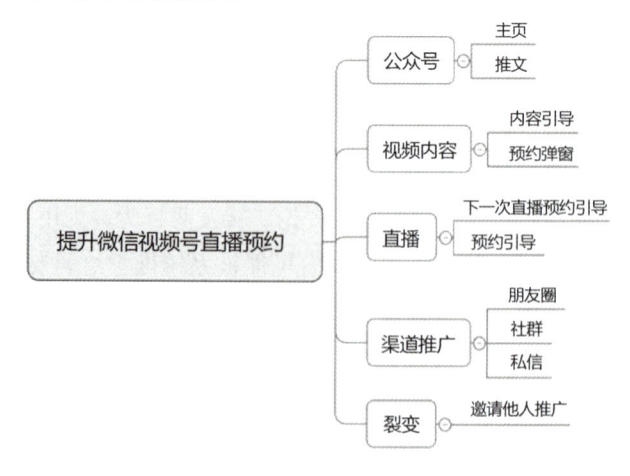

图 4-2　微信视频号直播预约渠道

（4）渠道推广。如果你还没有庞大的社群和用户，那么朋友圈是比较适合你的方式。对于朋友圈来说，需要注意的是文案和海报，尤其是海报，要做到主题明确，放大核心价值。同时，我们也可以选定一些社群，或是在直播前建立专属的直播群，在社群中进行直播的预约引导，通过福利等方式进一步提高转化率和裂变率。在直播即将开始前，我们还可以通过红包的方式，拉动社群活跃，最大化地提高预约打开率，引导用户分享直播间。

（5）微信裂变。我们可以借助微信视频号后台的"邀请他人推广"功能实现裂变，通过设置阶梯奖励来刺激用户参与活动，如图4-3所示。这种方式既能够吸引社群内部用户预约观看，又能够引导用户主动分享、推广直播预约，产生裂变，扩大流量池。具体步骤主要通过微信视频号助手管理后台生成专属二维码、设计活动路径和裂变奖品，设计好带有上述二维码的宣传海报并在外部渠道中进行推广。用户可扫码生成专属推广二维码，发给好友产生裂变，微信好友成功预约。主播团队可查看后台成功推荐人数，达到目标人数后，即可领取奖品。此功能将大大强化微信视频号直播间的预热效果，帮助更多的创作者用更低的成本获得更好的推广效果，而下载明细表格将解决计算推广员劳务费的痛点。可针对企业员工、推广合作渠道，制定相应的激励政策，从而低成本获取直播流量。

图4-3　微信视频号"邀请他人推广"功能

4.2.4　微信视频号直播互动策略

真正有人气的直播间，一定是有价值的内容+有趣的表达+频繁的互动，这样才能吸引更多的人。主播要与用户做好互动，提高直播间的留存率和互动成交率，平台会根据留存率和互动成交率来推人气，留存率和互动成交率越高，越容易被推荐。典型的直播就是一个人或几个人出镜，与观众聊天，本质上都是陪伴。直播主题务必体现满满的收获感，让用户看到后就会"垂涎三尺"，但直播内容必须控制信息的厚度和复杂度，在聊天、讲课或卖货之间找到合适的平衡点。对于直播互动来说，那些懂得通过与用户交流和互动给用户带来娱乐的主播更容易受到喜爱，无论是男主播还是女主播，线上还是线下，都可以通过互动和交流带动用户参与，甚至用户互动在某种程度上重于直播内容。

（1）连麦破圈。直播连麦的本质是两个人或多人的交流对谈，其核心价值在于互动带来的整体氛围和信息量。直播中多连麦，找人一起来助阵，不仅能提高内容的可看性，还能提高主播的影响力。一般有打赏连麦、随机连麦和嘉宾连麦三种连麦形式。对于直播连麦来说，有两个关键点至关重要，一是内容有吸引力，二是找对人。我们日常直播间所见的刷礼物获得连麦机会，用户参与评论、转发、抽奖获得连麦资格，无论是打赏连麦还是随机连麦，首先要设置数量形成稀缺感，其次要重点宣传被连麦者，让他们感受到被关注。与嘉宾连麦的方式有很多，有能力邀请到领域内比较有影响力的嘉宾更好，提前沟通好连麦讨论和分享的话题，让连麦环节更能调动用户的兴趣。

（2）引导用户塑造目标感和存在感。部分用户的点赞、评论、转发、刷礼物等行为都是用户自发的，但是大部分用户是需要引导和鼓励的。直播间引导点赞并不是让用户对你表达认可，而是为了证明给其他用户看，也是为了提升直播热度，获得官方推荐。而引导用户转发，是为了获得用户的推荐。虽然无法监测用户发在什么群，但至少可以通过场观看出人气有没有提升。口令是一种简化的表达，传递了各种情感、肯定等内容，也是直播间的专属符号，我们经常在直播间看到"666"刷屏，也能看到某个特殊的文字口令。

在引导用户的过程中，一定要给用户一种目标感，例如，点赞到多少、还差多少、还有几个提问等，不然用户是不会帮助主播实现目标的。用户可以通过点击"说点什么"来发布评论，而主播则也可以通过评论或者直接在直播间回复的方式，与用户互动。评论是主播和用户互动常见而直接的方式之一，如果主播有需要，就可以直接在评论区带起一波节奏，迅速活跃直播间气氛。抖音直播中，除了基本的电商卖货，礼物转化成的音浪也是主播主要收入方式之一，采用网络流行语的方式，例如，"小心心""不服来战"，以增加用户送礼物时的趣味性。

用户希望自己在主播这里得到关注，即存在感。随时欢迎每个进入直播间的用户，甚至做到一一点名欢迎，尤其是那些场观低于1000人以下的直播间。对于送礼物的用户，主播要重视他们，一定要大声地读出他们的名字，引导用户关注他们。微信内也可以直接看到刷礼物的用户排名，对于那些经常支持你的用户，要经常念叨他们。在你分享的时候，一定会有用户提问或发表自己的意见，要及时回复愿意和你互动的用户。除了才艺，目前直播的场景还有卖货、卖课程、卖会员、卖咨询。所以一旦有了成交，就要及时表示感谢，感谢的同时其实也是在提醒其他用户。不要默认所有的用户都知道购物车的存在，要成交就要敢于推荐。另外，微信直播应该会马上增加观众的等级甚至是粉丝团，这会更加方便主播对用户的关注和维护。

（3）让用户有利可图。首先每场直播准备一些有价值的礼品，可以是你的书、资料、名额，包括实物，然后引导用户转发、评论，最后进行抽奖，甚至可以直接引导用户私信加微信，增强直播的真实性。直播间是可以发指定群红包的，群内也会有红包提醒，点击红包提醒就会进入直播间。微信视频号在直播页面，找到选群发红包，在群聊列表中勾选添加群聊，可以将社群流量引导至直播间，这是非常好的私域转公域的玩法。

微信视频号直播间可以通过抽取福袋的形式活跃直播间氛围。第一种形式是低门槛的福袋，参与互动即可领取，一般是一些比较小的奖品，电子书或者电子课程等。第二种形式需要用户转发分享，或者说花一毛钱加入粉丝团，对应的奖品价值也要高一些。第三种

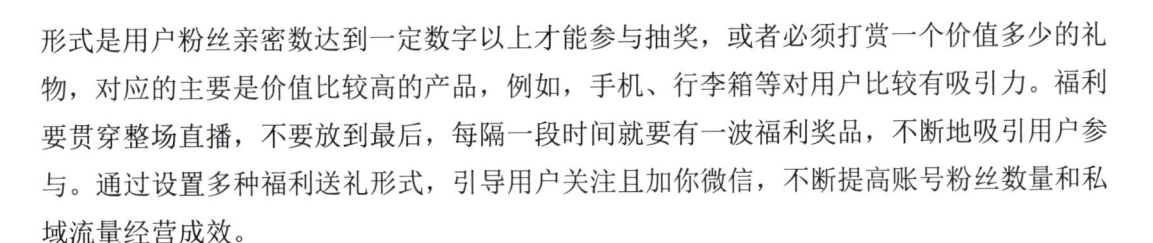

形式是用户粉丝亲密数达到一定数字以上才能参与抽奖，或者必须打赏一个价值多少的礼物，对应的主要是价值比较高的产品，例如，手机、行李箱等对用户比较有吸引力。福利要贯穿整场直播，不要放到最后，每隔一段时间就要有一波福利奖品，不断地吸引用户参与。通过设置多种福利送礼形式，引导用户关注且加你微信，不断提高账号粉丝数量和私域流量经营成效。

4.2.5 微信视频号付费推广策略

微信视频号推广移动投放小程序是微信广告为微信视频号创作者提供的低门槛内容加热工具，借助这个工具可以让更多的人看到你的微信视频号视频内容或直播。移动投放端（手机端）适用于更轻便的投放行为，操作更方便，但可供自定义的选项更少。若有更专业化的投放需求，且有认证微信公众平台的条件，则建议选用微信广告投放平台（PC端）。

微信短视频和直播可投放至朋友圈、微信公众平台等广告场景，如图 4-4 所示，覆盖微信生态优质流量，提供更丰富的广告组件能力，满足定制化广告需求。

图 4-4 微信短视频和直播投放

微信视频号直播推广需要在开启直播之后进入小程序推广工具实施直播推广，我们会将该直播推广到朋友圈广告中，系统会自动拉取该直播的封面图作为朋友圈样式，也可以手动上传图片，输入该直播推广到朋友圈的推广文案。曝光量是指微信视频号直播广告在朋友圈中的曝光量，选择本次推广的目标用户，可以选择智能匹配人群，系统会自动为你匹配合适的人群；也可以选择自定义人群（当前支持年龄、性别、地域等定向维度），选择本次推广的开始时间和结束时间（建议与直播时间相近，直播结束后，对应广告也会联动结束），设置完推广内容后，点击立即创建，支付推广金额，提交推广后平台将会在两个工作日左右完成对推广内容的审核。图 4-5 所示为微信视频号直播推广流程。

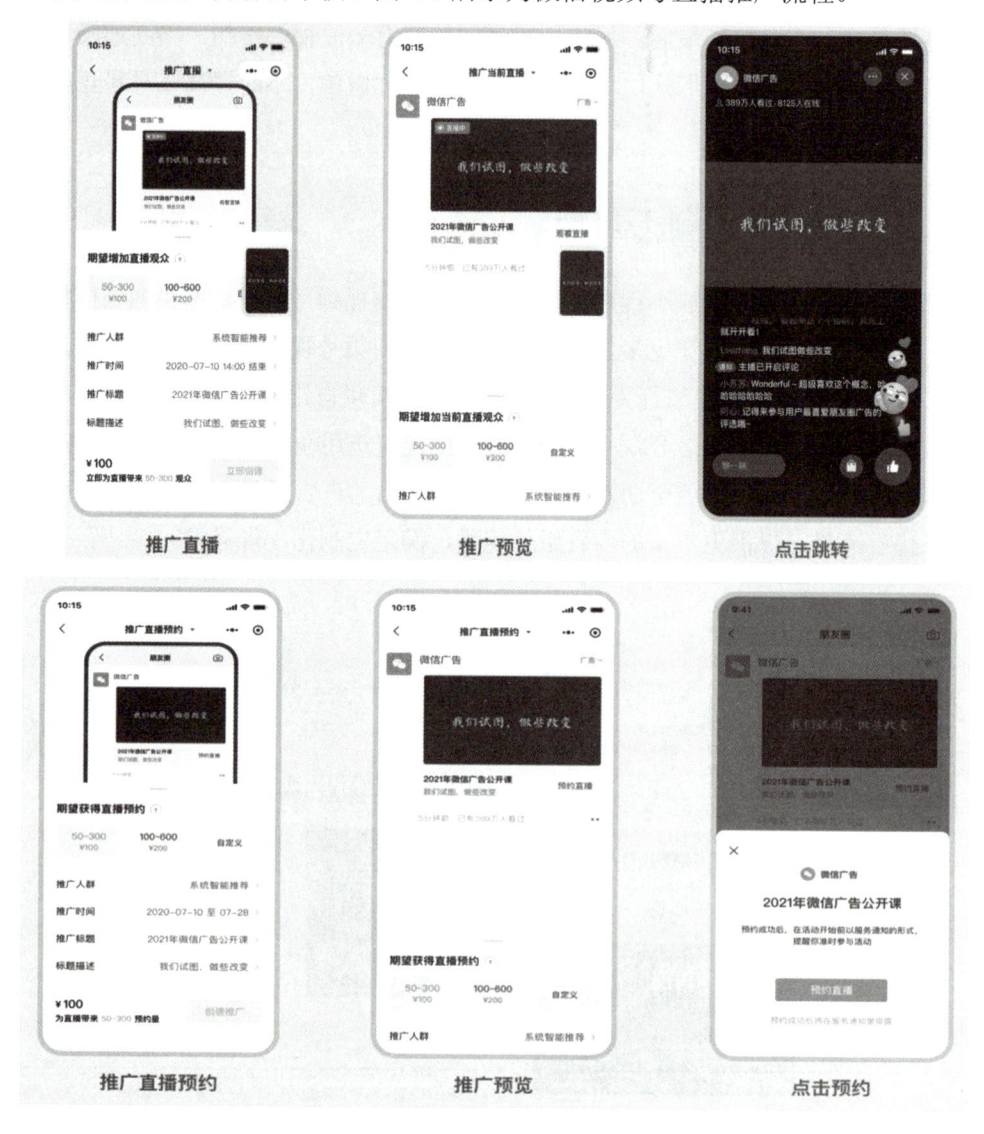

图 4-5　微信视频号直播推广流程

4.2.6　抖音巨量千川投流

巨量千川广告投放主要针对电商商家，凡是想通过抖音小店平台直接卖货的，不管是直播间还是图文卖货，都可用巨量千川投流，可以针对商品和直播间完成投流活动，如图 4-6 所示，从图 4-7 可知，巨量千川广告投放后台可以了解广告费用、广告展示次数、点击率直接成交订单数和成交金额。DOU+ 投放是抖音为创作者提供的视频加热平台，如果你想提升直播间人气，让直播间涨粉，提高浏览/评论/点赞/粉丝量，就可以用 DOU+ 广告投放。巨量引擎广告投放主要针对 B 端客户，凡是想要获取客户电话、线下成交的场景，都用巨量引擎投放广告，例如，教育培训、机械加盟、生活美容、批发、家政等，都是需要获取客户线索、线下成交的业务，适合巨量引擎投放。

图 4-6　巨量千川广告推广

图 4-7　投放的基本数据呈现

抖音小店的商家无须额外开通广告账户，可直接升级成为一体化客户。按照以下几个步骤可以完成商品或直播间的广告投放，设置不同的营销目标、场景和广告类型，完成人群定向、商品创意等步骤，后续通过后台数据情况对整个投放效果数据进行复盘，如图 4-8 所示。

图 4-8　巨量千川广告投放

图 4-8 巨量千川广告投放（续）

任务三 提升直播转化率

检验一场直播卖货的质量的直观方式就是在直播结束后查看转化率，卖货转化率是指下单人数和直播实际观看人数之间的比例，这个数值当然是越高越好，不同类目的转化率是不同的。对于达人 KOL 直播来说，很多情况下用户下单购买是根据主播推荐引导成交

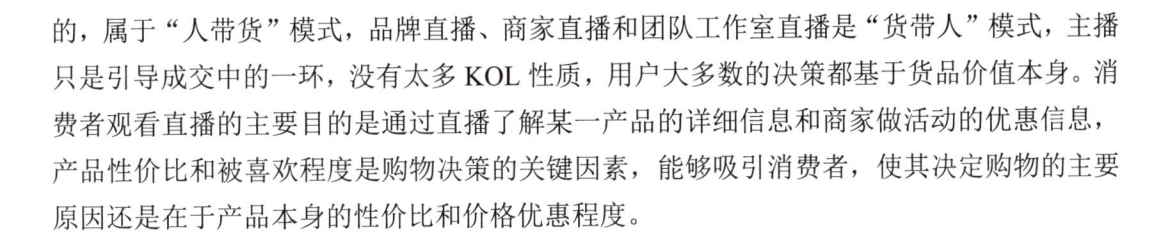

的，属于"人带货"模式，品牌直播、商家直播和团队工作室直播是"货带人"模式，主播只是引导成交中的一环，没有太多 KOL 性质，用户大多数的决策都基于货品价值本身。消费者观看直播的主要目的是通过直播了解某一产品的详细信息和商家做活动的优惠信息，产品性价比和被喜欢程度是购物决策的关键因素，能够吸引消费者，使其决定购物的主要原因还是在于产品本身的性价比和价格优惠程度。

4.3.1 直播间人、货、场优化技巧

（1）**商品精细划分，优化价格策略**。对于大部分商家来说，没有办法像达人或机构直播那样有各种类目的商品，更多的时候是把自己店铺现有的货卖出去。即使是这样，在货品方面也要注重直播细节，不能一味地降价。直播卖货"七分在选品，三分靠内容"，很多商家会把货分为新款、主推款、秒杀款、直播间专享款、引流款、利润款，甚至还有抽奖款，采取不同的推广策略。引流款价格低，点击率高，可以用来为店铺引流，提升其他商品的销量；秒杀款用来增加用户停留时长；新款主要用来刺激直播间中的老用户；利润款主要用来保证直播间的利润，实现直播间人气流量、需求特征、订单转化和利润保证等多方面的平衡统一。很多商家会通过附加赠品来"变相打折"，并且在转化时反复强调赠品价值，让用户感受到直播间更高的性价比，如产品的稀缺、文化、同款、认证等特征。

（2）**直播间布置，提升用户信任感**。除了货，商家直播还可以在"场"上发挥自己的优势。例如，在线下场景布置方面，品牌商家做直播一般会选择品牌 Logo 墙作为直播背景，然后桌上放一些自家的产品，品牌感非常强烈，背景摆放和装修风格视觉统一，没有杂乱感。有的商家会直接选择在自己的门店、批发市场，甚至是工厂进行直播，让用户看到"货源"，增强用户的信任感。有的主播对产品进行清晰的细节展示，如冲泡方法、品尝方法等具有较强冲击性的视觉化展示。

（3）**主播话术打造，提高用户转化**。对于商家自播来说，主播的颜值不是重要的，话术才是决定转化率的关键，直播卖货的常见话术如图 4-9 所示。

开场话术的重点是告知观众，能带给他们什么好处，这样才能将观众留存下来，可以将话术做成一个"超级符号"，加深用户的印象。想要不断增加直播间的人数，重点在于如何留住用户，这对主播的节奏把控能力有很高的要求，每隔一段时间，主播要提醒一次观众几分钟后有什么福利，明确给出用户的停留时长。即使是大主播的直播间，用户平均停留时长也很难超过 5 分钟，所以需要通过福利和制造悬念的方式，不断地留住观众。如果你的直播间的人还不是很多，或者处于刚开播的阶段，那么可以在评论区与用户进行实时互动，提升观众的主动参与意愿，还可以及时回答问题，这样有利于促成下单。

产品介绍的好坏直接影响了转化率，所以主播要对产品十分了解，清楚产品的优势和适用人群，再从一些技巧出发。首先，增强用户信任感，在直播中列举一些产品的截图，如销量截图、网友好评、官方推荐等，增强产品的背书。主播可以自我强调"我"

也在用，让观众真切地感受到产品是真实好用的。其次，主播可以使用一些专业术语进行讲解，一方面体现主播的专业性，增强用户的信任感；另一方面体现产品的可靠性。再次，想要把产品卖得更好，光靠说可能不够，还需要帮助用户在直播间体验和试用，我们经常能看到主播自己试穿衣服，试用产品，依靠现场试用分享体验，让产品的质量更有说服力。

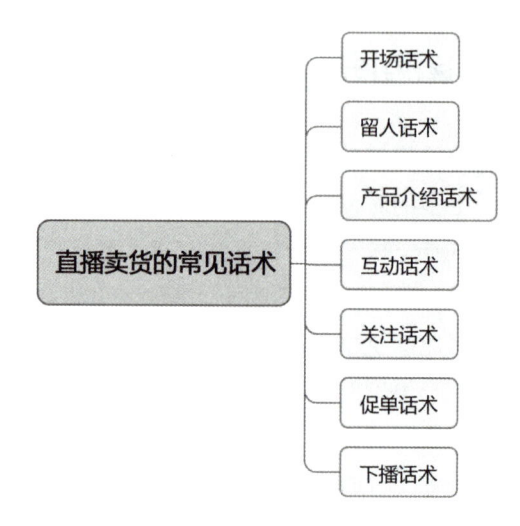

```
                        ┌── 开场话术
                        │
                        ├── 留人话术
                        │
                        ├── 产品介绍话术
  直播卖货的常见话术 ────┼── 互动话术
                        │
                        ├── 关注话术
                        │
                        ├── 促单话术
                        │
                        └── 下播话术
```

图 4-9　直播卖货的常见话术

根据抖音的推荐算法，直播间的人越多，互动率越高，系统就会把你的直播实时推荐给更多感兴趣的人。所以优秀的直播间都少不了互动，例如，明星和大主播就具有互动上的优势。但对于一般的小主播来说，需要从技巧出发，如提问式互动，提问回答一些与产品相关的问题，有利于帮助观众解决产品上的困惑，促进转化；如选择题互动，抛给观众一些选择，此时发言的观众购买意愿度很高，再适当引导利于转化；如刷屏式互动，此类互动发言成本较低，观众的参与度会很高，也能让刚进直播间的观众感受到愉快的气氛。

引导关注也是十分重要的，直播是一件长久的事情，所以要不断地吸引新的用户关注，这样直播的流量才会一次比一次好。也可以把用户引入私域，在私域中成交转化。需要注意的是，引导关注最好配合福利进行，如果直接去引导的话频率不要太高，不然容易引起用户反感。

到促单这个环节，观众已经有了很强的购买意愿，就差临门一脚。我们要不断地刺激用户，抓住用户的消费心理，重复强调产品的效果和价格优势。大主播经常会用到这个话术，因为他们拿到的价格确实便宜，让用户觉得物超所值。我们还可以不断地提醒用户商品限时限量，给用户制造紧张感，让他们感觉过了这个村就没这个店，错过就会吃亏。如"先付先得、最后 2 分钟！最后 2 分钟！手慢无"。主播在下播之前，可用感谢类话术作为结尾，还能顺便预告下次直播时间和重要的产品，吸引大家锁定直播间。如"今天的直播接近尾声了，明天××点开播，大家可以明天继续关注哦，各位奔走相告吧"。

4.3.2 直播推流软件配置直播效果

直播推流和流量完全没有关系，它也不影响平台流量的分发，与流量投放是两回事。一般来说，直播推流就是把内容先上传到服务器，再从服务器传送给用户看，主要通过 OBS 软件来实现。和单纯地用手机开播不同，直播推流时我们可以调整画面比例，还可以在直播画面里放 PPT、图片、文字等内容，让直播效果更加丰富。当下为了让用户有更好的观看体验，直播推流成了各主播的标配，图 4-10 所示为推流直播与普通直播。

直播推流可以提升画面质量，如果直接用手机直播，那么直播的画面质量受限于手机摄像头的清晰度。使用直播推流不仅可以借助更多专业的设备来提升直播的画质，还能随意调整直播的画面比例，使之达到令人满意的状态。使用直播推流，我们可以实现很多实用的功能。例如，在卖货类型的直播中，可以在画面中加上产品的图片、价格、文字等信息；或是在线课程这类的直播，可以同步展示 PPT 内容。此外，还能在画面里加上二维码或其他引流信息，通过福利诱导，节省主播的口播时间，引流效率更高。

直播推流不仅限于直播的场景，还可以进行影视类的画面直播、新闻赛事的转播，还能上传视频文件，完成录播需求。相比于直接使用手机或计算机直播，使用直播推流可以满足更多需求，能随意更换直播背景。

图 4-10　推流直播（左）与普通直播（右）

下面主要以微信视频号为例演示介绍直播推流设置过程。需要说明的是，目前只有经过认证的微信视频号才能进行推流直播。认证通过后，可以在电脑端微信视频号助手"直播管理"进行推流直播。

（1）**创建微信视频号直播，获取推流地址**。电脑端登录微信视频号助手，点击后台直播间管理，选择好直播分类、直播封面、直播主题后，创建直播间，获取推流地址和推流密钥，微信视频号直播间管理如图 4-11 所示。

图 4-11　微信视频号直播间管理

（2）**完成 OBS 相关配置**。打开 OBS，单击"设置"→"推流"按钮，先将"服务"设为"自定义"，再把微信视频号推流地址和推流密钥分别复制到"服务器"和"串流密钥"中，将视频直播分辨率设定为 1920 像素×1080 像素，分辨率设置的数字越高，画质越好，但对网速、电脑配置的要求也会越高，OBS 相关配置操作如图 4-12 所示。

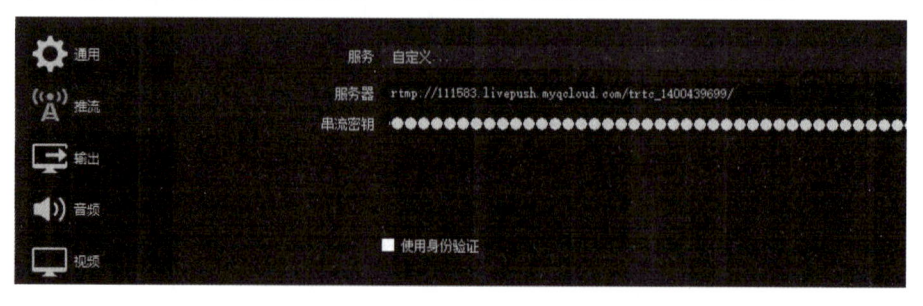

图 4-12　OBS 相关配置操作

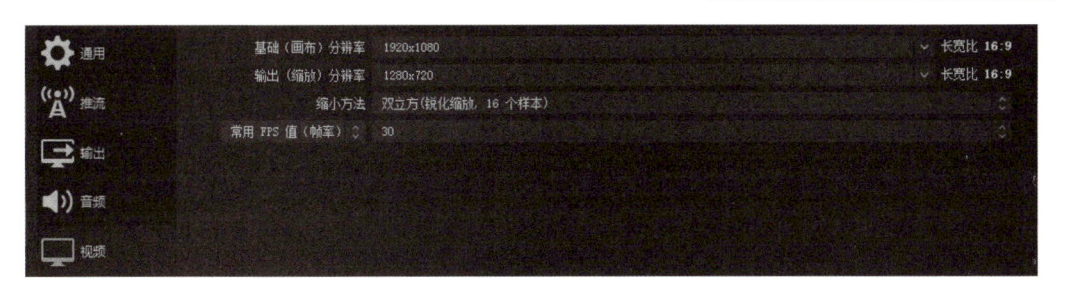

图 4-12　OBS 相关配置操作（续）

（3）**直播间设置**。设置好画质之后，返回主页面，在"来源"板块中进行视频、音频、图像、媒体源等方面的设置，直播间设置操作如图 4-13 所示。输入源及具体说明如表 4-3 所示。

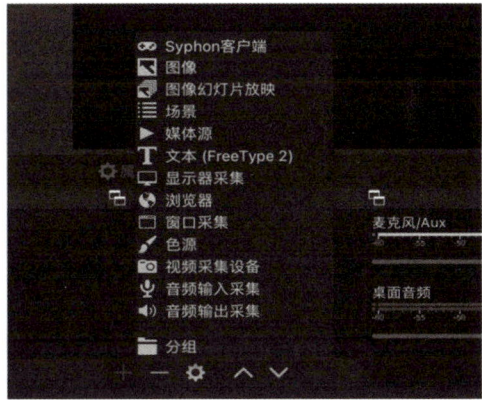

图 4-13　直播间设置操作

表 4-3　输入源及具体说明

输入源	说明
图像	适用于单张图像直播
图像幻灯片放映	可循环或者顺序多张播放图片
场景	实现各种强大的直播效果。另一个场景是作为来源被添加进当前场景的，可以实现整个场景的插入
媒体源	可上传本地视频，并对本地点播视频文件进行直播化处理
文本	在直播窗口中实时添加文字
显示捕获	可实时动态捕捉计算机桌面上执行的操作，计算机桌面中所有的操作均执行直播
游戏捕获	允许对指定来源的游戏进行直播。适用于大小游戏的实况直播
窗口捕获	可根据您选择的窗口进行实时捕获，直播仅显示您当前窗口内容，其他窗口不会进行直播捕获
色源	使用这个来源可以添加一个色块到您的场景中，作为一个背景色。该色块可以调节透明度，成为全屏透明色彩
视频捕获设备	实时动态捕捉摄像设备，可将摄像后的画面进行直播
音频输入捕获	用于音频直播活动（音频输入设备）
音频输出捕获	用于音频直播活动（音频输出设备）

（4）实时画面调整。在正式推流之前或推流过程中，首先我们可以在右下方"控件"开启工作室模式，开启后分别会出现"预览"和"输出"两个画面。然后我们可以在左边进行预览画面的编辑，点击"转场特效"，将预览画面转到输出窗口，观众就能在直播间看到编辑好的画面。工作室模式提供给用户可对当前直播的内容进行实时编辑的操作的界面。

在全部设置完成后，在"控件"下方点击"开始推流"，回到微信视频号后台开启直播，直播推流就正式开启了。直播结束之后，先在微信视频号助手后台点击"结束直播"，再到 OBS 后台点击"停止推流"，切记注意顺序，否则观众会看到黑屏画面。

4.3.3 直播卖货转化模型拆解

（1）直播间 GMV 提升运营模型。提升直播间 GMV 公式（见图 4-14）里各个环节指标的转化率，降低各个环节的成本。快手直播 STAGE "五盘模型"的本质就是在提高"从用户看见直播间、进入直播间、观看直播间、下单购买"的全过程中每一步的转化率。做直播电商的关键指标就是直播间 GMV，所以 GMV 计算方法其实是直播转化模型推导的重要公式，在直播生态前端，直播间是"场"，直播间购物车的产品是"货"，客户是"人"，主要研究"人"是如何在"场"里买"货"的。

$$直播间GMV = 曝光量 \times 访问转化率 \times 观看时长 \times 单位时间产生订单量 \times 订单均价$$

图 4-14 直播间 GMV 公式

① 曝光量。直播间的曝光入口有公域、私域、商业化广告 3 个来源，主播若想要更多自然流量，一是多发爆款短视频，让用户关注直播账号；二是维护好关注自己的粉丝群，通过私域粉丝群提供个性化精细化的客户服务；再适当付费助推流量突破算法层级，通过私域、公域和商业广告，不断提升账号的标识性和关注度，奠定好平台算法推送直播间较为精准粉丝基础。

② 访问转化率。直播间的访问转化率主要是由直播间封面图的设计和文案决定的，通常 16∶9 的封面海报比例可以清晰有力地传达直播看点，短时间就吸引刷到直播间的用户点击，即可让更多的用户进入直播间。

③ 观看时长。一般来说，用户会为了颜值、快乐、心爱的产品、喜欢的主播而停留，这时候直播策划就相当重要了，主播人选、直播节奏、直播内容、直播福利钩子、直播间带给用户的价值越清晰，用户就越愿意留下来看。

④ 单位时间产生订单量。在产品体系和产品单价确定的情况下，如何卖更多订单就显得尤为重要。每位进入直播间的用户都会停留一段时间，这段时间里用户经历"酝酿期"，随着用户酝酿期的重合累计，直播间同时在线人数会持续攀升，主播要抓住机会，将与之匹配的爆款商品及时上架，形成非常有优势的下单转化率。

⑤ 订单均价。订单均价与直播间的选品相关，需要运营团队在产品组合套餐、级差价

格设置等多方面进行优化,不断提升客单价。

直播间 GMV 提升要素分析如图 4-15 所示。

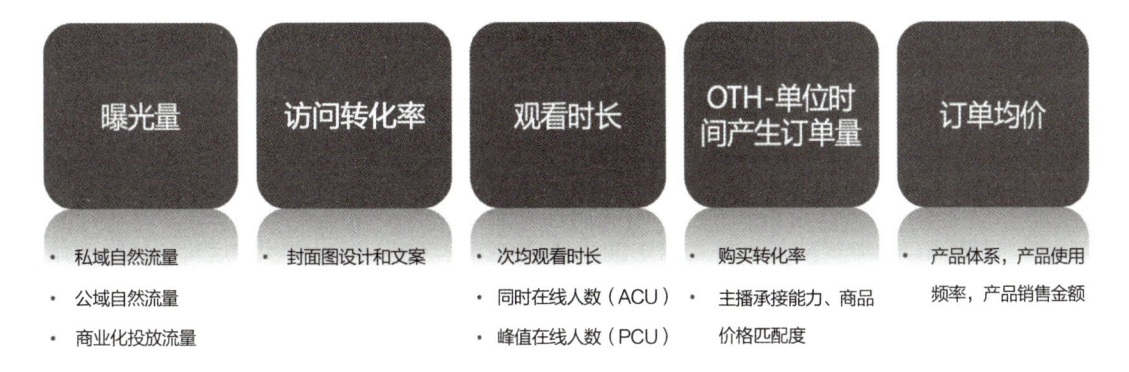

曝光量	访问转化率	观看时长	OTH-单位时间产生订单量	订单均价
• 私域自然流量 • 公域自然流量 • 商业化投放流量	• 封面图设计和文案	• 次均观看时长 • 同时在线人数(ACU) • 峰值在线人数(PCU)	• 购买转化率 • 主播承接能力、商品价格匹配度	• 产品体系,产品使用频率,产品销售金额

图 4-15　直播间 GMV 提升要素分析

（2）**快手直播 STAGE"五盘模型"**。快手直播 STAGE"五盘模型"（见图 4-16）的本质是提高"从用户看见直播间、进入直播间、观看直播间、下单购买"全过程中每一步的转化率。为了帮助更多的商家理解直播电商,提升直播间运营水平,快手电商总结并推出了商家运营方法论——五盘方法论。每次直播都是商家的一场大秀,直播间就是主播的舞台 STAGE。在开启表演以前,都要为最终的成果做好充足的准备,呈现最好的舞台效果。

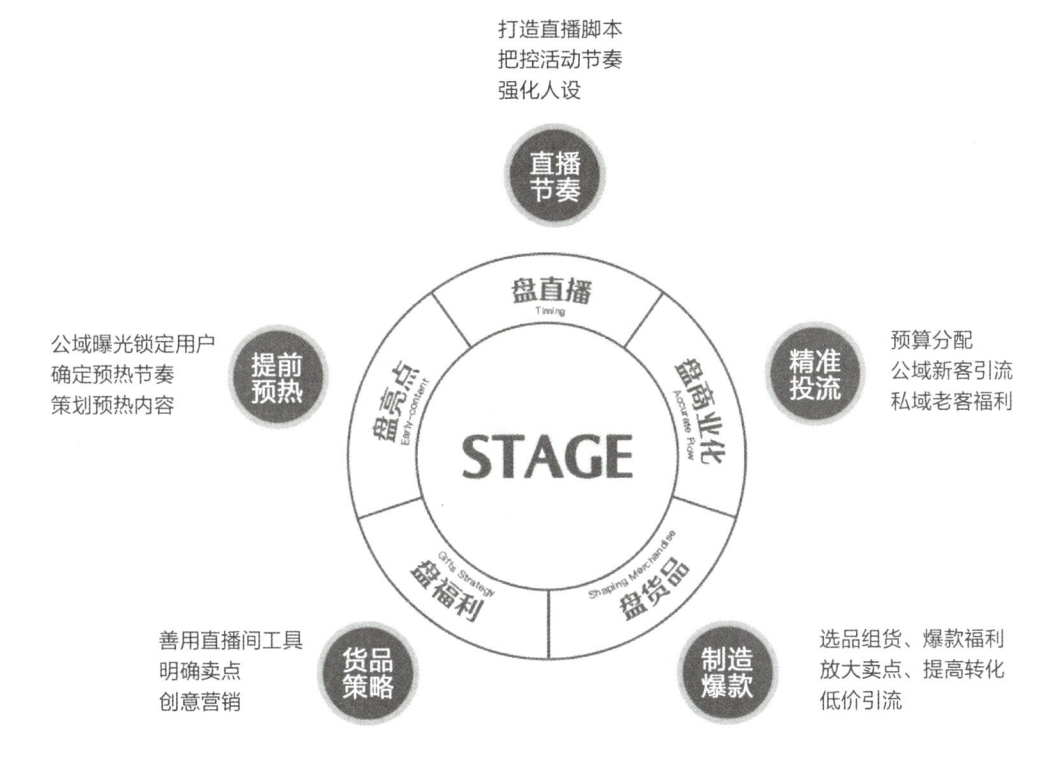

盘直播（Timing） — 直播节奏
- 打造直播脚本
- 把控活动节奏
- 强化人设

盘亮点（Early-content） — 提前预热
- 公域曝光锁定用户
- 确定预热节奏
- 策划预热内容

盘商业化（Accurate Flow） — 精准投流
- 预算分配
- 公域新客引流
- 私域老客福利

盘福利（Grits Strategy） — 货品策略
- 善用直播间工具
- 明确卖点
- 创意营销

盘货品（Shaping Merchandise） — 制造爆款
- 选品组货、爆款福利
- 放大卖点、提高转化
- 低价引流

图 4-16　快手直播 STAGE "五盘模型"

① 盘直播。通过详细分析快手用户购买路径，帮助商家实现针对性布局，并且提醒商家无论是在直播间账号的人物设定打造还是场景布置，抑或是脚本打磨、流程设计，都需要在正式直播前悉心准备。为了呈现一场直播大秀，直播策划需要贯穿直播主题、内容、活动、直播脚本、流量节奏、卖货节奏。

② 盘商业化。首先要洞察目标群体的肖像标签，了解粉丝的喜好，提炼直播间的亮点和优势，提前预热作品，在直播过程中继续引流作品，辅以目标群体包的广告，为直播间带来用户增量。

③ 盘货品。强调货品在一场直播中的重要性，结合选品、产品卖点、定价、分层排品、过品等制订组货计划，合理设计直播商品的结构，顺应高光时刻打造直播爆款，即高光商品。

④ 盘福利。福利是留住人的最佳手段，直播间福利的效用最大化，将优质的商品与主播准备的福利结合，让主播在大量流量投放、用户进入直播间时，能够配合福利券、好运来等直播间营销工具接住用户观流，提高流量的使用效率，使粉丝驻留，从而促进转化。

⑤ 盘亮点。通过直播预热、特殊时间节点、特殊场景、特殊事件、特殊商品、特殊营销等亮点内容不断增加直播亮点内容，吸引更多消费者进入直播间，以内容激发消费者的消费兴趣，进而提高电商运营效率和生意增长率。

任务四　直播危机应对处理

直播危机可小可大，一般新手主播都会遇到各种各样的突发情况。不仅仅是新手主播，有着完整运营团队的主播也无法避免因硬件、网络、系统而无法正常直播的突发情况。例如，某知名主播的前几场直播都出现了掉线、上传不了商品等情况。除了软硬件危机，直播过程中因价格、产品质量等出现问题的情况也时有发生，我们将这些情况统称为直播事故或直播危机。既然是危急情况，就可以提前做好应对预案，以便在直播过程中灵活应变。

直播危机让标准化作业程序去处理特殊问题，从文字层面上看似乎为难，但作为运营人要把SOP看作一个实实在在的过程，要不断细化，能够复用，不断优化。SOP不能是一个空架子，它是一个既可以方便工作协同，明确团队分工和时间节点，又可以在遇到问题时直接给出正确、合理操作的实用"文本文档"。

4.4.1　软硬件危机及应对措施

（1）**推流软件无法登录**。临近预告的开播时间，但是推流软件无法登录，确认网络正常后，PC端仍无法登录。遇到这种情况我们可以用以下两种方法来排查故障，如修改命令提示符、下载并安装 Microsoft Visual C++2013 或 Microsoft Visual C++ 2015。

（2）**推流失败**。推流过程中可能会出现以下问题，如在高级设置里开启连麦推流模式后点击"开始推流"按钮，提示弹窗反馈"启动连麦推流模式失败，请关闭"高级设置"→"连麦推流模式"选项后重试，可以通过下载有关补丁来弥补。

（3）**画面频繁模糊**。在直播过程中，如果遇到画面时而模糊时而清晰的情况，很有可能是因为摄像头开启了自动对焦功能，关闭的具体方法如下。

① 如果使用的是罗技摄像头，那么可以通过在 Windows7 系统中下载摄像头管理软件来打开或关闭自动对焦开关。

② 如果是其他型号的摄像头，那么可以通过询问摄像头的卖家来了解如何打开、关闭自动对焦开关。

（4）**黑屏、卡顿、没声音**。当主播正在直播卖货时，突然出现黑屏、卡顿，主播往往会担心粉丝离场，担心被判挂机。这时候，主播应该马上用下面的方法来解决。

① 计算机的性能不足。直播过程中计算机的 CPU 不宜超过 50%，推流软件右下角有实时 CPU 数值显示，直播过程中要随时查看。

② 网络带宽不足、抖动。直播依赖于网络上传速度，而不是下载速度，淘宝直播 PC 版要求至少每秒 5Mbps 的上传速度。如果出现这种情况，可以用网络测速工具查看上传速度。

③ 摄像头问题。观察推流软件上的摄像头预览画面，如果预览画面卡顿，那么很可能是摄像头造成的，这时可以考虑重启计算机，如果总是出现这个情况，就可以考虑更换摄像头。

卡顿、黑屏、闪退的应对措施如表 4-4 所示。

表 4-4　卡顿、黑屏、闪退的应对措施

直播故障	原因	应对措施
卡顿	计算机配置低	使用 i7 处理器
	网络环境	提升网速，换网线（采用 0.5 无氧铜材质）
黑屏	没有点击计算机推流按钮	点击 PC 端的推流按钮
	手机后台被占用	退出程序，关闭其他后台，重开直播
闪退	手机内存	清理后台内存后重新开播
	新 App 不稳定	退出程序，重开直播，并报备官方

直播软件支持识别各项音频设备，并能调控音量。当计算机连接多个麦克风时，可以通过点击"属性"选择麦克风。直播时遇到故障，几乎所有主播都经历过，突然断线、卡顿、闪退，或是连麦出现问题的情况并不少见。一旦遇到技术问题，无论是头部达人还是普通的商家，都只能通过排查故障或是更换设备等操作来恢复。直播间常见的软硬件问题及解决方法如表 4-5 所示。

表 4-5　直播间常见的软硬件问题及解决方法

常见问题	解决方法
直播时画面一直在闪	重启程序、检查网络稳定性
黑屏、画面卡、画面不清晰	重启程序、检查网络稳定性
声音卡顿或无声音	检查麦克风和拍摄设备
画面饱和度低	检查拍摄设备

4.4.2　直播中意外情况的应对措施

主播在直播过程中可能因不熟悉产品、价格、口误等原因导致场面失控。避免直播中出现意外情况的常见技巧包括以下 4 种。

（1）**直播前做足功课**。首先，在直播筹备阶段，主播及其团队要对产品进行梳理，包括产品的价格。产品能解决什么问题（痛点）；怎么解决问题（卖点）；自身产品与同类产品的差异在哪里（亮点）。其次，一定要检查产品的质量，了解产品的功效，熟悉产品的使用方法，避免在直播推荐产品时"翻车"。再次，在直播筹备阶段做足功课，对直播内容进行筹划，制定出大致的内容流程。主播在直播前应当充分熟悉直播脚本，对直播中的每个流程点进行细分，具体到直播过程中的某一时间段要做的特定的事情。

（2）**选品要以质量为先**。目前，很多主播都把直播卖货当作一种促销手段，想通过直播卖货挣钱，所以在选品时容易追求低价而忽视产品的质量。这时候粉丝下单要么是因为氛围所致，要么是为了追求更低的折扣，如果主播本身粉丝黏性不高，再因产品质量而"翻车"，粉丝就会取消关注，在前期建立的信任也会归零，最终只是一次性买卖。因此，只有质量为先，才能有长远的发展。

（3）**提前制定解决方案**。直播卖货时意外情况经常出现，即使是知名主播也很难完全避免，而一旦遇到假货，主播的形象就会受到影响，结果是难以挽回的。如果商品出现问题，承担消费者最大火力的一定是主播本人，而非背后的商家或平台。因此，主播及其团队应当提前制定好应对方案。在出现问题后，主播应第一时间进行回应，联系品牌商寻求最佳解决方案，说明退货、退款和相应的补偿方案等。

（4）**售后服务有保障**。直播卖货的光鲜背后，是居高不下的退货率，售后服务一直是直播卖货的难题。在这样的背景下，主播想要在直播卖货中"名利双收"，一定要做好售后服务，让消费者有保障。主播可以建立粉丝群，安排售后客服对售后问题进行及时解决，这样不仅能建立粉丝与主播的信任感，还能提高直播间的复购率。

4.4.3　直播中恶意抹黑情况的应对措施

受欢迎的明星也遇到过被恶意抹黑的情况，更不要说主播了，虽然恶意抹黑的人对主播造成了不好的影响，但是他们能提高主播的抗压能力、危机应对能力、语言技巧，为主播的成长助力。因此,在提到恶意抹黑的粉丝时,主播要从容地对待,有效的应对措施主要有以下4种。

(1) **不被弹幕激怒**。看到"主播好丑""主播怎么那么黑""主播,你的脸怎么那么大""主播,你的腿好粗"等类似这样的话语,主播是不是会生气?既然选择当主播,就不能轻易被激怒。遇到恶意抹黑的粉丝先别着急,看不惯可以自动屏蔽;小吵小闹可以当成是开玩笑,趁机自嘲一下,活跃气氛;玩笑开的次数太多或者太过分,可以让管理员禁言。尽量冷静理智地解决问题,避免采用激烈的方式。

(2) **不在直播间与恶意抹黑的粉丝互骂**。在直播间与恶意抹黑的粉丝互骂是一种不理智的行为,如果不控制住脾气,虽然一时间感觉舒服了,但是这会为主播的个人形象和公司带来不好的影响,严重的话会影响自己今后的资源。同时,不仅会面临粉丝的质疑,真正的粉丝也可能流失。

(3) **修炼强大的内心**。主播在出名之后肯定会遇到恶意抹黑的粉丝,这说明主播有人气。主播完全可以把他人的不礼貌行为看成直播路上的一个个历练,只有在经历过一次次的语言攻击后,才会修炼出无比强大的内心。因此,在被恶意抹黑的情况下,主播要调整好心态,坦然面对直播间里不友好的弹幕。

(4) **用自己的实力让恶意抹黑的粉丝变成忠实粉丝**。恶意抹黑的粉丝也是粉丝,能够将恶意抹黑的粉丝转化为忠实粉丝,是主播实力的体现。即使一些恶意抹黑的粉丝讨厌主播,也会偶尔偷偷地去看主播的作品,隔三岔五去主播的直播间"闹腾"一下。主播不要把时间浪费在与恶意抹黑的粉丝的斗智斗勇上,重要的是修炼自己,让恶意抹黑的粉丝从心底里认可自己,成为自己的忠实粉丝。

4.4.4 链接、优惠券失效的应对措施

链接、优惠券方面的错误和常见的应对方案如下。

(1) **宝贝上错**。目前,直播中添加的宝贝无法删除,若添加错误,可以重新发布直播。在开播后,运营人员可以通过中控台添加宝贝,点击"自定义"输入利益点、优惠信息即可。

(2) **链接失效、价格出错或是优惠券失效**。对于失效链接可以点击中控台的更新按钮,如果无法解决,则需要直播间的运营人员在第一时间进行处理,及时与品牌商联系。如果出现无法当场解决的问题,则可以让拍下商品的粉丝先不付款,主播正常进行后续直播,此时,运营人员继续与商家沟通,并随时更新进展,不能因为此类问题让直播流程或是进度出现变故。

➡ **思政园地**

直播卖货作为新兴行业,在经历了黑暗中摸索前行的时期后,已经迎来了强监管时代。

在大数据、强监管的环境下,直播卖货新的拐点已经降临,形成规模的主播们无论是个人还是以企业名义运营的 MCN 等机构,都必须重视合规问题。建议由专业的律师、法务团队、税务师等提供合规意见,只有将目光聚焦于行业动态的法律风险防控上,才能稳步且长远地前行。当前直播卖货行业比较常见的问题主要有以下几个。

第一,不实宣传。直播卖货大都会对商品进行一定的宣传,部分主播为了吸引消费者,提高业绩,存在对商品进行夸大、虚假宣传,发布与事实不一致的虚假信息的行为,从而使客户或消费者产生误解。主播及选品团队在选品时要尽到合理的注意义务,审查商家提供的说明文件信息是否真实,确保直播宣传的内容有相应的证据支撑材料。网络红人、主播等在直播卖货时应严格遵守法律法规,主播应建立严格的选品团队,仔细甄别商品商标,如果明知属于假冒注册商标的商品却仍然销售,则需要承担销售假冒注册商标的商品罪的刑事责任。

第二,不正当竞争。由于各直播平台之间存在激烈竞争,所以部分直播平台为了获得更多的利益可能会采取不正当竞争手段,例如,诋毁竞争对手、捏造歪曲事实等使竞争对手的声誉受损。电商直播中存在混淆的行为、虚假宣传误导消费的行为、诋毁竞争对手商业信誉的行为、侵犯商业秘密的行为、欺骗性有奖销售行为和巨奖销售行为的,商家和电商主播将可能按照《中华人民共和国反不正当竞争法》的有关规定承担侵权责任。主播在直播卖货时应该摆正自己的心态,拒绝眼前的虚假繁荣,把目光聚焦在口碑建设和商品质量上,不能以刷单或者诱导好评的方式销售货物,违背商业道德会陷入恶性竞争的循环。

第三,误导消费。由于缺乏法律认知,部分主播在直播时习惯使用"国家级""最佳""最强"等词语加大宣传力度,在普通食品广告直播中宣传有保健功能或者医疗作用等,这些行为都有可能被认定为违反《中华人民共和国广告法》。主播应牢记直播风险、敏感词、禁用词,避免使用"国家级""最高""最佳"等绝对化推荐用语,避免使用低俗、含有歧视性等违背社会良好风尚的词语。电商主播作为广告的发布者,关系到消费者生命健康的商品或服务的虚假广告造成消费者损害的,网络直播平台和电子商务平台均有可能与广告发布者共同承担连带责任。

第四,偷税漏税。部分主播开始通过开设多家个人独资企业,通过隐瞒收入、转移利润、"阴阳合同"等手段,达到逃避纳税义务的目的。纳税是我们每个公民的义务,主播不可心存侥幸,触碰法律红线,应当请专业审计机构对个人及企业进行充分的自查自纠。

第五,劳动纠纷。在电商直播中主要存在下列 4 种劳动关系:电商主播与直播平台之间的劳动关系、电商主播与电子商务平台之间的劳动关系(前两者为平台签约主播)、电商主播与 MCN 机构的劳动关系(机构签约主播)、电商主播与商家(商家主播)的劳动关系。电商主播有享受最低工资保障、不超时工作、享受节假日、加班工资、补休调休等劳动法赋予的权利。

此外，我国法律法规对医疗、药品、医疗器械、农药、兽药、保健食品、特殊医学用途配方食品、烟草等实行特许经营或专卖许可经营的方式进行监管。未经许可的，不得擅自经营，情节严重的，涉嫌构成刑事犯罪。

【思考与分析】

1. 各直播团队根据各自直播内容（直播内容、直播商品自定义），设计合理的直播话术，包括直播开场话术、直播互动促单话术，以及直播结束感谢话术。
2. 各直播团队在直播间进行直播实操。

【选择题】

1. OBS 在直播领域中被广泛使用，它属于（　　）。
   A．直播辅助软件　　　　　　　　B．直播控制软件
   C．直播平台自带直播伴侣　　　　D．手机直播软件
2. 淘宝店铺首次开通直播，以下做法最有助于聚集人气的是（　　）。
   A．给出特价引流商品　　　　　　B．选择黄金时段开播
   C．提前邀约老客户和粉丝　　　　D．同时开通多个直播间提升人气
3. 如何提升直播间的流量？（　　）【多项选择】
   A．分享给老客户、社群粉丝等，邀请他们进入直播间，以提升直播间互动热度
   B．发起秒杀等活动，吸引人流，提高转化率
   C．多名主播轮换，借助各自的特点提升人气
   D．改善直播间货品结构，符合买家需求

项目五

直播间粉丝运营

学习目标

- 了解直播粉丝与粉丝经济
- 掌握粉丝与商家的价值分析
- 熟悉直播间粉丝运营的核心
- 掌握直播平台粉丝运营玩法
- 掌握不同类型粉丝的心理,采用合理的直播营销策略
- 了解并熟练使用粉丝团功能
- 熟悉粉丝运营的主要策略和任务
- 掌握粉丝社群及其运营技巧
- 掌握抖音粉丝营销工具及其操作方法
- 了解不同的粉丝管理方式
- 掌握维护粉丝的方法
- 掌握管理粉丝的技巧

对于直播团队来说,在流量时代,粉丝经济是一个热门话题,无论是大主播还是小主播,想要做好直播,粉丝都是基础。直播间的粉丝是主播和直播间的灵魂,也是主播坚强的后盾。在直播过程中,主播需要善于引导观众关注自己,引导观众成为自己的忠实粉丝,并提高粉丝的黏性。电商直播是人与人的直接互动,粉丝运营的好坏是影响直播间变现的重要因素。无论是直播前的预热筹备,还是直播后的粉丝管理,我们都必须注意对粉丝进行运营和维护。

对于店铺直播来说,直播间很重要的一项工作是做粉丝运营,也就是说,需要从 0 到 1 培养一批忠实粉丝,这些粉丝会为直播间做长久转化贡献力量,可能是直接转化,也可能

是利用口碑效应影响周围人的购买决策，或是直接参与直播间氛围的维护中，让新进入直播间的人能够感觉到直播间的生机。

任务一　直播用户粉丝经济与商业价值

5.1.1　直播粉丝与粉丝经济

现在，大多数人都以粉丝的身份出现在互联网中，粉丝们面对其崇拜的明星或者事物，通常会进行很大的投入，这种投入不仅表现在精神和心理层面，更多表现在消费层面，例如，支持电影、电视剧的放映，购买相关的商品，参与相关的网络游戏等。粉丝这一庞大的消费群体如此持久的消费热情，使粉丝经济迅速兴起。

粉丝，即运动、表演艺术或某位名人的热心追随者或支持者。从社会学的角度来看，粉丝就是一类特殊的社会群体，它具备社会群体的一般特征。

- 有明确的成员关系。
- 有持续的相互交往。
- 有一致的群体意识和规范。
- 有一定的分工协作。
- 有一致行动的能力。

这一社会群体是固定且有规律的，它们会情绪性地对一个流行故事或文本进行投入。文本来自书本、电视剧、电影或音乐的形式，或者是体育或流行符号等。从广义层面来看，粉丝是指一部分对特定话题有浓厚的兴趣的人；从狭义层面来看，粉丝不但对特定话题有浓厚的兴趣，而且对其有深入了解。

粉丝经济是以情绪资本为核心，以粉丝社区为营销手段，将情绪资本转化为真正资本的一种经济形式。粉丝经济泛指架构在粉丝和被关注者关系之上的经营性创收行为，通过提升用户黏性并以口碑营销的形式获取经济利益与社会效益的商业运作模式。以前，被关注者多为明星、偶像和行业名人等，例如，在音乐产业中，粉丝购买歌星的专辑、演唱会门票，以及明星喜欢的或代言的商品等。现在的互联网突破了时间、空间上的限制，粉丝经济被广泛地应用于文化娱乐、销售商品、提供服务等多个领域。商家借助一定的平台，通过某个兴趣点聚集朋友圈、粉丝圈，为粉丝提供多样化、个性化的商品和服务，最终转化成消费，实现盈利。

粉丝经济 1.0 时代，基于某种相同爱好，共同喜欢某位明星、某位体育运动员、某个品牌、某个电视节目的粉丝自发性形成团体追星行为，粉丝与偶像的情感连接表现为单向追随。粉丝经济 2.0 时代，即基于 Web2.0 的社会化媒体时代，通过明星营销与口碑营销等营销方式聚集了大量线上与线下的粉丝群体，粉丝与偶像之间的情感连接进化为双向互动，粉丝逐渐拥有平等对话权。粉丝群体达到一定的规模后会产生追随式消费意愿，明星/KOL/品牌等相应推出与个人 IP、品牌 IP、影视 IP 等相关的产品和服务，在满足粉丝精神追随需求的同时，刺激其物质消费意愿，粉丝的购买力是粉丝营销的重要营销因素之一。在粉丝经济处于不断地演化和变革时，粉丝的角色发生了深刻的变化，由原来的仰慕者、追随者、消费者逐步成为助推者，粉丝话语权显著提升，粉丝拥有平等的对话权，同时粉丝的主动性和参与性逐渐增强。

5.1.2 直播粉丝的主要类型

直播间里有不同类型和价值的粉丝，主要包括路人粉、普通粉、忠实粉 3 种类型。路人粉仅对直播间主播有好感，停留在直播间偶尔关注一下，通常是觉得直播间有趣，不会刷礼物、打赏，所以路人粉很难形成订单转化。路人粉是直播间最多的群体之一，虽然他们不能为主播带来实际利润，但是能提高直播间的活跃度和人气等。普通粉基本上和主播有着相同的兴趣爱好，他们有明确的目标，上线后主要浏览所关注主播的直播，偶尔会送点礼物给自己喜欢的主播，大多数情况下是在直播间获得新知、获得愉悦或者了解某类行业。普通粉是主播成为大主播的基石，只有有了无数普通粉的铺垫，主播才有机会进入顶级主播行列。忠实粉对主播直播间比较沉迷，对主播的风格比较欣赏，对主播的陈述和推荐的商品一般比较信任，常常会发生一段时间里持续观看主播直播间的现象，比较容易在直播间下单产生转化，是在直播间中产生复购并具有粉丝黏性的一类群体。

抖音根据粉丝的亲密程度设置潜在真爱粉、潜在好感粉和潜在路人粉，潜在真爱粉、潜在好感粉、潜在路人粉的特点如图 5-1 所示。潜在真爱粉具有高黏性、高互动、高转化意愿等特点，持续提升粉丝中潜在真爱粉的比重，是生意持续增长的基础；潜在好感粉具有较高意向，对企业的品牌、产品和内容有一定的兴趣；潜在路人粉偶尔观看企业的短视频或直播内容，偶尔和企业的内容发生互动，偶尔被广告触达到。

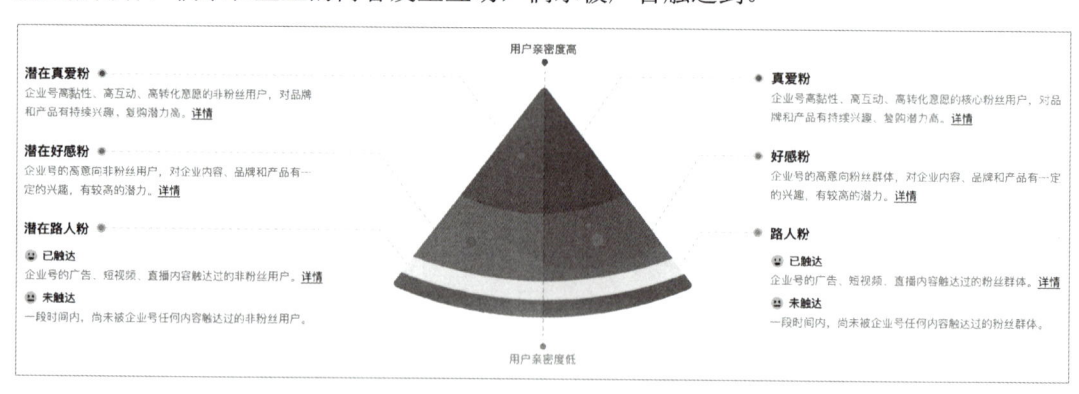

图 5-1 潜在真爱粉、潜在好感粉和潜在路人粉的特点

5.1.3 直播粉丝的价值分析

提到粉丝的价值，估计大家的第一反应就是客户生命周期。传统企业经常用会员积分、定向促销、套餐满减等手段，尽可能地延长客户生命周期并提升客户消费总额。运营人员对客户生命周期进行管理，归根结底就是为了让客户价值最大化。处于不同生命周期的客户，其价值是不同的，因此需要运营人员进行处理和精细化运营。

通常我们理解粉丝价值往往从交换价值的角度去理解，即商家生产产品满足客户需求，客户付费给商家。当部分粉丝为另一部分粉丝创造额外价值时，会产生互动价值，如很多企业家在知名企业商学院学习的主要目的是连接校友资源，产生校友与校友之间的互动价值，很多社区用户之间通过社群等形式建立连接互动来达到互助的目的。此外，当互联网产品的用户粉丝达到一定量时，从量变到质变，整个用户就变成企业的资产，此时用户的价值就变成企业重要的资产价值。用户与商家之间的价值分析如图 5-2 所示。

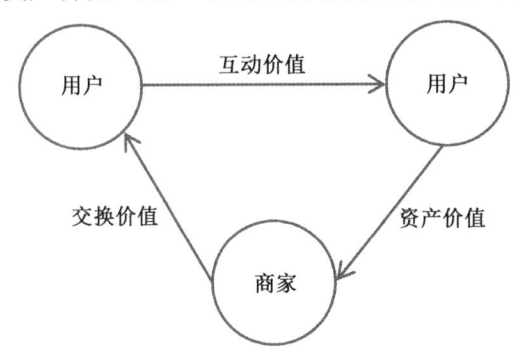

图 5-2　用户与商家之间的价值分析

（1）粉丝用户的交换价值。 商家的重点是找到有需求的客户，实现需求对接，把需求转化成支付。商家会着重开发流量型用户、渠道型用户和行业型用户这 3 类用户。流量型用户往往具有漏斗营销、流量转化和单次博弈等基本特征，这从侧面反映了为什么很多商家选择微信朋友圈、微信群、淘宝店铺和网络广告等主流热门形式获取漏斗用户并实现成交。渠道型用户是商家利用各种渠道分销商等渠道形式获取用户以实现转化，商家无法得知用户的基本情况，无法再次触达，无法进行多次营销。行业型用户根据行业属性主动搜索，通常都是有明确需求，用户知道行业属性，但不知道具体的单个品牌；这些用户不属于商家，商家很难反向找到用户。这 3 种类型的用户能够降低流量成本和获客成本，扩大用户接触面，但当流量成本较高时，这 3 种类型的用户都只能进行单次消费。具有交换价值的用户和用户之间的关系是分离的，用户和商家之间的关系也是分离的，很难相互找到。

（2）粉丝用户的互动价值。 互动价值代表用户产生一定的层级与结构。此时，用户购买的不仅是商家提供的产品与服务，还有给其他用户带来的结构性的附加价值，比较典型的是社群用户之间的互动交流产生的额外价值。当用户通过商品衍生的社区行为被有效聚合时，就营造出了良好的社区购物氛围。而在该商品下汇聚起来的社区行为，会在无形之中放大该商品的传播力和可信度，最后与购物行为形成良性互动。内容本身只为用户提供了商品或活动的介绍及对相关优惠的描述，但是用户对于将要购买的商品，需要依靠其他同行或有类似经验的用户的感觉来帮助决策，同时，社区互动经常促使用户产生购物冲动。

（3）粉丝用户的资产价值。 数据资产化是一个大趋势，如果大家去看所有数字原生企业的财务报表，就会发现它总有一段内容在描述用户有多少，很多企业上市或估值的重要依据就是有效用户本身，用户成为数字经济时代下企业重要的资产。传统行业对于资产描述主要停留在产品、产值、利润和专利等，而原生数字企业往往会鲜明列出用户数量，用户数量成为企业核心竞争力和资产的重要标志符号。在用户集群化、由量变到质变之后，用户就成了企业的资产，从而涌现出完全不同的资产价值，单个用户的力量大大减弱，商家影响力大大增强。商家不仅对行业有巨大的影响力，还对消费者生活场景和心智记忆等产生了前所未有的影响力，场景型用户、认知型用户、品牌型用户大量出现。

所谓场景型用户，是指在某一场景中，通过一系列行为诱导或者记忆唤醒，使用户能够联想到某一品牌，从而把自己的生活方式与消费、购买某一品牌的产品联系起来。认知型用户是指大数据环境下，平台的行业数据、交易数据、产品数据和客户数据对于平台来说是一份重要的资产，能够为用户实施流量拦截和决策做引导，能够开展大盘数据分析、人群画像、智慧营销和消费流行趋势等方面的研究，能够研究用户行为和偏好，便于用户实施精准营销，而品牌忠诚用户是直接冲着品牌来的，并且在同等价格情况之下，用户更愿意多次购买。在行业具有垄断地位或取得某个品类权威地位的产品，拥有对整个品类的定价权。

抖音通过内容触达和粉丝贡献两个维度评判粉丝价值。内容触达企业号短视频、直播内容，对于不同层级的粉丝、非粉丝用户，存在差异化的触达效率，而粉丝贡献主要围绕粉丝的转化行为展开，具体包括用户留资、团购和电商购买，交易额包含了团购和电商购买。通过分析视频播放、直播观看、累计转化频率和交易额来分析每一类粉丝的结构情况。

5.1.4 不同类型粉丝的心理

要想有效做好粉丝积累，主播就要学会洞察粉丝的心理。不同类型的粉丝群体进入直播间的心理各有不同，这就要求主播能够深刻了解不同粉丝的心理，对症下药。直播间粉丝大致可以分为以下 4 种类型，如图 5-3 所示。

（1）高频消费粉丝。 高频消费粉丝对主播已经产生了信赖和认可，大量的购买行为、后续反馈和长期在线互动积累出来的社交关系已经培养了这些粉丝稳定且习惯的购物环境和购物预期。对于这类粉丝，主播要做到以下 3 点。

① 保证 SKU 丰富度。虽然粉丝时刻关注主播，但是有些人喜新厌旧。如果主播推荐

的商品 SKU 比较单一，粉丝多次看到重复的商品，渐渐地就会失去兴趣，从而减少对主播的关注。

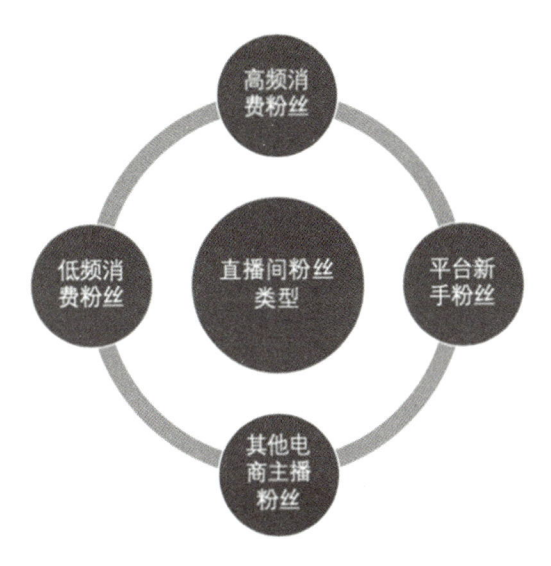

图 5-3　直播间粉丝的 4 种类型

② 保证价格和质量优势。价格和质量优势是吸引粉丝的本质因素。粉丝关注直播间主要目的是购物或者获取有关知识，因此提供的商品要具有高性价比。如果价格不优惠，或者质量不过关，粉丝就会失去关注主播的动力。

③ 沟通到位。主播在直播间看到粉丝时要保持强唤醒状态，情绪要饱满，积极与粉丝沟通，并时刻提醒粉丝与自己的关系，强化粉丝的认知，同时积极回复粉丝的问题，做好售后工作。

（2）低频消费粉丝。粉丝消费频次较低的原因有很多，例如，没有看到自己喜欢的商品，近期消费额度已经超过预期，不太了解商品，等等。但对于主播来说，他们之所以消费频次低，很大程度上是因为想要降低前期的试错成本，毕竟他们还不太信任主播，再加上主播未对这类粉丝进行有效的引导，或是尚未重视这些粉丝，导致粉丝感觉自己不被重视，就更加深了粉丝与主播的隔阂，这些粉丝的消费频率当然不会很高。针对低频消费粉丝，主播要做到以下 3 点。

① 提升直播间 SKU 丰富度。主播需要丰富直播间的 SKU，提高新粉丝看到满意商品的概率，从而增加粉丝对主播的好感。

② 详细介绍商品。主播要用专业的态度和知识介绍商品的特征和优势，快速地让粉丝明白自己是否需要该商品，提高直播间的信任度。

③ 提供新客专属福利。主播可以对新粉丝提供专属福利，如赠送商品、价格减免等，使这些新粉丝感受到主播的诚意，降低粉丝购物的试错成本。

（3）其他电商主播粉丝。这类粉丝对其他主播是有认知和信任的，他们大多会按既定时间来到主播的直播间观看和购物,但不可能只看关注的主播,也有可能看平台推荐的其他主播。例如,他们喜欢的主播今天没有直播,于是随便到直播广场逛逛,这类粉丝对新遇到的主播尚未建立认知和信任,对主播推荐的商品质量、商品种类丰富度和售后服务等情况处于观望状态。对于其他电商主播粉丝,主播要做到以下两点。

① 低价引导。主播推荐的商品的价格要足够低,最好比其他主播的商品价格还要低一些,这样可以刺激这些粉丝的价格敏感心理,吸引其关注。同时,主播要及时引导这些粉丝关注自己,并向其承诺关注自己会获得什么利益。

② 提供新客专属福利。主播可以对新粉丝提供专属福利,如赠送商品、价格减免等,使其感受到主播的诚意。

(4)平台新手粉丝。 直播电商与传统电商有所不同,平台新手粉丝只习惯自己到电商平台通过搜索商品进行购物,而对直播电商购物的认知还不够,因此对直播电商的信任感也不强。同时,他们对直播电商平台的操作规则不了解,即使想购买商品,也不懂得如何购买。他们可能是因为主播的非电商相关特点,例如,因主播的外貌和幽默等进入直播间,或者不了解平台的功能,因为失误操作而进入了直播间。对于平台新手粉丝,主播要做到以下3点。

① 展现专业度。展现专业度是主播给粉丝留下良好印象的有效方法。专业的知识和态度、主播本人的气场和谈吐,都可以增强粉丝对主播的信任。

② 加强消费引导。这类粉丝进入直播间的购买目的性比较弱,所以主播要加强消费引导,强调购买商品带给粉丝的利益,或利用优惠券、红包、抽奖等活动形式吸引粉丝购买商品。

③ 积极与粉丝互动。与粉丝互动除了可以加强消费引导,还可以拉近主播与粉丝之间的心理距离,增强粉丝对主播的信任,通过现场演示购物过程和技巧,提升购买转化率。

5.1.5　直播平台粉丝信任度提升

消费者对商品的信任源于对产品质量的技术信任、对产品售后保证的制度信任。区别于工业时代的理性思维,互联网时代以情感化的体验式思维为主导特征,在互联网思维的逻辑下,网络电商直播场景以情感塑造信任。用户在购买决策的模式有很多种,最常见的来自托尔曼 S-O-R(Stimulus-Organism-Response)模式(见图5-4)所揭示的,用现实生活中,用户从普通的态度到信任一款产品,都是基于先"认知"、再"情绪"、定"态度"这3个阶段而建立的,在用户建立了对产品的心智之后,才会产生相关的信任力,从而产生相关的付费行为。直播间粉丝用户在受到外部因素的刺激后,产生心理决策活动,从而做出购买决策的行为。

信任的产生离不开用户心智的建立,而在用户心智的范畴里会有很多复杂的情绪,而对产品的信任是触发用户行为的必须有的前置条件。粉丝可能是对直播间主播专业技能产生了认可，或是受到了主播对产品消费场景剖析的刺激，或是对直播间主播 IP 人物设定十分喜欢。通过对直播间场景内容的不断接受，粉丝对主播输出的专业性观点、技能、解决方案，或是主播的幽默语言风格，让粉丝产生情感共鸣、身临其境的满足状态。因此，直播间主播要通过理性和感性这两个"武器"去塑造产品，理性层面需要解决用户基本的核心功能的诉求；而感性层面则需要产品为用户提供超出预期的服务体验，让用户不断地在良好的正向循环中体验产品，这样产品体验才会越来越好。此外作为直播卖货项目应提升直播间内容策划水平和主播个人专业能力，让粉丝逐渐对直播间的主播产生好感，逐步信任主播及其推荐的卖货商品。

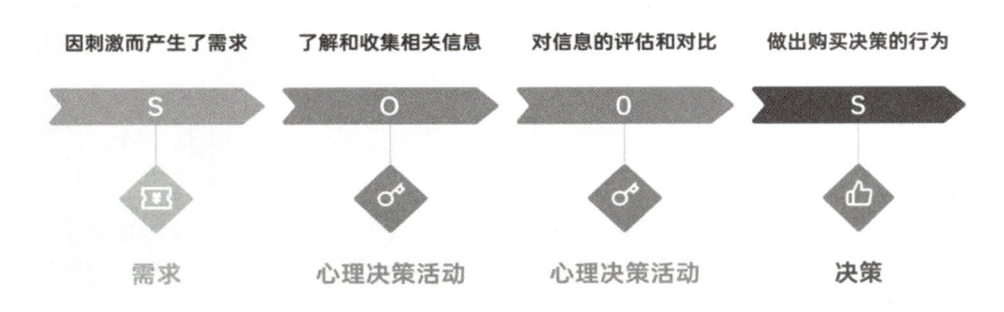

图 5-4 粉丝购买决策托尔曼 S-O-R 模式

基于和货架电商不一样的产品逻辑，直播电商的 GMV 增长更多地来自平台主播的粉丝价值变现。从产品逻辑上将粉丝价值拆分成粉丝量、粉丝观看内容时长、粉丝对 KOL 的情感深度、粉丝对 KOL 及其内容的信任度等多个方面，如图 5-5 所示。因此，直播卖货团队在关注粉丝积累数量的基础上，应该更加关注和提升粉丝在观看内容时长、对 KOL 主播的情感度和信任度等。

图 5-5 直播间的粉丝价值

任务二　直播间粉丝积累与运营

电商直播是人与人的直接互动，粉丝运营的好坏是影响直播间变现的重要因素。无论是直播前的预热筹备，还是直播后的粉丝管理，我们都必须注意粉丝的运营和维护。经营好粉丝是直播电商运营的王道,因此只有掌握粉丝运营的核心,了解不同类型粉丝的心理,并且引导粉丝加入粉丝团才能有效进行粉丝积累,才能更好地经营粉丝。

5.2.1 粉丝运营的核心策略

对于传统电商来说,粉丝运营的核心是商品,用户是否会继续关注,是否会产生复购,首先要看的就是对商品的满意度。而对于新兴直播电商来说,在直播间里要遵循货带人的逻辑。但是直播结束后与粉丝产生互动,并没有产品介入在粉丝与主播之间,这时货不再存在,因此不再是"货带人"的逻辑,而是以人为主。商家、主播可以直接和用户进行一对一或一对多的互动,这就是留住粉丝并增强粉丝信任的过程。因此,直播电商的粉丝运营核心是以人为本。

(1)**打造人格化 IP**。对于一般中小企业来说,如果能够把自己的主播 IP 化,不仅能够快速、长期地吸粉,还能提高粉丝黏性。关于粉丝运营目前较为流行的方法是引流到自己的私域,大多是通过加微信或粉丝群的方式。主播或商家需要做的是在私域运营里,为粉丝树立正面形象,打造差异化人格,并不断强化人格属性,可以通过展示真实生活、进行自我包装来实现。人格化 IP 往往更容易让粉丝有亲近感和崇拜感,便于加深粉丝对其信任和依赖,当主播真正把自己做成 IP 时,粉丝也会为主播进行宣传推广。用户会成为主播的粉丝,主要是因为主播身上有其喜欢的闪光点,而这些闪光点又有别于他人,因此主播需要打造差异化人格,并不断强化人格。虽然主播对粉丝展现的是包装之后的形象,但是主播还是要用真心对粉丝,这样才能与粉丝建立更长久的消费关系。

(2)**做好直播内容策划**。在流量时代,粉丝经济是一个热门话题。无论是大主播还是小主播,想要做好直播,粉丝是基础。从根本上来说,主播拥有丰富的高质量的直播内容是做好直播粉丝运营的关键。丰富的高质量的直播内容,主要是指为用户持续性地提供有价值的内容,用优质内容代替刷屏推销。例如,主播主营的产品是一款婴幼儿奶粉,那么定向粉丝多是新手爸妈,因此可以每天定时在朋友圈或社群中更新一些与奶粉、育儿相关的知识,久而久之,粉丝会形成观看习惯,并在一定程度上增加对主播的信任感。

主播要从自身出发,提高直播间的内容质量。只有直播间的内容精彩、有亮点、质量高,才能吸引粉丝、留住粉丝。如果内容做得不好,就算直播平台推荐的流量再多也没人观看。直播间的风格要随着季节或者粉丝的喜好去调整,要不断推陈出新,生产有创意的内容,吸引粉丝、提高粉丝忠诚度。除了做好内容,主播还要学会对用户进行分类,根据购买习惯和特征给粉丝贴标签。对不同标签的人群分发适合他们的内容,学会用户分层运营。

直播的内容在很大程度上决定了直播的成功与否,其实每一场直播都如同一场电影或一个节目,观众看完以后都会在心里打分。直播团队应从商家和消费者的角度介绍产品卖点、使用场景、利益点和购买理由,向粉丝说明产品"为什么值得买""为什么需要买""为什么必须买""为什么立刻马上买"的理由，提升直播电商生产环节中内容要素的分享力、扩散力、转化力和生产水平，形成传递产品价值、实现产品服务销售的营销场景，不断通过各种内容策划的话术来说服用户下单。直播内容是增加粉丝停留时长的重要因素之一，如果主播胡乱承诺、讲解失误，或者直播内容与产品或预告不匹配，就会造成损害主播信誉的问题。另外，值得一提的是，每一场直播活动结束后，主播要根据直播数据的分析，解读并获取直播内容的吸引度、订单的转化率等核心数据，为后续直播间内容策划、产品结构调整提供依据。

（3）提升主播专业技能。

① 专业能力。主播要充分了解产品，要有产品推荐、产品"种草"的能力。专业能力形成的信任度，是引导粉丝产生购买行为的核心驱动力。

② 分析能力。主播应在开播前制订直播计划，针对计划完成情况，学会总结分析问题，并根据分析结果制订新计划。

③ 沟通能力。主播应具有良好的沟通能力，能够及时传递产品的卖点。沟通需要主播具备口语表达能力、肢体表现能力及面对特殊情况的应变能力，主播需要随时调节现场的气氛并与观众互动。

此外，每位主播要重视对自己的包装，主播必须把自己包装成在自我美感和满足粉丝美感喜好中比较平衡的样子，这样才能让自己获得好机会。包装不仅仅是外表，还包括说话的语气、形象打扮、形体动作等多方面的内容。

主播直播前还需要熟悉直播脚本，把握整场直播节奏和流程，直播过程中注意沟通技巧，学会根据直播场景灵活寻求话题与互动。直播结束后还要及时做数据复盘，进一步优化后续直播内容、话术和商品等。

① 主播需要熟悉直播脚本。熟悉直播脚本可让整场直播有序地进行，帮助主播更好地回答粉丝提出的问题。如果主播不熟悉直播脚本，直播时粉丝让主播看哪个链接，主播就介绍哪个链接，当有几个人让主播看不同链接时，主播可能会出现手忙脚乱的情况，完全被粉丝带着走。主播还应提前了解直播产品，包括产品参数、信息及产品其他周边信息，以便在粉丝提出各种问题时及时给予反馈。

② 主播需要提升沟通技巧。主播沟通技巧主要包括主播的口语、主播的面部表情及主播的肢体语言。主播在直播的时候一定要注意自己的语言，不要说一些可能"误伤"他人的话语；主播的语气要柔和，避免过于生硬；语速要适中，在直播的时候最好多用一些感谢、亲近的语句。主播应该具备丰富的表情，丰富的面部表情可以让粉丝体会到主播对直播、对粉丝的热情，也可以让粉丝对主播和直播内容产生好感。当然，主播还要能够搭配肢体语言，包括走路的姿态、手势的变化、脑袋摆动的弧度等，通过肢体的细节动作与粉丝更亲近。

③ 直播结束后需要及时复盘。首先，回顾直播全过程，从粉丝的角度观看这场直播，发现其中的问题。其次，列出问题，复盘中比较重要的一环就是挑错。主播及直播团队需

要找出本场直播中存在的问题,并制定解决方案。如果有失误犯错的地方,就要找出原因,切忌再犯。最后,总结归纳,主播需要观看整场直播中的哪些时间段的粉丝互动提问和点赞最积极,反复观看这段时间主播的表现,总结其中的优点,总结粉丝提出的哪些问题没有得到反馈并归纳。

(4)做好高效粉丝互动。直播最重要的特点之一是互动,更及时、更真实的互动是直播吸引用户的关键点。直播虽然给主播提供了互动的条件,但是把握不住互动的技巧和精髓,也吸引不了粉丝。在直播间和大家互动是为了增加停留时长,从而提高成单率,直播结束后的互动则决定了对方会不会成为你的忠实粉丝。直播间互动方法主要有发起有意思的话题、举办周期性活动、抽奖、投票表决等,通过主播与粉丝依托直播间公屏、连麦和投票等形式实施粉丝互动活动,除了加强与粉丝的互动,让主播根据互动情况主动调整直播间的内容,也能让直播间的人气更高,热度更高。

无论在直播中还是在直播后,互动都非常重要,主播与粉丝互动交流,使粉丝获得参与感、归属感、满足感,粉丝凝聚力得到提升,从而产生品牌传播影响力。直播最重要的一个特点就是互动,更及时更真实的互动是直播吸引用户最重要的关键点之一。在直播间和粉丝互动是为了增加粉丝停留时长,从而提高下单转化率,直播结束后的互动则决定了对方会不会成为忠实粉丝。主播在把粉丝吸引到自己的私域流量池之后,要记得像朋友一样互动,提升商家与粉丝的亲密度。

直播过程中,主播互动方法主要有如下策略。

① 发起有意思的话题。除了主动和观众打招呼、与观众问答互动,还有两个类别的内容是容易引起讨论的,分别是情感和热点。情感可以是关于亲情、友情、爱情,热点可以是关于明星、节日、事件等。此外,针对粉丝痛点场景做聊天式的话题引入,将产品置入使用场景,有针对性地打消用户顾虑,在介绍产品前先做个简单的场景铺垫,但要记得围绕用户痛点进行强调。总之,只要是容易让人产生共鸣的话题,就容易引起讨论,从而增加对主播的人格印象。在与粉丝互动过程中,主播最好进行敏感词设置,使直播间的互动交流更健康、更顺畅。

② 抽奖福利和周期性活动。直播抽奖这种玩法虽然简单、直接,但往往是留住粉丝最有用的方法之一。因为抽奖能够让粉丝有一种期待感和参与感,不会轻易取消关注。主播可以对已有粉丝定期举办一些活动,包括线上和线下,以提高粉丝的参与感。定期举办活动,久而久之,会形成自己的特色,为主播推广进行赋能。小礼物让感情迅速升温,在直播中也是这样。直播间送礼物的小窍门主要有固定时间或固定门槛。每隔一段时间送礼物既可以刺激用户持续观看,又可以提升平均用户观看时长及平均在线用户量。另外,还可以设置抽奖条件,如点赞数、关注数等目标条件,提升直播间的粉丝互动活跃度,但要注意门槛与奖励间的梯度设置,过低过于容易达成,过高会产生负激励。

此外,主播提问尽量采取封闭式问题,简单地说,就是让观众做选择题或判断题,而非论述题。因为封闭式问题简单明了,随手按个数字就可以表达完整意思,而开放型问题一般需要思考和打字，除非直播间足够活跃，否则很难有粉丝参与进来，且开放型题目较难归纳，会拖慢直播节奏。

5.2.2 直播粉丝运营任务

随着直播热潮的不断加剧，直播模式从泛娱乐化直播、游戏直播、直播+演变成朝着社交化、内容化、垂直化、广告平台化的模式发展。社交化从本质上来讲，直播是领先微信、微博的新一代社交形式，更具社交功能的产品会持续获得关注。内容化是指直播将演变为一个产业，产业链布局越齐全、调动资源的能力越大、平台可承载的内容和造星功能越多，则越容易成功。垂直化是指直播正快速向垂直领域延伸，除了传统的游戏直播，"直播+电商""直播+体育""直播+在线教育"等形式将变得越来越多且趋于成熟。广告平台化是指直播延伸出来的商业价值将得到体现。

从产品生命周期角度解读粉丝运营的玩法分析，总的来说，粉丝运营无非是更大的拉新，更高的活跃，持续的留存，更好的变现，更大规模的传播。粉丝与网络红人的关系十分密切，做好这两类用户的运营，需要结合他们的特性并通过活动环节的玩法设计让他们产生"关系"，这样才能更好地挖掘商业价值。抖音直播平台利用私信、粉丝群等多种运营工具，持续触达粉丝，与粉丝互动，完成真爱粉丝的裂变效应和转化。

（1）**拉新**。用户进入直播间的主要方式有 7 种，分别是关注、直播广场、搜索框直播榜推荐、千川短视频引流直播间、千川直播间引流、直播头像、顶部弹窗。直播加粉通常的方式有两种：一种是付费方式，包括商业投流、设置粉丝优惠券；另一种是免费方式，可以通过主播话术引导、成立粉丝团、直播间引导等方式来完成加粉。

用户关注某个抖音账号的行为不是随心所欲的，这种希望长期保持关系的关注行为在很大程度上来源于该账号能持续满足用户的某种需求。从这个角度来说，要想在短时间内轻松吸粉，核心问题就是弄清楚用户为什么会关注你，只有弄清楚了这个问题，在运营抖音直播的时候，你才能对症下药。一般来说，直播间触发用户关注行为主要有满足好奇、满足快乐、解决问题、学习效仿和自我实现 5 种动机。在吸粉话术上，我们的主要目的是吸引眼球，不讲具体产品，只是卖关子，以此来引起用户的好奇心。主播通过各种欢迎互动，拉近与用户的距离，在具体直播间内，除了直播间具有吸引力的内容涨粉，主播还通过提示粉丝引导关注、添加粉丝灯牌、打榜吸粉和 PK 导流涨粉等形式完成涨粉和关注。另外，主播还要重点关注粉丝的利益诱惑和奖励刺激。

① **利益诱惑**。在直播时主播可以引导观看直播的用户邀请其好友一起抢红包，红包既可以提现也可以兑换，但是被邀请者必须为新用户。活动页面被分享者打开后，会自动识别出该用户是新用户还是老用户，并自动展示对应的页面。很多情况下，如抖音和微信视频号账号主页通过在设置涨粉钩子等形式完成自动涨粉，如关注账号私信可以免费领取培训 PPT 等数字化资源。

②　奖励刺激。奖励刺激是指通过具有诱惑力的奖品引导用户参与，通过社交化玩法帮助平台拉新。主播可以设计每日活跃任务，用户完成任务即可赢取相应任务卡，同时结合社交玩法邀请好友助力完成终极任务赢取大奖，保持用户的持续活跃度。一般来说，价值高的奖品在获奖概率控制上会较为严苛，中奖概率非常小会影响用户持续参与度，因此，建议在奖项和任务上设置阶梯式玩法，让积极参与的人根据完成程度获得一些小礼物，满足用户的参与心理，也能够刺激用户持续参与。

（2）活跃。粉丝活跃度是指直播间内粉丝活跃互动的频率，粉丝活跃度直接关乎直播效果的达成，是衡量直播间氛围和热度的重要指标之一。主播通过与粉丝互动，提高粉丝活跃度，建立主播与粉丝直接的信任感，为后期卖货做准备。主播需要偶尔组织一些互动活动，例如，在直播间与粉丝一起唱歌，与粉丝一起玩游戏或做一些抽奖活动，通过提问、参与的形式让粉丝活跃起来。一般直播间提升粉丝活跃度的方法主要有用户等级制度、全民参与活动、专题直播活动和签到奖励等。

①　用户等级制度。用户等级制度通常由产品经理策划，是产品的等级能力，活动通常是短时效的，而等级制度通常是长期的。通过等级划分不同的权限，如等级图标、双屏效果展示、头像挂件、互动连麦、进房特效、专属图标、特权礼物和专属礼物等。设计的页面一般包含当前等级信息展示、等级划分、等级详解及快速提升等级攻略。

②　全民参与活动。直播团队可以策划全民参与活动，从不同的角度出发，挖掘更多的贴近全体用户的玩法。全民参与的活动重在门槛低，参与度高，输出的内容有趣，可观赏度高。除了参赛者，还需要各大粉丝的支持和强有力的互动玩法，在一定程度上不但起到了平台活跃、留存、拉新的效果，而且通过结合娱乐型演出，在一定程度上提升了品牌知名度。

③　专题直播活动。每个直播平台的内容定位方向有很多，每类内容其实都有一批优秀的主播和一群忠实的粉丝，通过为这类人群策划适合的栏目活动可提升该用户群体的活跃度。例如，针对游戏类直播，直播运营人员可以设置联赛活动，通过高价值奖励吸引更多的游戏玩家参赛，通过竞赛趣味性提升粉丝活跃度，减少用户流失。

④　"签到+任务奖励"玩法。一些平台有设置签到或者任务玩法，但是入口较深，用户访问页面的机会小，因此，粉丝进入一个平台比较常见的场景就是随便进入一个直播间。在直播间里推荐"签到+用户任务玩法"，该玩法的参与度较高，结合直播的打赏场景，通过奖励打赏金币或经验值，鼓励用户完成签到、看直播、分享直播、录屏并分享、关注主播、充值奖励等任务，持续提升平台活跃度，帮助宣传拉新及提升营收目标。图5-6所示为"签到+任务奖励"玩法。

（3）留存。通常产品的生命周期分为导入期、成长期、成熟期、衰退期4个阶段，提升产品的留存率，需要分析产品处于哪个生命周期。主播及直播团队通常看到的是平台的某个时间节点的数据表现，但是需要将用户数据进行拆分。一般来说，结果数据=总用户数+当前新用户数-流失用户数。那么，提升用户留存率，则需要关注的是拉新及防止用户流失，同时做好回流工作。每个用户进入直播间后，平均停留时间为 30 秒，所以直播间的关键就是这 30 秒能否留住用户。想要提高直播间粉丝留存率，主要可以采取如下策略。

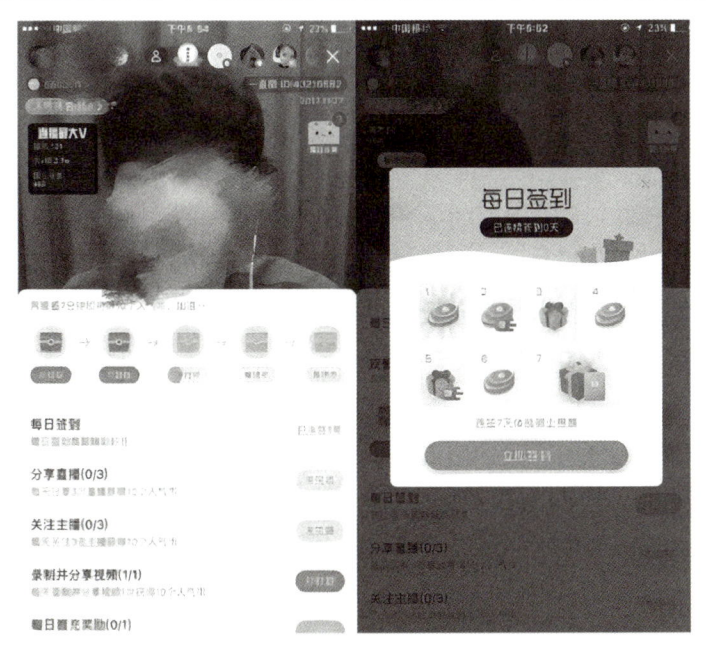

图 5-6 "签到+任务奖励"玩法

首先，"场"要做好，也就是直播间视觉、听觉，让人进入直播间后耳目一新，直播间的风格要随着季节或者粉丝的喜好去改变，重要的是能够不断地推陈出新。其次，掌握和用户互动的节奏，提升直播间氛围，如直播刚开始进行暖场话术和热场活动，可分享直播间的直播主题内容，留住那些精准用户观众。再次，让直播间活跃起来，直播间的弹幕中对粉丝问题及时进行回复，用户有什么需求及时满足，和用户互动起来，让更多的用户在直播中有参与感。最后，无论是哪个平台，单靠抽奖热场留住粉丝恐怕较难，直播间能够留住粉丝的关键还得看直播内容，只有优质、有价值、垂直化的内容，才能吸引更多的粉丝。有些直播间为了提高用户持续关注直播间内容，往往以固定直播时间的形式来培养粉丝的期待和习惯，如每天 20 点准时开播，并且在账号主页显示每天直播时间，在直播结束前介绍下次开播时间，让粉丝产生期待和好感。

（4）变现。一般情况下，直播触点入口加粉的粉丝，在直播点击、下单等转化率及 ROI 上是最高的，GMV 占比也最高。另外，粉丝变现可以用投放人群包的方式，也可以通过私信、群聊、发送优惠券的方式，引导用户下单转化。

① 直播间互动玩法。在产品层面设置直播间付费互动玩法，通过更多的互动场景玩法从侧面带动营收。例如，付费即可玩转大转盘，点播节目，付费即可加入主播粉丝团等，既能带来变现又能提升活跃留存率。观众付费充值买礼物送给主播，平台将礼物转化成虚拟币，主播对虚拟币进行提现。

② 会员机制。梳理内部功能玩法、特权、福利、靓号等，通过开通会员，获取相应权

益。例如，首冲优惠、包月自动续费等可减少用户遗忘风险。为了鼓励一次性购买长期服务，还可以通过大奖活动吸引用户转化。

③ 主播粉丝互动玩法。主播粉丝互动玩法例如真爱大作战，通过将主播与粉丝的利益绑定，定制几款真爱礼物，粉丝刷礼物帮主播冲榜，双方均可获得丰厚的奖励。通过真爱噱头，专属特权刺激粉丝"献爱"主播，使网络红人与粉丝关系更亲密，不仅能起到一定的活跃作用，还能产生变现。

（5）传播。粉丝对于自己喜欢的主播、喜欢的直播内容能够自发地产生病毒式传播。在流量时代，粉丝经济是热门话题。主播要从自身出发，提高直播间内容质量；积极与粉丝互动，提高粉丝黏性；直播结束以后，主播及时进行直播复盘，针对不同类型粉丝调整直播运营方案，实现更大的拉新、更高的活跃、持续的留存、更好的变现、更大规模的传播。很多直播间为了提高粉丝关注度，通过录制精彩直播短视频片段、直播切片等形式向更多粉丝展示更多的优质直播内容。人气高的主播自带传播，只要二次创作做得好，完全不用担心直播切片没有流量。卖货主播可以复用内容、扩大 IP 影响力，品牌商家可以得到更多站内商品曝光和销量。我们可以通过数据分析平台找到转化率较高的时间段，剪辑相应的片段，这样产出的切片将更具吸引力和传播效果。目前的主流玩法是制作挂车短视频，只需要将直播中精彩的片段剪辑出来，然后添加对应的商品链接即可。

5.2.3　直播粉丝团运营

直播粉丝团功能指的是用户通过付费加入主播粉丝团，成为主播粉丝团的成员，在直播房间享受粉丝的权益，并通过粉丝团任务提升自己和主播之间的亲密度。用户加入主播粉丝团的核心诉求是让主播更关注自己，使自己在直播间有更多的存在感。用户加入主播的粉丝团后，通过粉丝团成员的专属标识可以获得主播的关注，得到与主播互动的机会。主播可以建立自己的粉丝团，以此积累粉丝。

在直播间，粉丝团的作用有以下 3 点。

① 加入主播粉丝团的用户可以拥有主播粉丝的专属勋章，用户在直播间发送聊天消息时其昵称后面带有专属勋章。通过专属勋章，用户可以快速让主播知道到自己是粉丝团的成员，提升自己在直播间的存在感。

② 粉丝团成员在进入主播直播间时享有粉丝成员专属的进场提示，常见的提示语是"主播的粉丝成员×××来到直播间"。通过专属的进场提示，用户可以在进场瞬间获得主播的关注，提升自己在主播直播间的存在感。

③ 在加入主播粉丝团后，用户可以赠送主播"粉丝团礼物"（只有成为主播粉丝团成员后才可以赠送）。用户赠送主播"粉丝团礼物"可以快速让主播知道自己是粉丝团的成员，更容易获得主播的关注。

主播要时刻记得提醒用户关注自己，并加入粉丝团。以抖音直播为例，主播头像右侧会出现"加入粉丝团"的提示,如图 5-7 所示。粉丝点击"加入粉丝团",就会看到粉丝特权,支付 1 抖币后便可加入,如图 5-8 所示。

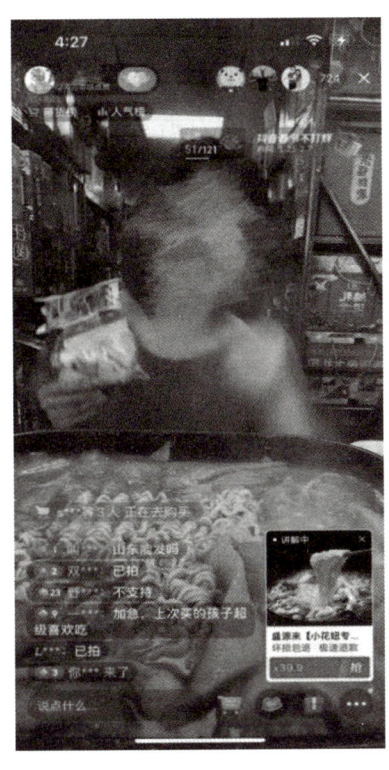

图 5-7 "加入粉丝团"图形标志　　　　图 5-8 支付 1 抖币加入粉丝团

抖音粉丝群运营,包括直播时入群宣传、粉丝群专属福利与内购,输出内容价值与长周期培育粉丝是很多企业经常采用的策略。运营人员可以先将粉丝引导到第三方社交媒体平台,再进行私域运营,这也是一种不错的运营方式,开播提醒、直播间动态、最新活动、每年大促等信息都能及时同步。主播必须用心经营自己的粉丝群,刚开始,不少主播头脑一热,建立了自己的粉丝群,后来因为懒惰或其他原因,粉丝群就被搁置了,说到底还是觉得粉丝群没有用。每天在直播间进出的粉丝太多了,如果新粉丝越来越多,主播不维护,老粉丝就会被逐渐忽略、遗忘,这对于主播来说是巨大的损失。

5.2.4　直播粉丝社群运营

(1)粉丝社群的主要功能。抖音粉丝群是一个直播间升级能力,粉丝群的集体氛围可以让人更有身份认同感,可自由定义粉丝群的加入门槛,如粉丝团等级,鼓励用户成为核心粉丝,通过粉丝群完成重要信息群公告强通知,群内支持各种活动玩法,红包、连线、表情包等。主播引导关注粉丝主动添加社群,并对群内社群进行分级管理,如新粉、已转化用户、二次复购用户,并对不同层级转化用户制定营销策略,定期派送福利,提升粉丝黏性，抖音粉丝群管理功能如图 5-9 所示。粉丝群真正成了账号面向所有粉丝的私域运营工具，不同账号的不同粉丝群，入群的门槛也不尽相同，目前设置的粉丝入群门槛包括关注群主、关注群主满足一定时间、达到一定粉丝团成员级别等。需要注意的是，如果将粉丝引入社群，最好给社群设置一定的门槛，进行用户分层以提高营销精准性与运营效率，同时需要进行日常群维护及权益发放，维持粉丝的持续活跃。对于品牌来说，建立起能够低成本触达和运营、促进转化和复购的私域成为当务之急。毕竟将消费者购买分散在不同渠道的做法，侧面延长了消费者的决策链路，不利于品牌实现有效转化，这也是为什么私域备受品牌关注的原因。

图 5-9　抖音粉丝群管理功能

一般来说，粉丝关注了账号后，通过观察和体验，在感受到主播的人物设定、直播内容和卖货产品等过程后，对账号会产生持续的关注和喜好。主播通过直播过程中的才艺、兴趣、第一印象、气氛引导、共同爱好、福利分享等技巧吸引粉丝进群，让不同的粉丝成为你的聊天好友，可以随时随地沟通，了解他们的喜好。长期直播的主播一定要搭建自己的粉丝群，可以在粉丝群里面定期举办一些活动或者赠送一些礼品，提高与忠实粉丝之间的黏性，另外，如果有售后问题，最好第一时间帮助粉丝解决，树立好自己的人物设定，直播前可以在粉丝群里发送通知，让每次直播一开始就能有一个比较好的人气基础。

抖音粉丝群作为粉丝私域流量管理工具，主要包括群公告和群聊群发等群聊基础功能，生成群口令和生成群号码的群聊裂变功能，设置进群门槛、群管理员设置、开播自动提醒和公开短视频作品自动分享等群聊管理功能。此外，抖音粉丝群在群内可发卡券、商品卡片、语音视频和 H5 页面等群内信息，抖音项目主可以通过运营粉丝群，提高与粉丝的亲密度。企业通过粉丝群不仅可以筛选出精准客户，还方便与群员建立精神纽带、互动纽带、连接纽带，有效地解决了互动精准、传播精准、成本可控的问题。

管理员可以进入 PC 端抖音企业服务中心的运营中心页面私信管理菜单，可以在线完成私信对话、私信菜单、智能回复、卡片管理和私信群发等功能。

① PC 端私信回复。企业运营人员可通过 PC 端直接回复抖音私信。PC 端和手机端双端回复私信，方便企业主及时与用户沟通，抓住留资线索，促成交易转化。点击左侧导航栏的"运营中心"→"私信管理"→"私信对话"，就可以实时回复私信，看到自动回复的内容。私信自动回复是当用户进入私信对话框或输入某些关键词时，自动触发回复。回复内容由企业主自定义编辑，字数上限为 300 字，支持输入图片。企业主可根据需求可开启"用户进入时对话"或"用户发送指定关键词"两种情况进行设置自动回复的具体内容。

② 私信发送经营工具。企业运营人员可在 PC 端私信中发送经营工具，充分利用私域流量，提高转化率。当前抖音的经营工具主要包括联系电话、在线预约、线索收集、团购活动和官网主页，通过创建抖音经营工具，可以在私信对话框、群聊群发、卡片管理、自动回复等内容中引用创建的经营工具，某汽车抖音号创建的经营工具如图 5-10 所示。

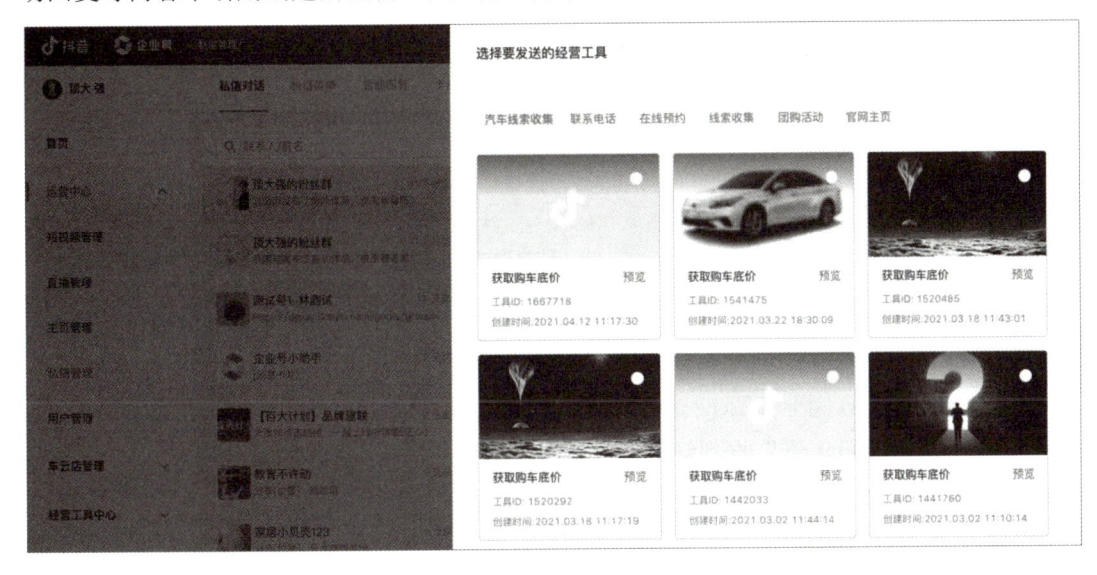

图 5-10　某汽车抖音号创建的经营工具

③ 私信自定义菜单。认证企业号可以设置自定义菜单，菜单支持的响应动作包括跳转链接和触发自动回复。通过设定自定义菜单，加强与用户的互动形式，并且形成自主的"资源位"，高效利用私域流量。点击"运营中心"→"私信管理"→"私信菜单"，设置自定义菜单，自定义菜单最多支持两级，菜单支持的相应动作包括展开子菜单、跳转页面和发送信息。

④ 多种卡片样式建设。消息卡片可将不同的内容整合在一起，为商家提供高效的私信管理功能，让用户获得更好的体验。消息卡片支持文字链接、图片链接、问题列表、电话

拨打、电话收集，可以将常用的官方回复设置成卡片素材在私信会话、关键词回复、自动回复菜单等场景进行使用，如图 5-11 所示。

图 5-11　多种卡片样式建设

⑤ 订阅信息。订阅号是赋能企业号主动群发触达粉丝的内容分发渠道，用户关注企业号后，可在"订阅盒子"收到订阅消息推送，第一时间了解品牌最新动态，与企业号的私信对话中，可查看历史推送消息，实现了对全量粉丝、高频、主动触达的可能性，抖音订阅信息常见样式如图 5-12 所示。订阅信息支持图文、视频、图片这 3 种新的订阅内容载体，支持关联、留资（在线预约、线索收集），以及团购商品、小店商品/商品优惠券 3 种转化组件和直播预约公告。企业可以在订阅消息中，嵌入不同类型的转化组件（如商品卡片、优惠券、直播公告、超链接等），粉丝内容种草的同时，促进直接转化。完成订阅文章创作后，可以进行订阅消息群发，目前有内容编辑页、订阅创作页和私信群发页 3 个群发入口。

⑥ 群发消息。群发消息方便与粉丝互动，目前群聊群发支持发布的内容有文本、图片、视频、经营工具、商品、卡券，每种内容的示意图均展现在页面右侧。私信群发功能可以一键将消息群发至粉丝群，定向触达用户，引导转化，如图 5-13 所示。在抖音 App 建立自

己的粉丝群聊，每个群聊的人数上限为 200 人，支持创建最多 10 个粉丝群，群聊支持发布群公告，直播开播、发布短视频可自动转发至群聊，形成稳定的私域流量，提高粉丝黏性。

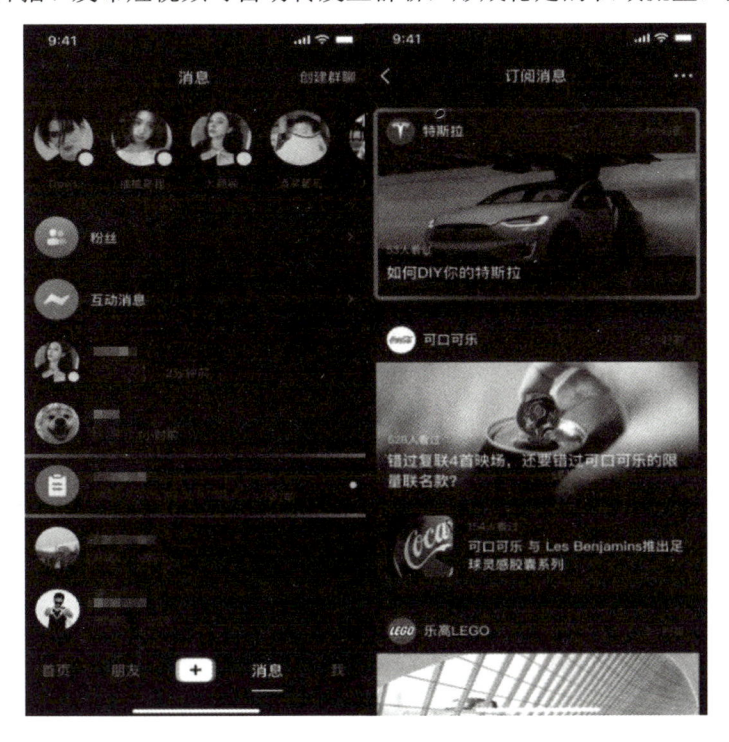

图 5-12　抖音订阅信息常见样式

图 5-13　群发消息

（2）抖音粉丝群运营。 抖音建立商家粉丝群聊，支持发布群公告、直播开播、发布短视频，可自动转发至群聊形成稳定的私域流量，提高粉丝黏性。抖音通过设置不同的入群门槛建立多种粉丝条件的社群，根据粉丝关注、活跃度、粉丝等级来开展粉丝的分层，根据粉丝特点来完成粉丝群个性化运营。

① 抖音粉丝社群。社群本质就是一个低成本、高信任的营销工具，好的社群可以产生足够多的活动和内容，粉丝与粉丝间互动的频度和质量是社群生命力的所在。抖音粉丝群是商家开展私域流量经营的重要社群工具，是有共同的特征群体聚在一起的群体，是企业与用户沟通的最短路径。因为有很大的便利性与即时性，所以在社群中可以与用户建立更多的互动，更快地获取一些反馈。社群的出现让连接更高效且有深度，通过此方式连接的社群成员，彼此之间沟通紧密度强。不管是高频价低的快消品还是复购率不高但价格高的行业产品，都可以在社群中售卖。社群场景侧重交流和分享，看重活动和内容，如专家在线、知识问答、话题、圈子、活动、商品百科、行业知识、付费知识等，都可以成为社群的主题和活跃社群的方法。因此，匹配度高的商品和服务能在社群里让群成员形成对商品更高的关注度。

② 抖音粉丝分层。商家通过设置不同入群门槛的粉丝社群来建立多种粉丝群。如某茶叶主播账号通过设置"关注群主时间""活跃粉丝""粉丝团等级"条件建立了6个粉丝群，形成了不同亲密度的粉丝群。商家根据粉丝群的定位，制定相应的粉丝群规则，开展个性化的粉丝咨询解答、短视频和直播内容推送、知识分享等价值输出并与粉丝互动，提升抖音短视频、直播、商品、活动等多种内容要素的触达。

③ 抖音粉丝群运营。商家借助粉丝群在帮助粉丝使用产品、鉴定品质和解答有关疑问时，开展粉丝群优惠活动，进一步提升粉丝的亲密度和活跃度。另外，粉丝之间通过粉丝群互帮互助的社区运营形式，提升粉丝之间的互动价值，让更多的活跃用户参与价值内容输出，提升粉丝在社群的归属感和对社群的满意度。

社群内容输出一般分在线社群分享和社群互动两种形式。社群分享可以选取群成员参与，也可以邀请本领域"大咖"进入社群分享，通过社群前期预热和通告，提前让社群成员了解社群内容输出的时间、主题和形式，以分享嘉宾在群内的发言为主。社群互动是在主持人的引导下，围绕某一主题开展讨论，社群核心成员与一般成员以互动讨论的形式进行内容输出，社群话题主持人要带领和鼓励社群成员分享讨论，提高社群成员的活跃度，引导话题讨论互动的流程。一方面，社群成员需要的精品内容由社群平台提供；另一方面，要尽量鼓励成员自己多分享内容，如干货分享，社群里输出对所有人有价值、能帮到他们的内容。干货分享的形式是不固定的，可以用文件的方式，也可以用音频的方式，社群成员常见的有思维脑图、每日日报、行业资料包等。

抖音粉丝群作为私域流量运营的典型代表，需要运营人员搭建出一套运营流程框架，私域运营进阶模式如图5-14所示。私域流量的运营流量大致分为流量引入和流量运营闭环两部分。流量引入是指需要从公域和其他私域来持续地引入流量进入私域，而流量运营闭环是指在私域流量运营过程中,需要通过流量激活、交易转化、分享裂变、老客复购达成私域运营闭环流程。私域运营蝴蝶模型通过多渠道获取顾客,逐渐留存下忠实顾客,这是从大到小的过程;此后,再通过复购、社交裂变,让已有顾客发挥最大价值,带来更多的新顾客,这是一个从小到大的过程。私域流量运营大致分为流量引入、流量运营、交易转化、分享裂变和老客复购。

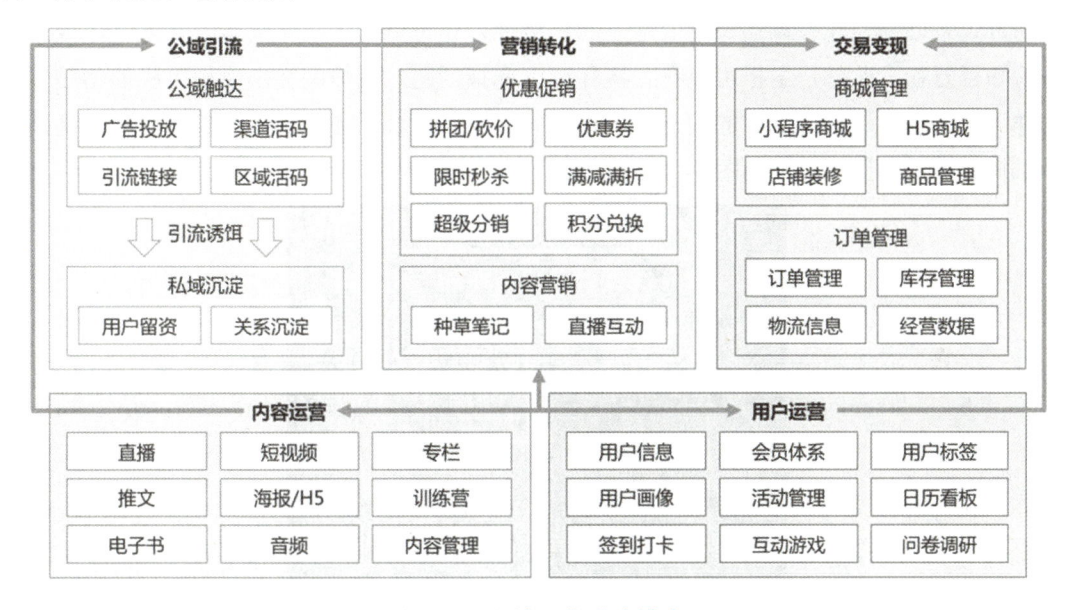

图 5-14　私域运营进阶模式

④ 粉丝社群归属感。仪式感、参与感和组织感是获得归属感的必要条件。例如,比较常见的创造仪式感的方式有修改群名片、自我介绍、红包等手段,创造仪式感是为了精神上的融入。越强大的社群,越重视各种仪式,而经历过仪式的社群成员往往更加具有凝聚力,活跃的意愿和配合活动的动力也更强。有些社群成员在自我介绍后提出一个"有指向性"的问题,这种玩法的好处是其他用户回答了新用户的问题后能给予新用户很好的融入感,为对方完成"修改群名片""自我介绍""提出问题"等行动提供模板。社群组织者还要维护好其他用户的"自尊心",当他们提出的观点无人问津时,最好能给予一定的反馈或鼓励。

组织感的一个重要应用就是"话题价值",用户们之所以留在社群是因为内容有价值,因此,社群需要筛选和组织优质的话题,并干预和阻止那些零散、恶劣、过于娱乐性、跟社群"指向性"无关的话题。组织感的另一个重要应用就是"领袖价值",新用户加入社群可能是为了"有价值的人",因此,组织者介绍群内 KOL 身份及引导 KOL 的表达是不容忽视的。

⑤ 粉丝社群活跃度。社群活跃度是衡量一个社群持续健康发展的一个标准,通过建立社群激励机制,提升社员的主观能动性,增加社群的内容产出,使社群不断地为粉丝创造价值。真正活跃的社群的关键内核应该是社群能够留住用户,在群里无论做任何动作,用

户都会参加。除了社群的日常运营，运营人员还要考虑如何提高社群活跃度，提高社群粉丝黏性，让社群的意义名副其实，而不只是一个微信群或者 QQ 群。

（3）**抖音直播间互动福袋与话题**。互动福袋玩法是平台直播间的主播与粉丝互动玩法，主播可在直播间发送抖币福袋，用户满足设定条件就可参与福袋抽奖，是增加直播互动氛围的工具。设置福袋抽奖，增加粉丝在直播间的互动和停留时长，主播通常会通过直播抽奖的方式来回馈粉丝并调动直播间用户的积极性，还可以通过抽奖快速积累人气，成长为万粉和百万粉。此外，主播可以在直播环境下选择话题，直播间会出现相对应的话题页，这样可以吸引对话题感兴趣的用户进入直播间，比较适合对当前热点事件讨论的直播间场景，抖音直播间话题设置如图 5-15 所示。

图 5-15　抖音直播间话题设置

（4）**直播引导粉丝关注**。几乎所有的直播间都遇到过粉丝积累的困境，若想盈利，扩大粉丝量是关键。扩大粉丝量可以帮助主播提高成交转化率、带动直播间氛围、增强直播间热度等。主播可以从公域流量转化、满足粉丝需求、满足粉丝好奇心 3 个方面引导粉丝关注。

首先，公域流量粉丝转化的具体方法如下。

① 直播间推流卡引导关注。
② 进行抽奖活动，前提为抽奖者必须关注主播，加入粉丝群，中奖者可联系客服领奖。
③ 客服链接，自动回复加粉信息。
④ 主播在爆款商品秒杀前引导直播间用户关注。
⑤ 主播在直播间引导粉丝将直播分享至朋友圈。
⑥ 采用优惠券，主播设置商品优惠券，前提为关注主播才能领取。

⑦ 通过合适的定价策略，用低价单品吸引粉丝。
⑧ 进行预告活动，主播提前预告下场直播、优惠活动及福利，引导粉丝关注。

其次，满足粉丝需求使其转变成粉丝，具体方法如下。

① 满足用户高性价比需求，主播从产品优惠和产品质量同步出发，追求性价比，打动粉丝，并引导关注。

② 满足用户专业性的需求，主播可以凭借自己的专业能力，维护自身权威和产品的吸引力，打动粉丝，并引导关注。

③ 满足用户售后保障的需求，主播可以提供完善售后链体系，让粉丝放心，打动粉丝，并引导关注。如果传统直播是为了让粉丝们喜欢你，那么直播卖货是为了让粉丝喜欢你的产品，又或者是因为喜欢你才信任你推荐的产品，喜欢在直播间购物的粉丝，大多数还是有购买需求的，他们希望通过直播更好地了解产品或者是享受到更多的优惠，在直播过程中，主播需要把控住满足粉丝需求，通过情绪渲染，使此类用户转化成自己的粉丝客户。

再次，满足粉丝好奇心使其转变成为粉丝，具体方法如下。

① 主播的人物设定有趣，例如，主播可以展示自己的个人才艺，可以和粉丝进行互动游戏等等。

② 直播内容有趣，主播能够给用户提供精彩、有亮点、质量高、在别的地方体验不到的东西。

③ 利用粉丝的好奇心，吸引粉丝关注。

在直播初期，主播还可以先邀请自己的好友、线下老顾客关注，积累初期粉丝。主播在每次直播前将自己的直播间转发到各个社交平台，进行预告。普通直播提前一天预告，小型活动提前3天预告，大型活动提前7天预告。如果主播在平台内有一些粉丝比较多的主播好友，那么可以让主播好友帮主播在平台内导流，吸引一部分粉丝观看自己的直播。在初期，新主播可以多观察，寻找一个能够避开与自己同等商品类目的头部大主播的时间段，这样有利于新主播引导平台本身的流量，培育自己高质量的粉丝群体。

5.2.5 抖音粉丝营销

抖音当前主要提供了留资获客、团购商品和品牌推广等经营工具来完成粉丝数据采集、实施粉丝互动与转化宣传，如图5-16所示。抖音通过建立这些经营工具，能够便捷关联到短视频、直播、评论等页面中。

（1）留资获客。 在直播间卡片或短视频的置顶链接中，在线预约可以让意向粉丝填写联系方式，提交交易意向的留资卡片。在线预约包括高级模板和简易模板，可根据需要选择合适的模板，适用于定制类服务或产品的预约或咨询，如婚纱摄影、线下课程教育、家居装修、房产咨询等。使用在线预约功能可以快速创建收集用户电话或咨询的详情页，实现转化页与视频的绑定。企业号可以采取简易模板和高级模板形式设置企业落地页，用户可通过落地页与商家进行联系，其留资数据可以在后台用户管理中查看，如图 5-17 所示。线索收集可在短视频置顶链接中展示，是一种帮助企业主收集留资信息的工具。留资信息包括但不限于用户的电话、姓名和地址。通过抖音留资获客工具可以在视频页、直播页和评论页等区域触达用户，并提示用户登记预约信息，让商家获得更多客户资源。

图 5-16　抖音经营工具

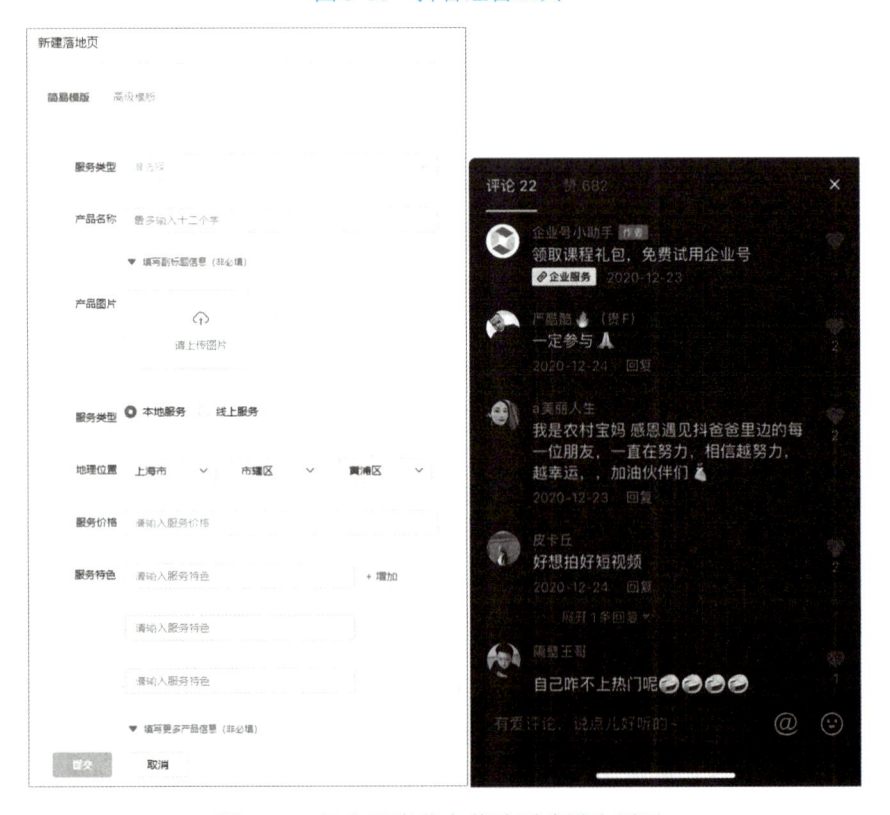

图 5-17　抖音留资获客落地页建设和展示

抖音还提供电话号码、私信沟通和在线咨询等联系方式，通过建立用户线索搜集形式，让粉丝通过这些联系渠道与企业建立链接，提升企业获取粉丝信息便利性。联系我们包括联系电话和联系我们（高级模板）两种形式，联系电话是指可在主页的企业信息处展示联系电话，从而为企业带来更多的商机，联系我们（高级模板）就在直播间卡片或短视频的置顶链接中，用户可通过工具页面的电话与企业号关联，同时也可在联系我们页面留下联系方式，方便企业与意向客户建立联系。抖音还提供经营工具、营销工具与直播或视频关联，提高短视频和直播营销转化，并通过后台可视化形式获取经营转化数据，如图5-18所示。

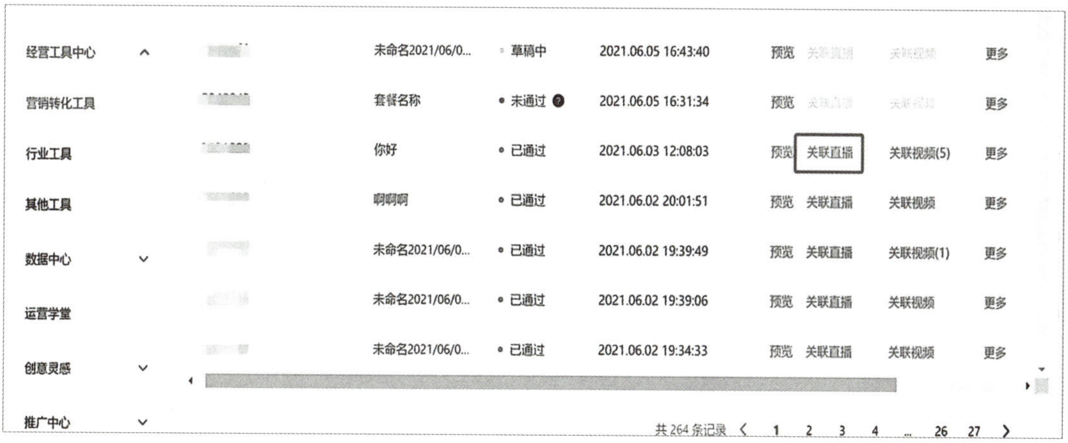

图5-18 多种留资获客形式的关联和管理

（2）**团购商品**。在抖音上购物已成为越来越多人的日常，卡券则是商家给予用户优惠，吸引用户到抖音企业号领取、下单的营销转化工具。企业主先创建好卡券和营销活动，再将两者关联。团购活动是提供给本地商家的在线营销方式，商家将产品或者服务以团购券的形式在抖音上进行推广，用户领券后到店核销即可。面向有线下门店，有获客、营收需求的企业号商家，推广店内的套餐及服务，团购组件包括团购聚合和团购商品两部分。

企业号通过企业服务中心创建管理团购活动，按照系统提示填写信息，系统审核通过后，商家可在短视频和直播间挂载团购商品。商家发布短视频时在添加经营工具中选择要团购的商品，并能在后台查看交易数据、核销明细、处理退款等。商家也可以在直播间下侧点击导航栏"小风车"图标，先选择"团购商品"，再选择想要上架的团购商品，如图5-19所示。

企业号团购聚合中可以通过在线设计包括主推产品、服务简介、品牌详情、多产品展示和团购商品等信息条目，围绕明确的主推产品信息提高粉丝的点击率，优秀的服务简介能提高用户的信任度，好的品牌详情能增强用户的信赖感，选择合适的展示形式能提高产品曝光率，如图 5-20 所示。

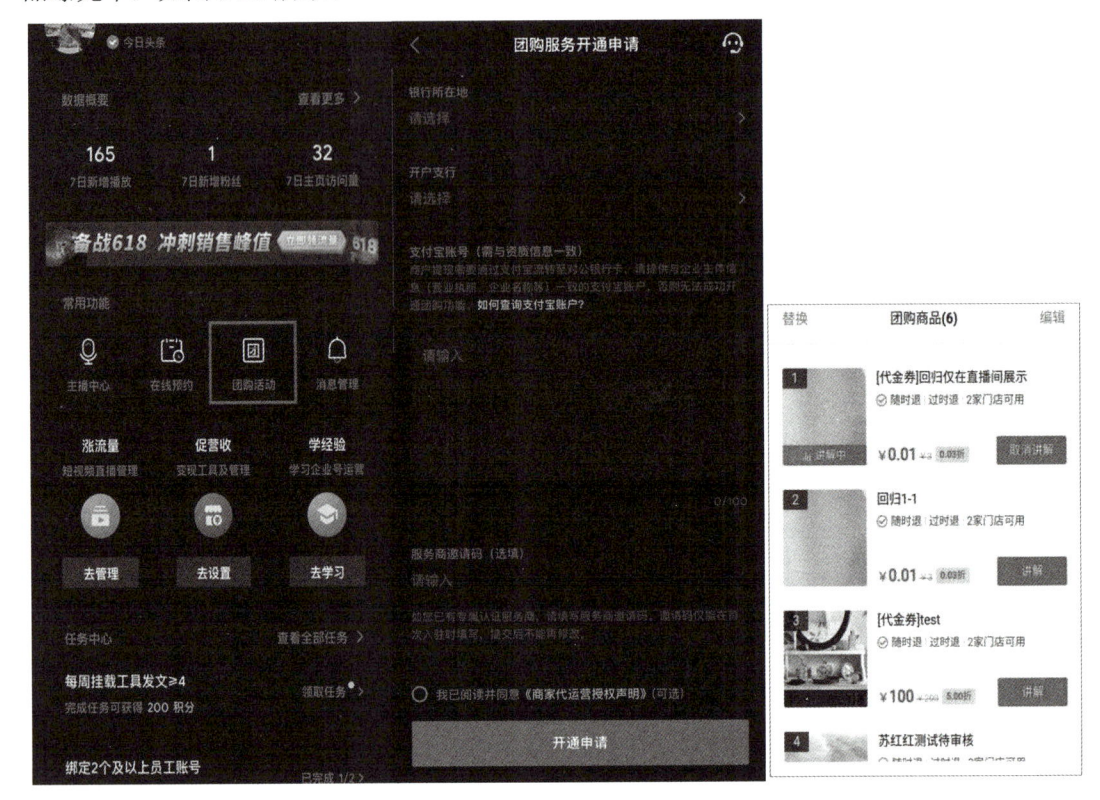

图 5-19　抖音团购活动

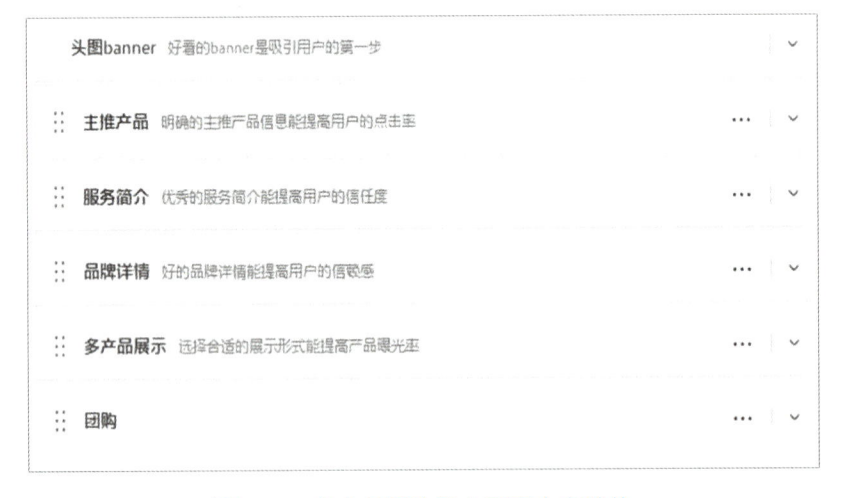

图 5-20　企业号团购聚合页面内容结构

（3）品牌推广。抖音主要提供官方主页和卡券中心两种品牌推广方案。企业商家号可以通过系统模板搭建不同风格的官方主页，明确的服务介绍能减少用户的疑惑，好的品牌介绍能提高用户对于品牌的认知度，提升抖音粉丝对企业号所宣传品牌和产品的信任度，并且提供在线预约和咨询服务。卡券中心提供创建代金券、兑换券和通用券等形式的卡券，开展扫码拍视频领券、店铺主页领券和抖音企业号领券等营销活动，激励用户拍摄内容，帮助抖音门店进行线下推广，设置卡券让用户在抖音店铺主页领取，刺激到店消费，使用卡券在企业号主页进行引流，生成活动二维码让粉丝通过门店海报等形式参与。抖音卡券中心管理如图 5-21 所示。

图 5-21 抖音卡券中心管理

（4）**抖音共创涨粉**。抖音上线共创功能，支持创作者与创作者间联合投稿。创作者在发布作品时，点击"共同创作"，勾选参与创作的其他用户，待被勾选用户确认后，该作品就会出现在多位创作者的主页，发布共创视频后，可共享点赞、评论、转发、收藏等数据。等视频审核过后，系统就会向你关联的账号发出一个共创邀请，关联账号接受后内容就会发布出去，如图 5-22 所示。共创是对同样素材不同视角的加工，一个人构思创意难免会遇到瓶颈，多人头脑风暴让创作者们擦出了不一样的火花，打破内容桎梏。据介绍，发布共创作品的账号在流量和涨粉数据上均有显著增长。

共创在为品牌账号带来更多曝光的同时，也会倒逼品牌和达人的梦幻联动，创作更多优质内容。更生动的内容表达方式也是在助力品牌号的长效经营，不仅能丰富品牌的内容沉淀，还能高效引流高黏性用户。在很多 MCN 机构中，签约达人的粉丝量头尾分化严重是很常见的事情，共创有利于缓解内容创作的焦虑，加强旗下达人之间的联动，为账号内容带来新鲜血液，从而打破涨粉瓶颈，实现账号的导流。

共创还能为本地商家提供新机会，通过同城搜寻匹配的商家，同一类客户群体且不存在竞争的商家可以共创内容，共同涨粉、享受流量，开展异业合作，比较简单的一种方式就是会员共享。商家之间的客户共享，可以打造一个大的公共客户池，这种方式非常适合互补且资源对等的异业商家。现在很多品牌或商家的直播间采用矩阵模式，例如罗蒙、七匹狼等，主要是为了扩大规模效应。

图 5-22 抖音内容共创

任务三 直播间粉丝管理

主播把直播间的用户变为粉丝后，就要对粉丝进行管理开发，提高其活跃度，并持续维护良好的粉丝关系，最终促使其裂变、分享。

5.3.1 直播平台粉丝管理

（1）淘宝直播粉丝管理。粉丝管理方式大致包括两种形式，以下以淘宝直播为例。

① 使用淘宝官方工具"客户运营平台"，可以对全店粉丝进行统一管理。商家等级划分如表 5-1 所示。商家等级匹配权益如表 5-2 所示。

表 5-1 商家等级划分

商家等级	会员规模	会员权益在线天数（专享礼券/积分兑换/会员买赠）	权益领取量（礼/券）	核销率
0	无要求	无要求	无要求	无要求
1	500 人（含以上）	在线 13 天及以上（15 天内）	30 个	无要求
2	5 万人（含以上）	在线 15 天（15 天内）	300 个	30%（含以上）

表 5-2 商家等级匹配权益

商家等级	会员积分	店铺首页会员官方模块	会员商品券/复购券	购后页面招募入会	微淘会员权益展示	店铺底部bar会员中心入口	商品详情页会员券展示	直播间会员运营	淘宝会员运营	专属客服融合	商品详情页会员招募	消费者无门槛入会	会员日
0	有	有	有	有	有								
1	有	有	有	有	有	有	有	有	有	有			
2	有	有	有	有	有	有	有	有	有	有	有	有	可报名

② 采用常用功能进行管理。采用常用功能进行管理包括客户分群会员等级、会员积分、会员权益、直播间会员运营（直播间入会领取优惠权益）、短信营销、兴趣人群召回、定向海报、优惠券关怀等。根据粉丝画像分析，制定合适的分群方案。例如，可以按照新粉、铁粉、钻粉、挚爱粉进行分群管理；也可以按照不同地域进行分群管理，还可按照八大人群进行分群管理等。此外，还可以使用淘宝粉丝群或是使用微信群，一般建议使用微信群，因为微信群粉丝使用率高、触达率高，注意不要违反淘宝平台的规则。

（2）**抖音直播粉丝管理**。抖音后台提供粉丝用户管理、粉丝画像、粉丝分层和不同类型粉丝增长策略和方法。商家通过用户管理获取账号核心用户数据，主要包括企业人气值、全部核心用户、昨日新增核心用户和近 30 天转化用户等数据。商家根据与粉丝短视频互动、主页互动、直播互动、私信互动和行业工具等互动类型，完成不同用户状态（包括无兴趣、了解、有兴趣、有意愿、已转化）的自定义标签管理，建立用户名片管理档案，还可以获得粉丝关系和互动分值。此外，用户管理还可以下载通过短视频预约、企业主页预约、直播预约和私信预约的渠道获得的预约用户数据。

抖音的粉丝画像为商家提供了粉丝性别分布、年龄分布、设备分布、兴趣分布和地域分布等多维度可视化报表。粉丝画像为企业主构建出一整套完善的粉丝人群画像，借助可视化、数据化、线性化的表现方式，让企业主更了解自己的粉丝，为企业实现个性化推荐、精准营销打下强有力的基础。粉丝人群画像数据更新频率为日更，即每天更新前一天的数据，数据来源为已关注当前抖音认证企业号的所有粉丝在抖音 App 上的相关数据。此外，粉丝画像还描述了粉丝关注热词、活跃分布和设备分布等情况，从多个维度呈现粉丝状态。

粉丝分层是指账号中真爱粉、好感粉和路人粉的变化趋势。主播能够通过分层占比变化了解账号运营过程中各个分层的粉丝数和潜在粉丝数的占比变化。一个健康活跃的抖音账号具有合理的粉丝分层结构，它决定了后期内容创作方向和直播间产品选品和价格参考依据。粉丝价值主要从内容触达和粉丝贡献两个维度来体现。抖音后台能分析企业号短视频、直播内容，对于不同层级的粉丝和非粉丝用户存在差异化的触达效率，能够清楚分析企业号短视频和直播内容对粉丝的触达观看情况，分析企业号粉丝对短视频和直播的兴趣情况，一般来说，商家与粉丝关系越亲密，价值越高，其触达率也越高，真爱粉内容触达率比好感粉和路人粉的触达率要高，而粉丝贡献主要以转化行为来衡量，转化行为包括用户留资、团购和电商购买，交易额包含团购和电商购买的交易频次和金额。

5.3.2 直播粉丝维护措施

一般来说，主播或直播运营人员可以通过召回粉丝、提升粉丝活跃度、提升粉丝亲密度 3 种方式进行粉丝维护。

（1）**召回粉丝**。主播或直播运营人员可以通过客户运营平台的短信工具、微淘、粉丝群、直播推送等召回粉丝，吸引粉丝回到直播间。

（2）**提升粉丝活跃度**。主播应定期与粉丝进行互动，可以与粉丝聊聊热点话题，或投放限量的、优惠力度较大的产品来激活粉丝，也可以设计签到打卡等玩法。一般能够刺激粉丝购买的前提，往往是粉丝对主播的信任和关怀度，激发了他们的潜在购买需求，而直播需要做的是加强与粉丝间的联系。例如，在直播的过程中多与粉丝互动，尽量照顾到每位粉丝，与粉丝多互动，拉近关系。在细节上，简单地打声招呼，就会让粉丝们有一种"家"的感觉，有被关怀、被重视的感觉，热心为粉丝解答问题的同时也能记住粉丝的 ID 等。

（3）**提升粉丝亲密度**。淘宝直播平台的粉丝按照亲密度分为不同层级，主播可以根据粉丝的等级设置不同的福利策略，以便更好地维护粉丝。粉丝亲密度是粉丝和主播之间互动的频率指数，粉丝进入主播直播间，进行一系列行为后积累淘宝直播间积分值，达到一定亲密度分值后，可升级为不同等级的主播粉丝。积分越多，粉丝等级越高，享受的权益越多。很多直播间通过与老板的砍价模式，积极为粉丝争取各种福利，获得了更多粉丝的青睐。粉丝亲密度等级如表 5-3 所示。粉丝亲密度的加分规则如表 5-4 所示。

表 5-3 粉丝亲密度等级

对应等级	等级数量	分值区间	单个主播亲密度每日上线
新粉	★★★	0~499	200
铁粉	★★★★	500~1499	300
钻粉	★★★★★	1500~14999	400
挚爱粉	★★★★★★	15000+	1000

表 5-4 粉丝亲密度的加分规则

亲密度加分项	淘宝分值	淘宝直播App分值
直播签到	+2 分	+4 分
累计观看 4 分钟	+4 分	+8 分
累计观看 15 分钟	+10 分	+20 分

续表

亲密度加分项	淘宝分值	淘宝直播App分值
累计观看35分钟	+15分	+30分
累计观看60分钟	+20分	+40分
关注主播	+10分 （仅限第一关注）	+20分 （仅限第一关注）
发表评论	+4分 （单日上限5次）	+8分 （单日上限5次）
分享直播间	+5分 （单日上限5次）	+10分 （单日上限5次）
点赞满20次	+10分 （单日上限一次）	+20分 （单日上限一次）
访问商品详情页	+5分 （单日上限一次）	+10分 （单日上限一次）
每购物达10元	+1分 （无限）	+1分 （无限）

一场直播结束以后，主播的任务完成了，创造了暂时的销售额，但是售后问题同样至关重要。很多粉丝因为受到直播间气氛的影响促成了订单，但是事后冷静下来，可能会做出退单的举动，所以好的售后与沟通渠道完全可以减少这类情况的发生。主播作为一个产品推荐者和售卖者，为了降低粉丝的退货率，可以在直播后在粉丝群或通过私信和活动不断地与粉丝进行沟通，同时也要与商家对接好售后问题，提升粉丝的满意度。

思政园地

小花（化名）是小红书上一位拥有40多万名粉丝的博主，日常会发表亲子内容、穿搭笔记，在网上拥有较高人气。小美是小花的粉丝，经常看小花发表在"小红书"上的穿搭博文，并模仿小花的服饰穿搭，发表在自己的"小红书"上或微信朋友圈，被小花看到后，引发了小花粉丝和小美之间的"骂战"，小花的粉丝大量涌入小美的"小红书"笔记下对小美进行侮辱和谩骂。小花在"小红书"上发布笔记，该笔记内容捏造小美在小花网店购买服装后恶意退货，小美收到寄拍邀请、受邀成为穿搭博主进行营利的事实。小美不堪其扰向法院起诉，告小花名誉侵权。

法院审理认为，小花故意捏造事实并进行散布，公然贬低小美的人格，致使小美遭受小花粉丝的网络暴力，大量侮辱诽谤性评论发表后大大降低了小美的社会评价，侵害了小美的名誉权。小花捏造了事实，客观上导致其粉丝对小美产生误解，且侮辱、谩骂小美，超出了正常言论自由的范畴，应属于网络暴力。小花作为具有一定影响力的"小红书"博主，没有主动制止粉丝的不当行为。因此小花应该对粉丝的集体行为承担一定责任。

网络不是法外之地，公众人物应该以身作则承担社会责任，引导网络用户树立良好的价值观，共同构建清朗、有序的网络环境。如果自身合法权利被侵害，那么可以通过法律途径依法维权，切不可动用网络"特权"去网暴他人。

【思考与分析】

1. 策划一场直播粉丝维护活动，各直播团队针对已开展的直播活动，策划一场线下或线上直播粉丝维护活动，制定详细活动方案。
2. 撰写一场5分钟的粉丝互动直播环节，并现场进行直播路演。

【选择题】

1. 主播的具体开播时间点，主要依据（　　）来决定。
   A. 主播的粉丝空闲时间段　　　　B. 主播的空闲时间段
   C. 用户看直播的黄金时间段　　　D. 主播的心情状态
2. 主播为了保持粉丝对直播间的新鲜感，最重要的是主播要（　　）。
   A. 对直播内容进行不断创新　　　B. 对直播内容进行连贯性设置
   C. 对直播内容进行笑点设置　　　D. 对直播内容进行悬念设置
3. 在直播对直播内容演绎的风格中，处于核心地位的是（　　）。
   A. 即兴演绎　　B. 剧情演绎　　C. 理性睿智演绎　　D. 豪情奔放演绎
4. 主播在直播间以抽奖方式向粉丝发福利时，把抽奖当成（　　）最为恰当。
   A. 游戏　　　　　　　　　　　　B. 直播内容
   C. 对粉丝发商品福利　　　　　　D. 对粉丝奖励
5. （　　）是主播在直播过程中的根本要求。
   A. 真实性　　B. 趣味性　　C. 连贯性　　D. 创新性
6. 观众粉丝对主播产生熟悉所需的熟悉时间段长度，依据粉丝的（　　）而定。
   A. 认识能力　　B. 空闲时间　　C. 重复次数　　D. 在线时长
7. 观众粉丝进入一个直播间首先看到或注意到的是（　　）。
   A. 主播的外在形象　　　　　　　B. 直播间的空间设置
   C. 直播软件操作节目　　　　　　D. 直播间参与人的外在形象
8. 下列选项中，关于直播内容对观看者的作用描述中，正确的是（　　）。
   A. 直播内容是一场直播活动中最主要的因素

B．直播内容决定直播间的收入情况

C．直播内容只能由主播创作出来

D．直播内容具有观赏性

9．在直播间的所有粉丝中，（　　）最能为直播间带来收入或者创造利润。

A．忠实粉丝社群 B．普通粉丝社群

C．土豪粉丝社群 D．恶意抹黑粉丝社群

10．在对主播的总粉丝社群进行细分时，最主要是按照（　　）。

A．主播与粉丝的亲疏远近进行划分社群

B．主播与粉丝的兴趣爱好进行划分社群

C．粉丝的共同兴趣爱好进行社群划分

D．粉丝的共同地域进行社群划分

项目六

直播活动的复盘与提升

学习目标

- 掌握直播过程和直播数据复盘内容
- 了解直播视频剪辑技巧
- 掌握直播表情包的制作与使用
- 熟悉淘宝直播平台机制算法
- 掌握抖音直播倒三角推荐机制
- 掌握快手流量分发机制与流量逻辑
- 掌握直播核心数据的分析方法
- 掌握直播观看量、吸粉率、停留时长、互动率、转化率的提升方法
- 了解直播层级论与层级突破法
- 掌握直播快速涨流量的方法

直播活动复盘是直播活动的一个重要环节，任何一场直播活动都需要通过数据的变化情况进行及时总结、反思及提升。复盘能够对直播活动进行流程化的回顾，总结直播中的不足之处，避免同样的错误再发生，提升直播运营团队的经验与能力。直播复盘主要包括直播过程和直播数据两方面内容。直播过程复盘需要清晰地了解直播过程中每个人的工作是否执行到位，若有人缺席则是否有人补位，有突发状况是否按照预案执行。直播数据复盘是直播中真实情况的反映，关注的数据点有很多，如直播时长、总场观、成交金额、订单数量、涨粉数量、引流短视频数量等，还包括转化问题、留存问题、流量问题、货品问题、协同问题，应在复盘时提出不足之处，思考并整理出解决方案。

复盘是职场人具备的一项重要能力，它能帮助我们快速梳理工作中出现的问题、吸取经验教训，从而有所成长。无论是在生活还是在工作中，我们都要学会科学、高效地复盘。

复盘可以加快后期工作的进度，方便对工作进行量化和目标强化。复盘总结的规律可以使整个工作流程化，减少不必要的精力和时间消耗。

任务一　直播视频传播发酵

6.1.1　直播传播计划拟定

直播结束并不意味着整个直播工作结束。在直播结束后，直播运营人员可以将直播活动的视频进行二次加工，并在各种新媒体平台上进行二次传播，最大限度地放大直播效果。直播活动的传播计划包括确定目标、选择形式、组合媒体3部分。

（1）确定目标。直播运营人员要明确实施直播传播计划要实现的目标，该目标应该与企业、品牌商制定的整体市场营销目标相匹配，如提高品牌知名度、提高品牌影响度、提高商品销量等。

（2）选择形式。在确定目标之后，直播运营人员要选择合适的传播形式将直播活动的二次传播信息发布到网络上。目前，常见的传播形式有视频、软文两种。直播运营人员可以选择其中一种形式，也可以将两种形式组合起来。

① 直播视频传播。在直播结束后，直播运营人员可以通过视频形式分享直播活动的现场情况，以此作为二次传播方式。直播活动二次传播视频的制作包括录制直播画面、直播画面浓缩摘要和直播片段截取3种方式。录制直播画面是指将直播画面全程录制下来，错过实时观看直播的用户可以通过观看直播回放视频来获取直播内容。直播画面浓缩摘要是指将直播画面录制下来后，进行有效删减，选取关键直播画面制作成视频，并为视频画面添加旁白或解说。直播片段截取是指截取直播活动中部分有意义、吸引人的片段，将其制作成视频发布到网络上。

② 直播软文传播。直播软文传播是指将直播活动的细节撰写成软文并发布到相关新媒体平台上，用图文描述的形式向用户分享直播内容。直播软文可以从分享行业资讯、提炼观点、分享主播经历、分享观众体验和分享运营心得等角度切入。分享行业资讯的直播软文通常用于主题严肃的直播，往往吸引业内人士关注或回看直播。提炼观点的直播软文通常提炼直播活动的核心内容，如新品主要功能。分享主播经历的直播软文通常是主播用第一人称撰写个人经历。分享观众体验的直播软文通常是从用户角度出发，撰写观看直播的体验或感受。分享运营心得的直播软文通常是直播运营人员从操盘者的角度来进行撰写，如分享直播幕后故事。

（3）组合媒体。在传播形式确定以后，直播运营人员要将制作好的内容发布到合适的新媒体平台。如果是视频形式的内容,则可以发布在官方微博、抖音、快手、微信视频号、腾讯视频、爱奇艺等平台上;如果是软文形式的内容,则可以发布在微信公众平台、36氪、知乎、百度贴吧等平台上。

6.1.2 直播视频剪辑与传播

直播运营人员需要对录制直播画面、直播画面浓缩摘要和直播片段截取3种形式的视频进行剪辑。如果是手机视频,则可以使用剪映(手机版)、VUE、美拍大师等软件进行剪辑;如果是电脑端的视频,可以使用Adobe Premiere Pro、格式工厂、爱剪辑、剪映(电脑版)等软件进行剪辑。视频剪辑完成后,可以上传至各类网站、新媒体平台进行传播推广。视频传播推广主要通过3种途径,分别是视频网站推荐、主动搜索、自媒体平台推送。

(1)**视频网站推荐**。视频网站首页、内页通常有推荐栏目。为了提升视频浏览量,需要与视频网站充分沟通,了解推荐规则,按照推荐规则优化视频,提交视频推荐申请。

(2)**主动搜索**。网民通常会在搜索引擎网站,例如百度、搜狗,或在视频网站搜索相关关键词,获取希望看到的内容。排名靠前的视频会获得更多点击量,因此,我们要对视频文字进行优化,将关键词植入视频标题、视频描述等文字内容中。

(3)**自媒体平台推送**。企业直播活动需要将直播与自媒体平台相结合。一方面,利用直播宣传微博、微信公众平台等;另一方面,在直播活动结束后利用自媒体平台推广直播视频,便于未观看直播的平台粉丝了解直播内容。

6.1.3 直播表情包的制作与使用

在直播活动中,经常会产生各类有趣的经典的表情,直播表情包的制作与使用包括发现表情、表情截取、添加文字、表情包使用4个步骤。

第一步,发现表情。适合作为直播表情包的表情可以是经典同步型表情、夸张表情、动作表情。经典同步型表情是指直播中与互联网上已经有广为流传的表情,如微信表情、微博表情等同步表情,它们可以作为表情包素材。夸张表情是指当直播参与者无意中出现"皱眉""噘嘴""闭眼"等面部表情时,可以标记并保存。动作表情是指直播中的人物动作,尤其是与台词、口语或流行语相关的动作,例如,"轻轻地我走了""下班啦"等,此类动作也可以作为表情包素材。

第二步,表情截取。制作静态图片表情包,只需要将视频暂停,用截图工具截取相应的表情即可。制作动态图片表情包,可以使用计算机或者手机自带的录制功能。

第三步,添加文字。制作静态图片表情包可以直接打开Photoshop软件,新增图层并添加文字即可,或者通过美图秀秀等软件直接添加文字。动态表情图在Photoshop软件里以图层形式出现,每一帧即一个图层,点击右下角"创建新图层",选中新建的图层,并添加文字,如图 6-1 所示。

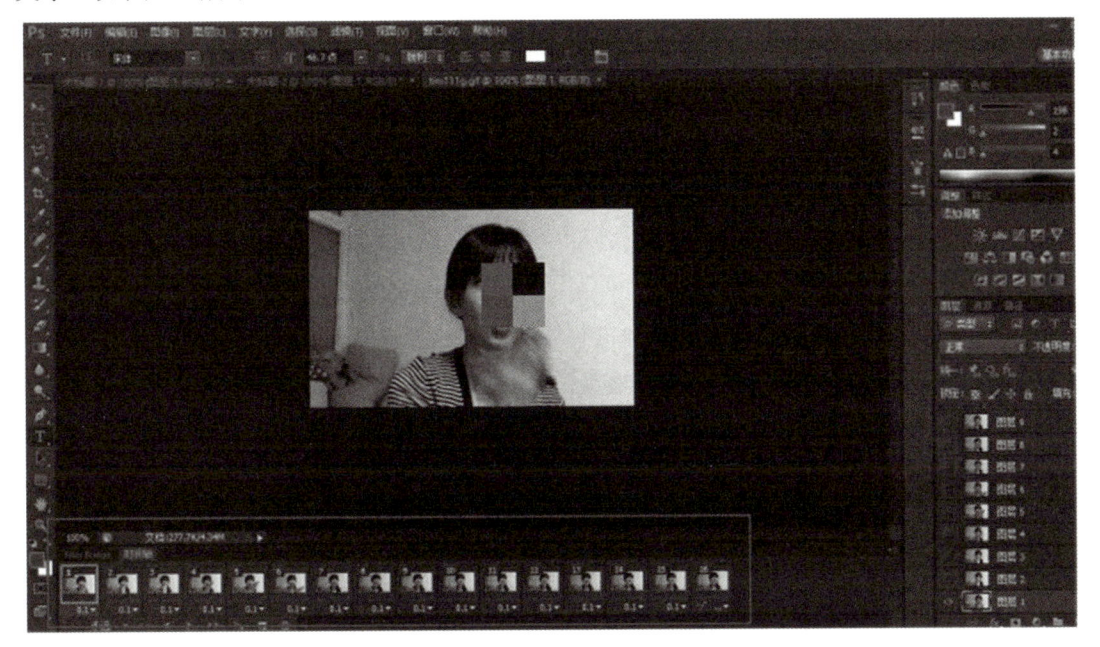

图 6-1 动态表情图层文字添加

第四步,表情包使用。制作完成的表情包可以通过企业自媒体,例如,企业官方微博、微信公众平台;官方群组,例如,粉丝群、试吃团;以及表情开发平台,例如,微信、QQ推广直播表情包。

任务二 直播复盘的核心思路

6.2.1 淘宝直播机制算法

如何有效提升公域流量进入直播间,如何将有效流量转变成私域流量,如何有效提升直播成交额,这些都是直播运营人员在日常工作中必须考虑的问题。就淘宝直播平台而言,直播流量分配遵循标签竞争、层级攀登、活动排名 3 个原则。

(1)**标签竞争**。直播打标签,本质是在给官方和粉丝精准定位直播团队的直播属性,根据直播团队的直播属性来匹配对应的流量。

(2)**层级攀登**。层级越高,直播权益越多,被官方和粉丝看见的机会就越大;流量也会往高层级的主播或店铺倾斜。头部主播是有流量保底机制的。

(3)**活动排名**。淘系举办的大大小小的活动、各种主题直播及月终排位赛,都是一次洗牌过程。把官方活动和官方任务完成得越好，排名越靠前，在分配中也会被偏爱。因此，直播运营人员在流量竞争过程中，需要合理地运用直播标签，攀升直播等级，把握活动机会。

淘宝直播机制算法与店铺运营机制算法基本接近，周期性以7天为单位，7天、14天、21天、1个月、2个月、3个月，以此类推。淘宝直播的主要直播数据为观看量、直播访客、吸粉率、互动率、平均停留时长、转化率、新访客占比率、人均观看量、分享转发率等。

6.2.2 抖音直播机制算法

抖音电商直播机制算法与淘宝直播机制算法基本相近，抖音电商直播的主要直播数据和淘宝直播的一样，为观看量、直播访客量、吸粉率、互动率、平均停留时长、转化率、新访客占比率、人均观看量、分享转发率等。抖音娱乐直播则以观看量、吸粉率为主，通过刷礼物获取收益。

然而，抖音直播是由一款音乐创意短视频社交软件衍生而来的，体现了年轻人潮流个性的生活态度，在直播电商方面以内容"种草"为核心。抖音在流量逻辑上重算法轻粉丝，该逻辑作为区别于搜索和社交的信息推荐模型，将内容和用户进行匹配，通过系统进行精准推荐是这个算法的核心，因此该逻辑也被称为内容导向的计划经济。

这个函数包括3个维度的变量，即内容、用户、环境。

① 内容。每种内容都有很多标签，如什么类别、属于什么领域、播放量、评论数、转发数等，需要考虑怎么提取内容特征来推荐。

② 用户。包括兴趣、职业、年龄、性别等。

③ 环境。它主要是指用户在哪里、什么场合、工作还是旅游等。一般来说，就是"我是谁""我在哪儿""我想看什么"。

要将这三者匹配起来，是一个很复杂的数学问题，常用的模型就有好几种。像抖音这种数据量大、实时性强的，一般会多种模型混合使用。最终，系统会先根据多个因素加权计算得出一条视频的指数，再根据指数来分步骤推荐。

（1）冷启动。 第一步为冷启动。视频通过审核后，系统会分配一个初始流量池，初始流量池由两部分组成：一是该账号的粉丝，但并不是所有粉丝都能推送，要服从算法优先原则；二是可能喜欢这个视频的用户。

冷启动推荐有300次左右的播放量。系统会先根据数据给视频加权计算，核心数据包括播放率、评论率、点赞率及完播率；再做加权计算。

权重的排序大概是完播率>点赞率>评论率>转发率。一个视频也许是开头吸引了用户，也许是标题吸引了用户，也许是封面吸引了用户，但这些都不能说明整个视频质量高，只能说明某一部分吸引人。如果用户可以把视频看完，就说明视频是优质的。因此，完播率的权重放在第一位。

除了这 4 个数据,账号的权重也是考虑因素。根据今日头条的算法经验,如果两个账号发同样的消息(文字可以抓取内容来分析),那么算法会优先采信权重高的账号,但是视频应该较难遇到这种情况。

(2)被再次推荐。加权计算后,如果视频符合第二次推荐的要求,就会被推荐到第二个流量池,有 3000 次播放量。之后重复第二步的操作,统计数据,再推荐,每次推荐都会获得更大的流量。如果某次数据不达标,就会暂停推荐,视频的流量也就止步了。最终形成了倒三角推荐机制,如图 6-2 所示。

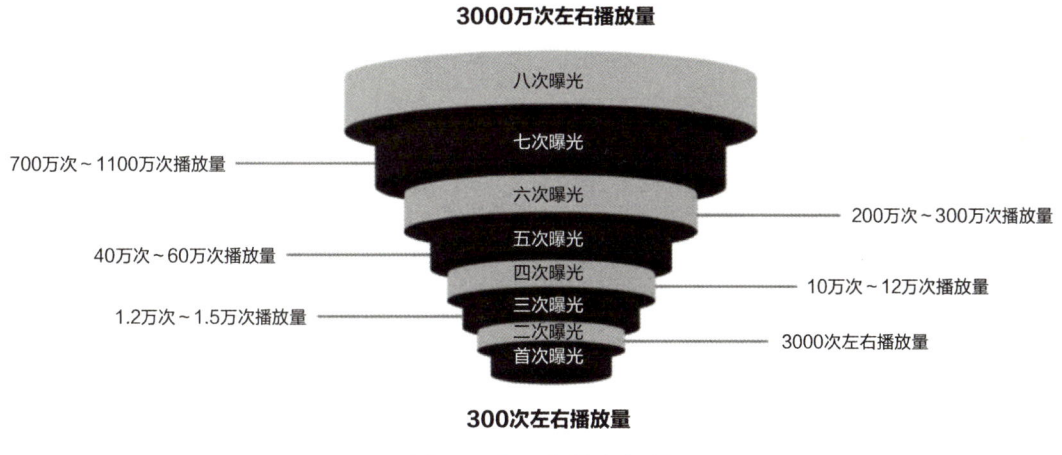

图 6-2 倒三角推荐机制

6.2.3 快手直播机制算法

相比于抖音重算法轻粉丝的流量逻辑,快手的流量逻辑则是"社交 + 兴趣"。快手基于"社交 + 兴趣"进行内容推荐,采用去中心化的"市场经济"。快手以瀑布流式双栏展现为主,发布内容粉丝到达率约为 30%~40%。

快手优先基于用户社交关注和兴趣来调控流量分发,主打"关注页"推荐内容,如图 6-3 所示。快手的弱运营管控直接"链接"内容创作者与粉丝,提高双方之间的黏性,沉淀私域流量,诞生了信任度较高的"老铁关系"。

快手推荐"互粉"的规则和路径,限制用户每天的关注上限是 20 人,并且当关注数到达 1500 人的上限之后就不再能添加了。当然,快手这样设计的目的并不是让人互粉。推荐机制有以下 4 种类型:根据你关注的人推荐;有 n 位好友共同关注;你可能认识的人;他在关注你。

通过互粉得来的粉丝,一般比较关注"互粉",他可能会做粉丝管理,经常查看自己关注的人是否在关注自己,如果对方不再关注自己,就会取关对方。图 6-4 所示内容大概可以演示由"陌生人社交"转变为"粉丝老铁社交",由"公域流量"转变为"私域流量"的快手流量逻辑，发帖人的风格或人物设定越明显、越强大，私域流量就越紧密。

图 6-3　快手流量分发

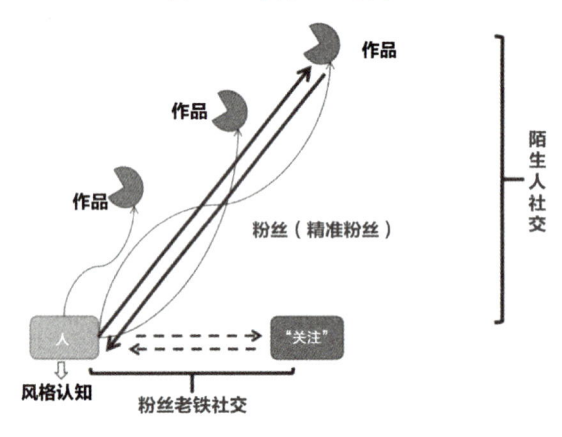

图 6-4　快手流量逻辑

6.2.4　直播核心数据标准

一场优质的电商直播，需要直播运营人员掌握直播核心数据标准，并在直播活动中努力达到标准要求。直播核心数据标准如表 6-1 所示。

表 6-1　直播核心数据标准

直播核心数据	标准
直播观看量	越高越好
直播访客数	越高越好

续表

直播核心数据	标准
直播吸粉率	能够达到10%以上
直播互动率	能够达到10%以上
直播平均停留时长	5分钟
直播转化率	大于行业平均转化率
直播新访客占比率	能够达到50%以上
直播人均观看量	标准为1~3次，不超过5次
直播分享转发率	能够达到5%左右

在直播电商中，数据分析具有重要意义。首先，数据分析可以了解直播运营质量。直播运营日常工作包括粉丝维护、社群运营、线上线下活动策划与组织等，这些工作是否有价值、是否实现了营销目标，需要通过数据来了解和判断。其次，数据分析可以控制直播运营成本。企业直播营销一方面要关注销售额及品牌价值，还要关注运营成本，尤其是广告成本。直播团队需要在广告投放前综合近期投放情况进行调整和优化，以控制成本。再次，数据分析可以预测运营方向。直播运营者借助大数据可以分析和判断新媒体内容、活动及推广是否与网络热点结合。最后，数据分析可以评估营销方案。每次的直播营销方案都是根据上一次的经验总结出来的，可以参考但不能完全借鉴，必须重新进行数据评估。直接复盘的重要数据指标，如图6-5所示。

指标说明

点击成交率（人数）
直播间总成交人数/商品在直播间内的总点击人数

退款订单数
直播间退款成功商品的退款订单数，仅包含走售后系统且退款成功（含货到付款）的订单，不含线下退款（如先行赔付等），包含发货前和发货后退款

退款人数
直播间退款成功商品的退款人数，仅包含走售后系统且退款成功（含货到付款）的订单，不含线下退款（如先行赔付款等），包含发货前和发货后退款

退款金额
直播间退款成功商品的退款金额，仅包含走售后系统且退款成功（含货到付款）的订单，不含线下退款（如先行赔付款等），包含发货前和发货后退款

曝光
本场直播截止目前，直播间曝光次数的总和

进房率
直播间进入人次/直播间曝光人次

指标说明

平均在线人数
本场直播截止目前，直播间内平均在线的人数

最高在线人数
本场直播截止目前，直播间内最高的在线人数

平均评论次数
本场直播截至目前平均每分钟的评论次数

商品点击人数
直播间内点击商品的人数，包含点击闪购商品卡、点击讲解商品卡、点击商品列表的商品

商品点击率
直播间商品点击人数/直播间商品曝光人数

近5分钟商品点击次数
近5分钟直播间内点击商品的次数，包含点击闪购商品卡、点击讲解商品卡、点击商品列表的商品

曝光点击率
商品点击人数/商品曝光人数

图6-5 直播复盘的重要数据指标

GPM 值：平均每千次直播间观看人次所带来的成交金额，千次的高低决定着下一场直播的流量好坏。

UV 值：每分钟成交金额/每分钟在线人数的平均值。

GMV：直播间成交的订单金额汇总（含本场直播间仅架构物车结束后成交的订单），不去除退款订单金额。

6.2.5 获取直播核心数据

直播互动结束之后，运营团队进行数据分析要有足够多的有效数据，可以通过账号后台、平台提供的数据分析工具，以及第三方数据分析工具来获取数据。

（1）账号后台。主播账号后台通常会有直播数据统计，直播运营人员可以在直播过程中或者在直播结束之后，通过账号后台获取直播数据。以淘宝直播和抖音直播为例。

淘宝直播运营团队可以在淘宝直播中控台、淘宝主播 App 获得直播数据。

① 淘宝直播中控台。直播团队若是在直播活动进行时要查看实时数据，可以在电脑端直播中控台页面中单击"查看详情"按钮进行查看，如图 6-6 所示。

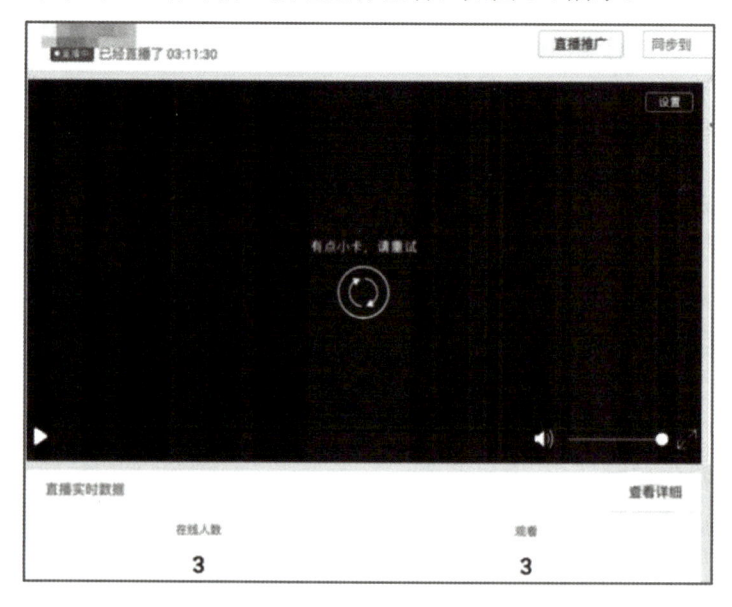

图 6-6 直播中的中控台页面

直播团队若是在直播活动结束后要查看直播数据，可以在电脑端直播中控台页面选择"选择我的直播""某条直播回放""查看数据详情"选项，便可进入本条直播的数据详情分析页面，如图 6-7 所示。

② 淘宝主播 App。若在直播活动进行时查看实时数据，主播向左滑动直播推流页面即可。若在直播活动结束后查看直播数据，主播登录淘宝主播 App，在"我的直播"中找到要查看的内容，直接点击即可，如图 6-8 所示。

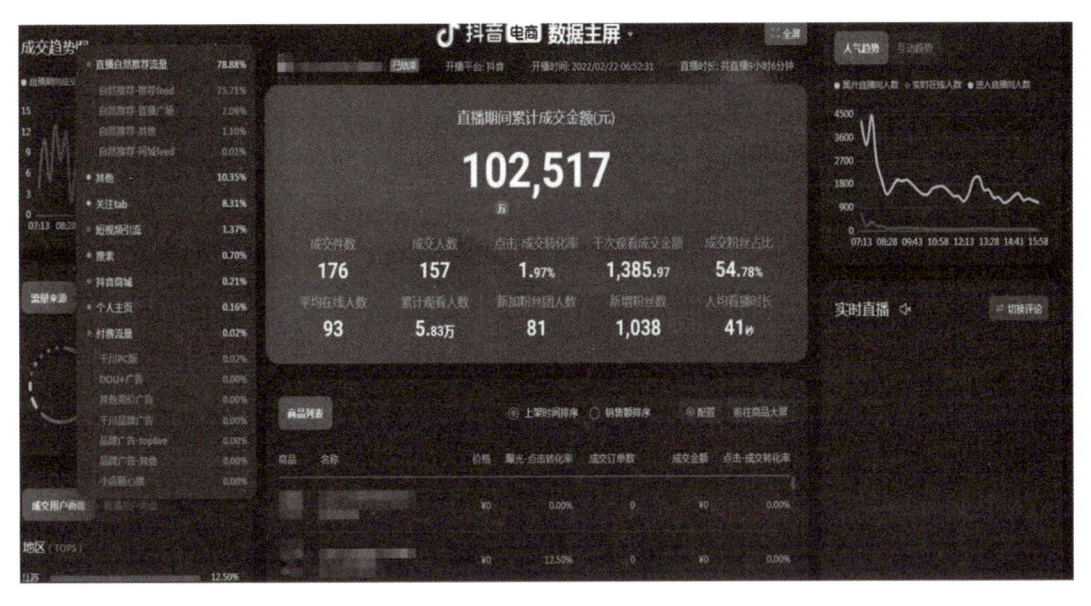

图 6-7　直播结束后的直播数据页面

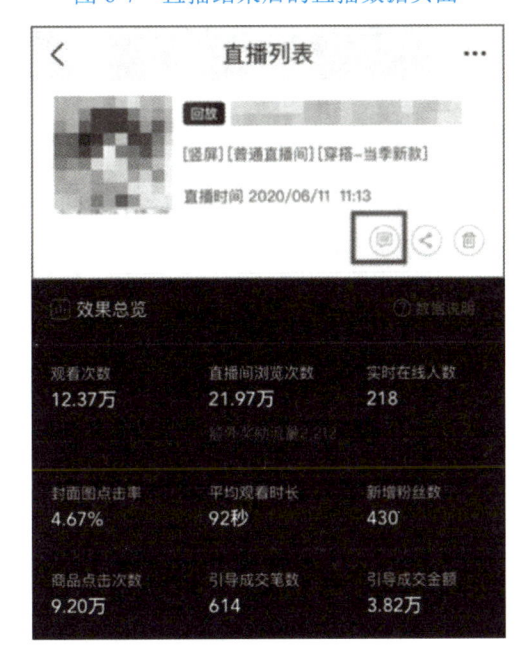

图 6-8　直播结束后的直播数据页面

此外，为了帮助卖家更好地运营店铺，淘宝平台为卖家提供了一些运营工具，如数据银行、生意参谋、达摩盘等，这些工具能够为卖家提供淘宝直播的相关数据。卖家可以使用这些工具了解自己店铺的直播情况。

抖音直播。若使用手机进行抖音直播，则打开抖音 App，首先点击右下角"我"，在页面的右上角点击横线图标；然后点击菜单中的"企业服务中心"，如图 6-9 所示；接下来点击"主播中心"，如图 6-10 所示；最后点击"数据中心"，就能够选择直播场次并查看后台数据，如图 6-11 所示。

（2）平台提供的数据分析工具。市场上有很多专门为用户提供直播数据分析的第三方数据分析工具，直播团队可以利用这些工具搜集自己需要的数据，例如，飞瓜数据、卡思数据、蝉妈妈等。

飞瓜数据是一款短视频和直播查询、运营及广告投放效果监控的专业工具，可以为抖音、快手和哔哩哔哩等平台上的短视频创作者和主播提供数据分析服务。卡思数据是一个视频全网大数据开放平台，依托平台的数据挖掘与分析能力，构建多种维度的数据算法模型，以卡思指数体现一个内容创作团队的商业价值。卡思数据提供数据查询、趋势分析、舆情分析、榜单解读、行业研究等服务。蝉妈妈基于强大的数据分析、品牌营销及服务能力，致力于帮助国内众多的达人、机构和商家提升效率，实现精准营销。蝉妈妈提供短视频、直播全网大数据开发平台，依托专业的数据挖掘与分析能力，构建多维数据算法模型，通过数据查询、商品分析舆情洞察、用户画像研究、视频监控、数据研究、短视频小工具管理等服务，为直播达人、MCN 机构提供电商卖货一站式解决方案。

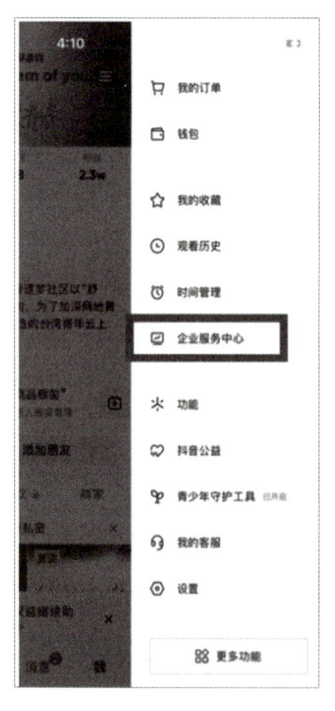

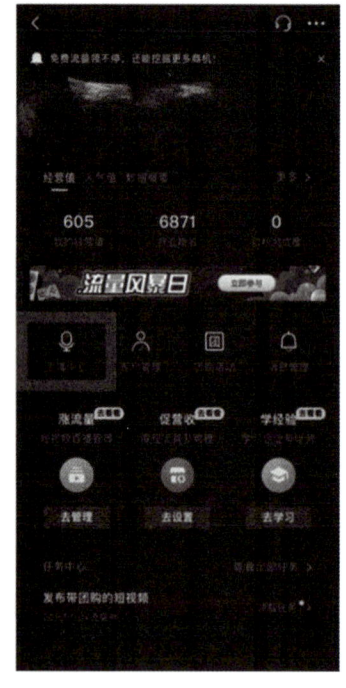

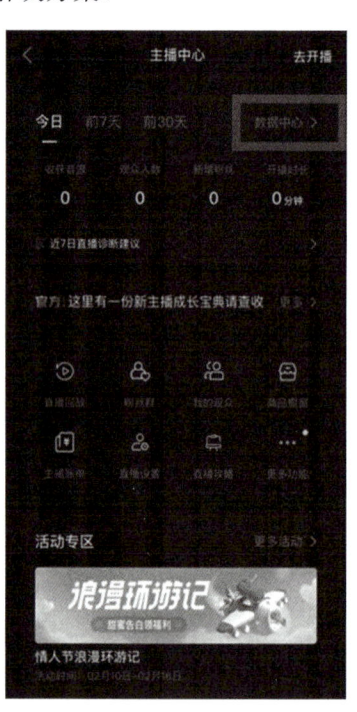

图 6-9　点击"企业服务中心"　　图 6-10　点击"主播中心"　　图 6-11　点击"数据中心"

6.2.6　计算分析直播核心数据

直播核心数据主要包括传播数据、互动数据和转化数据。传播数据是衡量信息扩散效率的指标，如阅读量、展现量等；互动数据是指用户/粉丝之间，用户/粉丝与作者之间的互动数据，是衡量受众卷入程度的指标，如评论数、收藏数等；转化数据是指从用户完善信息到用户最终为产品带来最直接的价值，如用户新增数和付费转化率等。

（1）**直播观看量**。直播观看量，即直播间访问次数，简称 PV。该数据可在直播账号后台直接查看。

（2）**直播访客数**。直播访客数，简称 UV。直播访客数由进入直播间的老访客数（直播老粉丝）和进入直播间的新访客数（直播新增粉丝及进入直播间但未关注直播的访客）构成。在直播活动中，一个直播访客多次反复进入直播间，直播访客数量仍为 1，但是一个直播访客可以产生多个直播观看量。该数据可在直播账号后台直接查看。

（3）**直播吸粉率**。直播吸粉率指的是一场直播活动所吸引的新增粉丝人数占直播新访客人数的比例。直播吸粉率=新增粉丝数/新 UV，其中，新 UV=直播新增粉丝+未关注的 UV。

（4）**直播互动率**。直播互动率=直播互动人数/UV。

（5）**直播平均停留时长**。直播平均停留时长反映的是直播内容的吸引力，平均停留时长越长，说明观众对直播间的兴趣越大。直播平均停留时长一般取决于选品能力和主播留人能力。对于一场优质的直播活动来说，直播平均停留时长的标准是能够达到 5 分钟。该数据可在直播账号后台直接查看。

（6）**直播转化率**。直播转化率是对直播活动综合维度的考量，最重要的因素之一是主播的卖货能力。直播转化率=直播间成交人数/UV。

（7）**直播新访客占比率**。直播新访客占比率=新 UV/UV。

（8）**直播人均观看量**。直播人均观看量=PV/UV。

（9）**直播分享转发率**。直播分享转发率=分享转发的人数/UV。

6.2.7 总结直播经验

直播经验包含人、机、料、法和环 5 个方面。

（1）**人**。直播团队需要对直播过程中涉及人的因素进行总结，尤其是在团队协作过程中，不同性格的团队成员会呈现不同的做事风格。作为一支完整的直播团队，需要将成员的优势充分发挥、成员劣势尽量避免，在团队沟通环节尽量减少人为失误。直播过程复盘需要清晰地了解直播过程中每个人的工作是否执行到位。直播团队主要的成员包括直播、助播、场控、运营等。

① 主播。主播是直面用户的第一人，只要不是特殊产品或者特殊直播间，一般都会选用俊男靓女，身高体重符合产品特点，口头表达能力强，应变能力强，抗压能力强。有自己的对产品及直播间的独特见解，能主导或参与选款、卖点归纳、产品展示方式、直播玩法策划、复盘优化等事项。要有优秀的状态调整能力、语言表达能力、善于总结并持续优化的能力。在直播过程中，一般主播出现的问题是在线人数激增时无法承接流量、直播间节奏出现偏差、恶意抹黑的粉丝出现时的临场反应、粉丝提出专业问题无法及时回答、产品介绍卖点错误且混乱（特别是服装穿搭出现明显问题）、直播间号召力差、催单付费能力

弱等。

② 助播。助播在直播过程中充当了主播好朋友的角色，灵敏度、激情度、配合度极佳的优秀人才是副播的不二之选。助播在主播介绍产品时能制造话题、烘托气氛，在粉丝要看细节时，第一时间给到产品近景，在做福利时，详细介绍规则及抽奖操作，直播间粉丝有任何问题都要冲到第一线快速解决。助播在直播中会出现的问题是激情不足而无法活跃直播间氛围、与主播配合不佳、产品细节展示不清晰、优惠券发放不及时、问题回答或者解决不及时、传递道具错误等。

③ 场控。场控作为整场直播的指挥官，也是复盘的组织者，需要随时观察直播过程中的任何事情，时刻关注今晚的目标达成情况，当在线人数低时，场控要加大引流、上福利、留住人并增加互动等，对整场直播的稳定性和高效性负责。直播间出现的需要场控关注的问题是产品上镜没有特点（服装行业比较突出）、产品要点归纳不足、预估直播数据出现偏差，直播中突发状况无法做出有效判断等。

④ 运营。运营的工作内容比较简单，一般就是后台的操作，产品上下架、价格及库存的修改、配合主播进行数量的呐喊、优惠券的发放、实时的数据记录等工作。运营在直播中出现的问题是产品上下架问题操作失误、库存数量修改错误、逼单催单气氛配合度不足、声音不够洪亮、实时问题出现后没有进行记录等。

⑤ 投手。投手主要的工作内容是为直播间引流，不管是直播间画面短视频或者引流短视频的准备和发布，还是巨量千川或者 DOU+ 的投放，都需要做好及时输出。及时为直播间带来精准付费人群是投手的第一要务。在直播过程中，投手出现的问题主要是引流人群不精准、转化率不足、上福利款时直播间人气不高。

以上就是直播的 5 位重要团队成员在直播时的主要工作及出现的常见问题，直播过程的复盘就是对直播过程中出现的工作失误进行反思并给出解决方案。如果在直播中可能发生重大失误，就要提前做好预案，防止重大失误带来极其严重的后果。

（2）机。机指的是直播硬件设施。在直播复盘阶段，直播团队需要对直播硬件设施进行总结，对场地的布置、直播手机或者计算机的性能、电池的耐用程度、道具的尺寸设计等进行讨论与总结。

（3）料。料指的是直播台词、直播环节设置、直播互动玩法、直播开场与收尾方法等提前设计好的内容。虽然已经提前设计好这些内容，但是在直播复盘阶段，直播团队仍需要总结出内容是否有效发挥、有无未考虑到的环节而导致现场混乱等。

（4）法。法指的是方案正文、项目操盘表、项目跟进表等。在直播复盘阶段，直播团队需要对直播前的方案正文、项目操盘表、项目跟进表等进行总结，尤其是重新评估项目操盘表是否具有实际指导价值、项目跟进表是否有效地引导团队成员进行直播相关的运作等。

（5）环。环指的是直播环境。在直播复盘阶段，直播团队需要对直播环境进行总结。主要是对现场声音清晰度、灯光亮度、现场屏幕流畅度等方面进行讨论与回顾。除此之外，还需要重新在直播网站进行环境评估，尤其是直播现场画面在网页端及移动端的适配程度。

为了能够发现直播过程中的问题，建议主播在每次下播后通过 Excel 表格形式记录直播时的关键核心数据，直播关键数据记录日志如表 6-2 所示。通过数据对比，主播能够更直观地发现本场或以往的直播问题，便于后续直播绩效优化提升。

总的来说，通过直播复盘，直播团队可以将直播整体或直播过程中的某个环节达到预期甚至超预期的作为经验进行记录，便于在下次直播时直接参照。对于未达目标甚至影响最终效果的部分，直播团队可以总结为教训，在后续直播中尽量避免此类问题。对于直播过程中遇到的新问题、在策划环节没有考虑到的问题，直播团队需要记下来，在后续直播策划中必须将此环节考虑在内。同时，需要将遇到问题后的解决方法也记录下来。

表 6-2　直播关键数据记录日志

日期	2023 年 5 月 10 日	2023 年 5 月 11 日	2023 年 5 月 12 日	2023 年 5 月 16 日
主播	娜娜	娜娜	娜娜	娜娜
开播时间	17:00	17:00	17:00	20:10
场观/人	213	527	582	342
峰值在线/人	10	10	13	9
平均在线/人	2	4	4	4
短视频引流	2.63%	0%	0.14%	0%
直播时长	2 小时	2 小时 15 分	3 小时	1 小时 50 分
停留时长/秒	60	54	56	56
互动率	2.69%	2.27%	3.99%	3.20%
转粉率	3.14%	2.84%	3.64%	1.16%
新增粉丝数/人	7	15	21	4
成交粉丝占比	50.00%	11.11%	10.53%	25.00%
加团数/人	0	0	0	0
评论次数/次	54	95	85	61
GMV	654	1107	2272	416
客单价	163.00	123.00	119.58	104.00
UV值	3.07	2.10	3.90	1.22
整体投产比	4.77	3.66	5.75	2.37
点击-成交转化率	8.16%	5.11%	7.92%	3.67%
成交人数/人	4	9	19	4
支付订单/个	6	10	20	4

任务三　直播核心数据的提升方法

直播卖货时用户购买路径如图 6-12 所示，根据购买路径可知，直播复盘过程时需要重点关注直播吸引力和直播销售力。直播团队可以围绕用户购买路径的每个环节，借助直播后台的数据展板，诊断每条路径节点在团队配置、直播引流、主播话术、商品选品和售后服务等方面的工作状况。

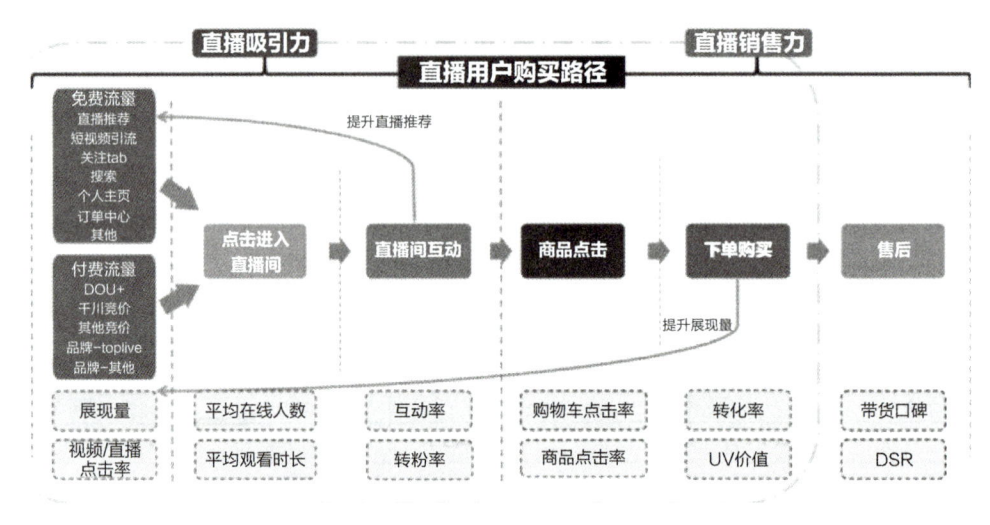

图 6-12　直播卖货时用户购买路径

6.3.1　提升直播观看量

在直播中，提升直播观看量可以从付费推广、优化直播间装修、直播预告等多方面多维度入手。提升直播间观看量的方法如图 6-13 所示。

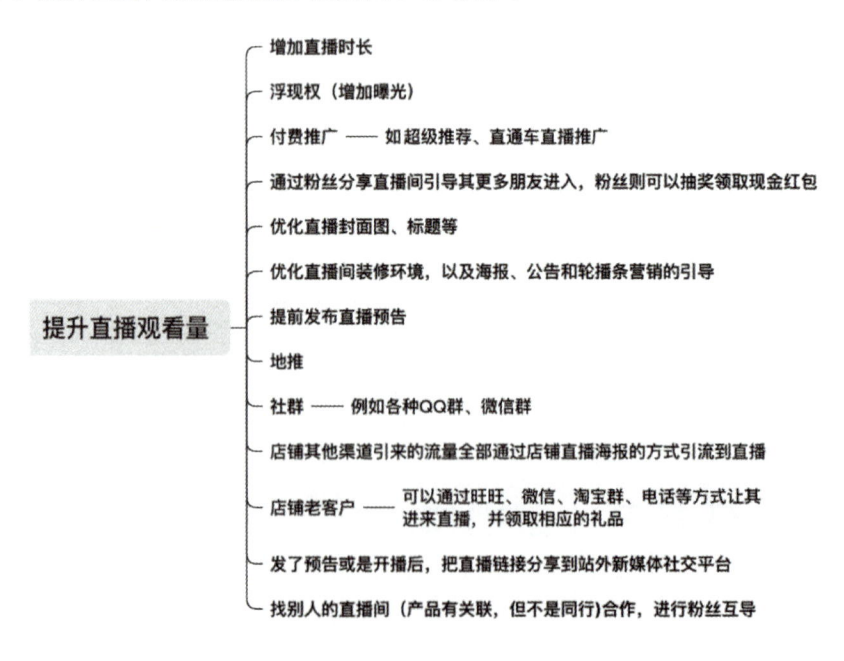

图 6-13　提升直播观看量的方法

（1）**通过粉丝分享引导**。通过粉丝分享直播间引导其更多朋友进入，粉丝可以抽奖领取现金红包的具体玩法有两种。第一种，如果该粉丝的朋友进入直播间购买，只要确认收货，那么粉丝提交其朋友的订单编号，核对无误后，即可将购买产品支付金额的一半作为现金红包返还给该粉丝。第二种，如果该粉丝分享直播间，并引导3人进入直播间关注并评论，则可以将3人的关注与评论截图发给客服，领取分享红包。一般来说，引导3人的分享红包可以是2.8元、3.8元、5.8元、6.6元、8.8元；或者分享红包为成本10元以内的包邮小礼品。对于3位新关注直播间的用户，可以通过截图领取关注红包。一般来说，新关注红包可以是0.3元、0.5元、1元、2元、3元。

（2）**提前发布直播预告**。提前发布直播预告的作用是可以让已关注直播间的老粉丝再一次进入直播间，成为观看量。运营团队在发布直播预告时，需要突出直播爆点。

（3）**地推**。地推的主要形式是发传单，传单上需要写明直播间的昵称及进入直播间的福利。例如，进入直播间停留10分钟，完成亲密度任务，可以领取一份小礼品或现金红包。地推的场所可以是地铁站、商场、餐厅、奶茶店、电影院等。

（4）**流量全部通过店铺直播海报的方式引流**。店铺其他渠道引来的流量全部通过店铺直播海报的方式引流到直播，店铺其他渠道包含手淘首页、直通车、SEO搜索引擎、微淘、官方内容平台（如有好货、必买清单、生活研究所、每日好店、爱逛街等）。直播运营人员可以将店铺其他渠道引来的流量全部通过店铺直播海报的方式引流到直播，以此增加直播观看量。

（5）**把直播链接分享到站外新媒体社交平台**。在发布预告或开播后，直播运营人员可以把直播链接分享到站外新媒体平台。常见的新媒体平台有微信朋友圈、微信公众平台、微信服务号、抖音、快手、小红书、今日头条、微博、网易新闻、一点资讯、百家号、知乎等。

6.3.2 提升直播吸粉率

在直播中，提升直播吸粉率可以从直播营销吸粉活动、直播互动工具的使用、粉丝营销活动策划等多方面多维度入手，提升直播吸粉率的方法如图6-14所示。

（1）**策划直播营销吸粉活动**。直播运营人员可以通过策划直播营销吸粉活动提升直播吸粉率。具体玩法有3种：第一种玩法和第二种玩法与"通过粉丝分享直播间引导其更多朋友进入，粉丝则可以抽奖领取现金红包"的具体玩法相同；第三种玩法是直播运营人员还可以通过吸粉活动引导粉丝提升其粉丝级别，例如，成为挚爱粉可以获得直播间300元以内的任意商品一份。

（2）**抽奖**。设置抽奖活动，不建议采用系统互动面板的抽奖玩法，建议采用截屏抽奖玩法。首先，设置前提，前提为必须先关注直播间；其次，主播讲解抽奖商品和抽奖规则，粉丝开始输入口号，建议每次抽奖的口号都不一样，口号的内容尽量能够从买家的角度来表述，既简单又能让新进来的观看粉丝被直播商品吸引；再次，主播告知粉丝抽奖名额，并倒计时进行截屏；最后，公布获奖名单。

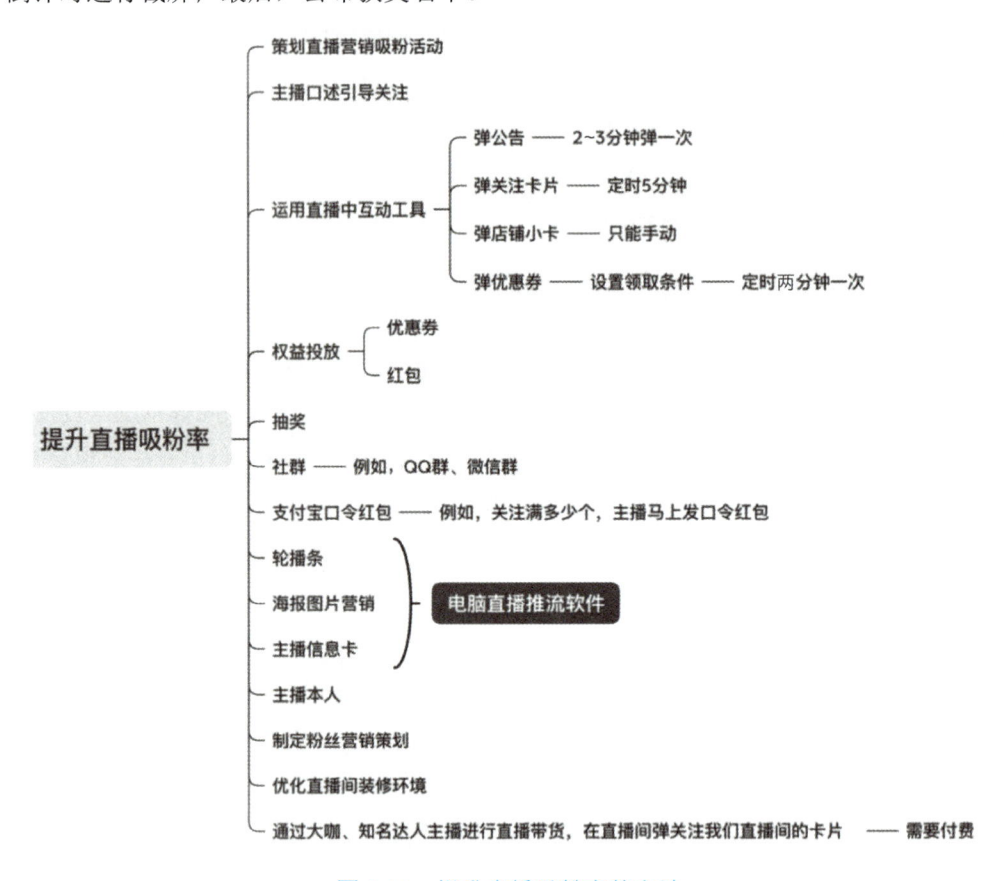

```
提升直播吸粉率
├─ 策划直播营销吸粉活动
├─ 主播口述引导关注
├─ 运用直播中互动工具
│   ├─ 弹公告 ── 2~3分钟弹一次
│   ├─ 弹关注卡片 ── 定时5分钟
│   ├─ 弹店铺小卡 ── 只能手动
│   └─ 弹优惠券 ── 设置领取条件 ── 定时两分钟一次
├─ 权益投放
│   ├─ 优惠券
│   └─ 红包
├─ 抽奖
├─ 社群 ── 例如，QQ群、微信群
├─ 支付宝口令红包 ── 例如，关注满多少个，主播马上发口令红包
├─ 轮播条  ┐
├─ 海报图片营销 ├─ 电脑直播推流软件
├─ 主播信息卡 ┘
├─ 主播本人
├─ 制定粉丝营销策划
├─ 优化直播间装修环境
└─ 通过大咖、知名达人主播进行直播带货，在直播间弹关注我们直播间的卡片 ── 需要付费
```

图 6-14　提升直播吸粉率的方法

（3）主播本人。 在直播活动中，主播本人对直播吸粉率的提升有着至关重要的作用。主播可以通过个人口才、才艺、颜值、服装、个人专业性等来提升直播吸粉率。个人口才可以通过讲段子、故事、笑话、特色方言等来体现；才艺可以通过画画、唱歌、讲英文等来体现；颜值可以通过每天画不同的妆容来体现；服装可以通过每天搭配不同风格的服饰来体现；个人专业性可以通过护肤秘密、美容之道、旅游攻略等来体现。

在日常数据分析中，对于主播数据层的分析，包含引流能力、留人能力、互动能力、吸粉能力、转化能力、流量效力 5 个维度，也可称之为主播的五力模型。这是一套任何直播间都可适用的主播培养及 PK 工具。如果是个人直播间，从主播上播日起，即可通过数据化表格，记录主播的五大能力指数，排列主播在不同指数的优劣势后，以周的方式，不断优化主播的直播间场效。如果是轮播型直播间，通过小店后台可以监控主播，或者运用第三方数据工具的场控功能监测主播的分时直播记录。

- 引流能力：主播吸引用户进入直播间的能力，具体数据即直播间进入率。
- 留人能力：主播吸引用户停留直播间的能力，停留越久，留人能力越强，具体数据即直播间停留时长。

- 互动能力：主播吸引用户点赞、评论的能力，具体数据即评论率、点赞率。
- 吸粉能力：主播吸引用户关注，并成为粉丝团的能力，具体数据即增粉率、增团率。
- 转化能力：主播吸引用户在直播间成交的能力，具体数据即点击成交率。

（4）制定粉丝营销策划。 一方面，直播运营人员可以针对粉丝亲密度做营销策划，例如，当前累计亲密度达到"8888"以上可以截图给客服领取小礼品或现金。另一方面，直播运营人员可以针对粉丝等级做营销策划，例如，当粉丝达到铁粉级别时，可以免费领取一个价值较低的礼品；当粉丝达到钻粉级别时，可以免费领取一个价值中等的礼品；当粉丝达到挚爱粉级别时，可以免费领取一个价值较高的礼品。

此外，直播运营人员还可以创建淘宝群，只要用户关注直播间成为粉丝，就可以进入淘宝群，领取进群红包。需要注意的是，不建议新账号前期马上创建群。当淘宝群粉丝慢慢增多时，可以在群里进行营销和维护。淘宝群创建要求及步骤如图 6-15 所示。

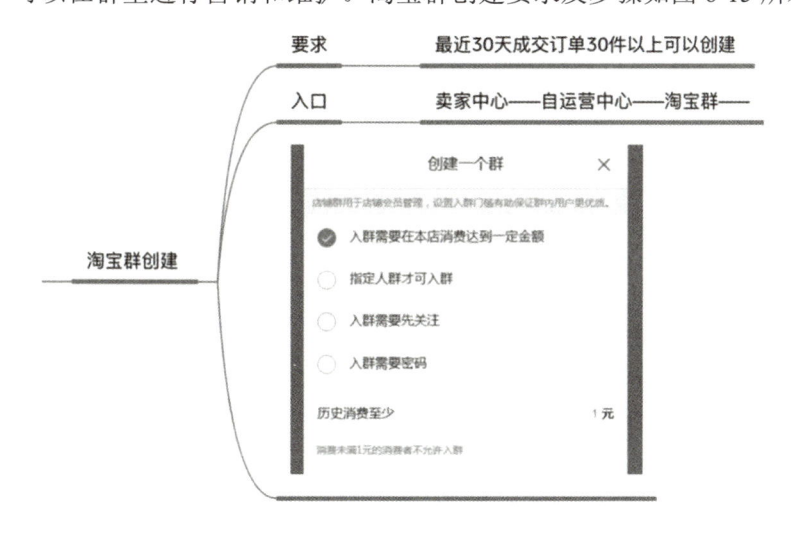

图 6-15 淘宝群创建要求及步骤

6.3.3 提升直播平均停留时长

在直播中，提升直播平均停留时长可以从优惠活动、主播本人、直播间装修等多方面多维度入手，提升直播间平均停留时长的方法如图 6-16 所示。

（1）发起投票。 在直播活动中，主播可以通过发起投票的方式，增加直播平均停留时长。例如，主播可以发起"你最喜欢哪款宝贝"的投票，当讲解投票数量好的商品时，主播可以花更多的时间；主播还可以发起"下一场直播，你最喜欢哪一类目的零食"投票，以此引导用户花更多的时间参与进来，增加观看时长。

（2）设置复杂的优惠任务。 直播间有不少的粉丝都是冲动型的，他们对商品不一定有需求，但会受某些因素影响而冲动下单。直播间也有不少粉丝虽然已经选好商品，但是始终在各个直播间对比以寻求最高的性价比。优惠券、红包不仅可以让冲动型粉丝下单，更可以让追求高性价比的粉丝下单。

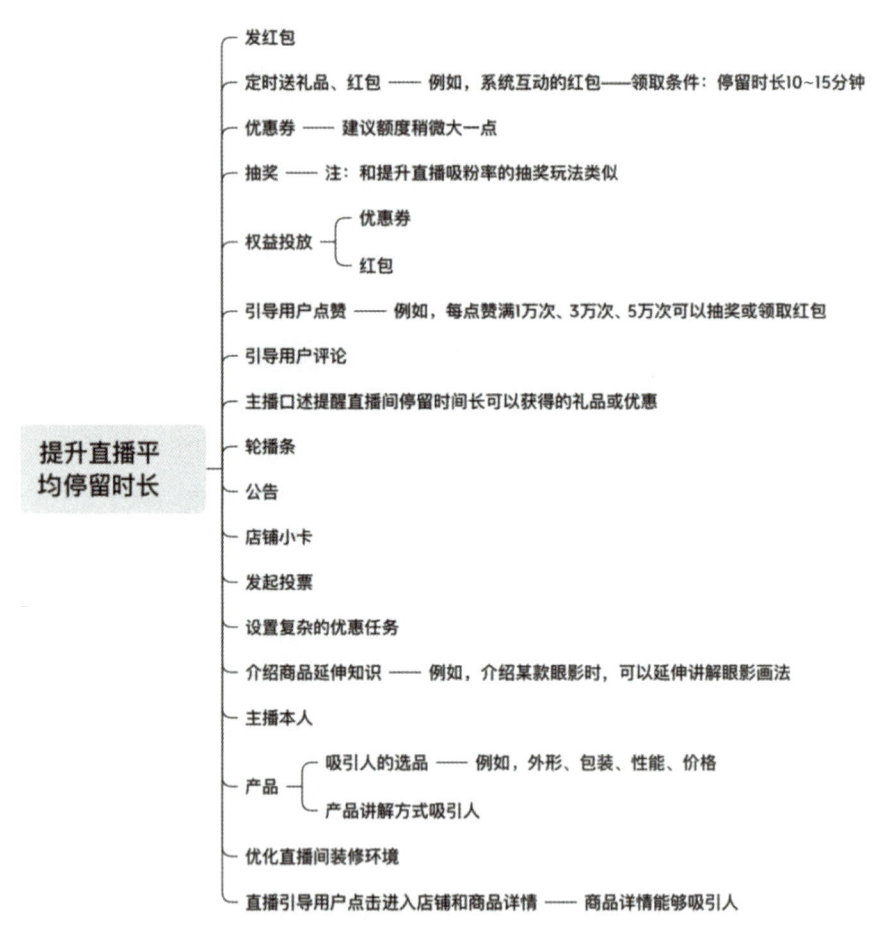

```
                          ┌ 发红包
                          ├ 定时送礼品、红包 ── 例如，系统互动的红包──领取条件：停留时长10~15分钟
                          ├ 优惠券 ── 建议额度稍微大一点
                          ├ 抽奖 ── 注：和提升直播吸粉率的抽奖玩法类似
                          ├ 权益投放 ┬ 优惠券
                          │         └ 红包
                          ├ 引导用户点赞 ── 例如，每点赞满1万次、3万次、5万次可以抽奖或领取红包
                          ├ 引导用户评论
                          ├ 主播口述提醒直播间停留时间长可以获得的礼品或优惠
  提升直播平  ─────────────┤ 轮播条
  均停留时长                ├ 公告
                          ├ 店铺小卡
                          ├ 发起投票
                          ├ 设置复杂的优惠任务
                          ├ 介绍商品延伸知识 ── 例如，介绍某款眼影时，可以延伸讲解眼影画法
                          ├ 主播本人
                          ├ 产品 ┬ 吸引人的选品 ── 例如，外形、包装、性能、价格
                          │     └ 产品讲解方式吸引人
                          ├ 优化直播间装修环境
                          └ 直播引导用户点击进入店铺和商品详情 ── 商品详情能够吸引人
```

图 6-16　提升直播间平均停留时长的方法

因此，主播在直播过程中，可以引导粉丝完成任务，以获取相应的奖励和优惠，从而增加粉丝看直播的时长。需要注意的是，直播团队应该设置较为复杂的任务，用户需要花费较长时间才能完成。此外，奖励也要设置梯次，优惠可以设置几个力度比较大的优惠，并且主播在直播过程中要不断地强调，让粉丝能够犹豫到底选择哪个奖励和优惠，从而增加停留时长。

（3）主播本人。在直播活动中，主播本人除了对直播吸粉率的提升有着至关重要的作用，在很大程度上也影响着直播平均停留时长。与提升直播吸粉率一样，主播可以通过个人口才、才艺、颜值、服装、个人专业性等增加直播平均停留时长。主播还可以通过各种各样的游戏增加直播平均停留时长，例如，和粉丝进行成语接龙、关键词唱歌接龙、猜歌名、动作猜词组等。此外，主播还可以根据定位产品的人群的兴趣爱好进行适当聊天。

主播讲解商品时可以让商品变得有趣。就美妆类直播而言，重点要突出直播间的反差感，主播可以在直播的时候演绎从素颜到化好妆的整个过程，使自己具有反差感，而反差感可以让粉丝在直播间停留更久。美妆类直播也可以穿插一些护肤心得和测评，有节奏地进行直播间人气互动，用一些软件引导粉丝进行互动交流，这样不仅能增加粉丝观看时长，而且有可能在最后促成成交。

6.3.4 提升直播互动率

各个头部主播销售额过亿元的新闻早已屡见不鲜，并且产品的转化率也较高。普通主播和商家想要在直播卖货中提升自己产品的销量，提高直播互动率是关键因素。直播卖货不是一蹴而就的，需要一个循序渐进的过程，让用户从陌生到熟悉，从熟悉到信任，从信任到购买的过程，而直播互动技巧在中间起到关键作用。

直播互动技巧直接影响直播间的人气和最终转化率，只有直播间有人气，才会有趣味，有趣味，游客才会停留。当粉丝愿意在直播间停留时，才有机会进行后续的成交转化。在直播中，提升直播互动率可以从聊天讨论、优惠活动、互动游戏等多方面多维度入手，提升直播互动率的方法如图6-17所示。

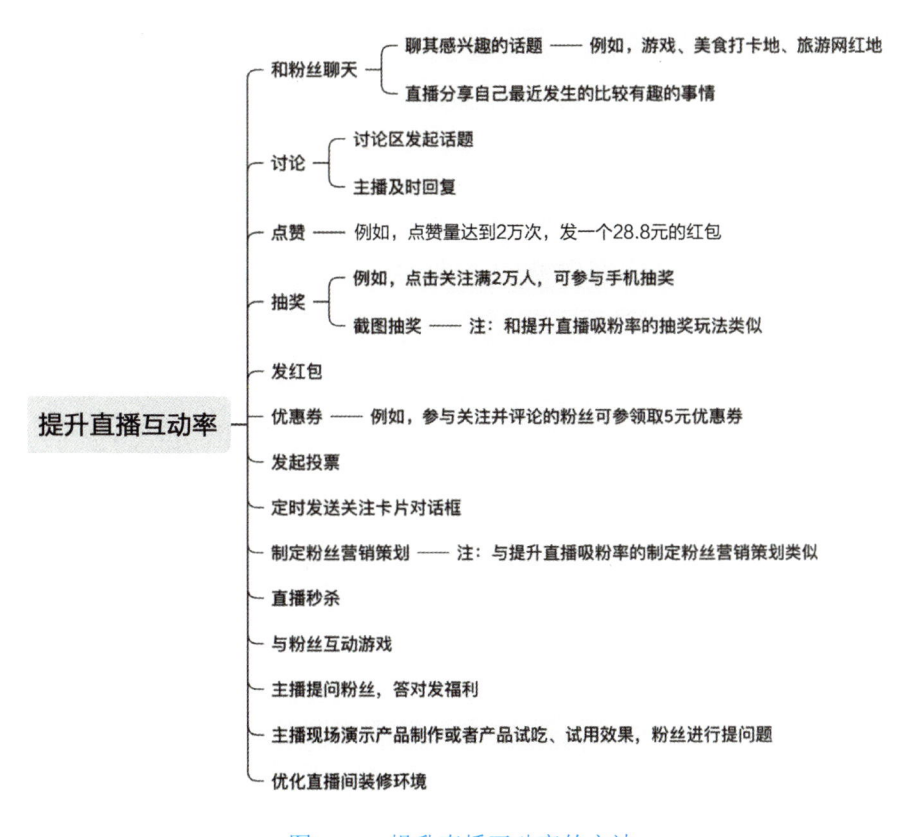

图6-17 提升直播互动率的方法

对于卖货主播来说，主播尤其要对用户的问题进行积极回答。在直播过程中，对于用户关于产品问题要及时回答，如果来不及，就截图保存稍后回答；回答问题要有耐心，不要看不起粉丝，鄙视提问者；当然，对于一些骚扰问题，可以选择性过滤。

6.3.5 提升直播转化率

在直播中，提升直播转化率可以从直播营销转化活动的策划、商品本身、直播间装修等多方面多维度入手，提升直播转化率的方法如图 6-18 所示。

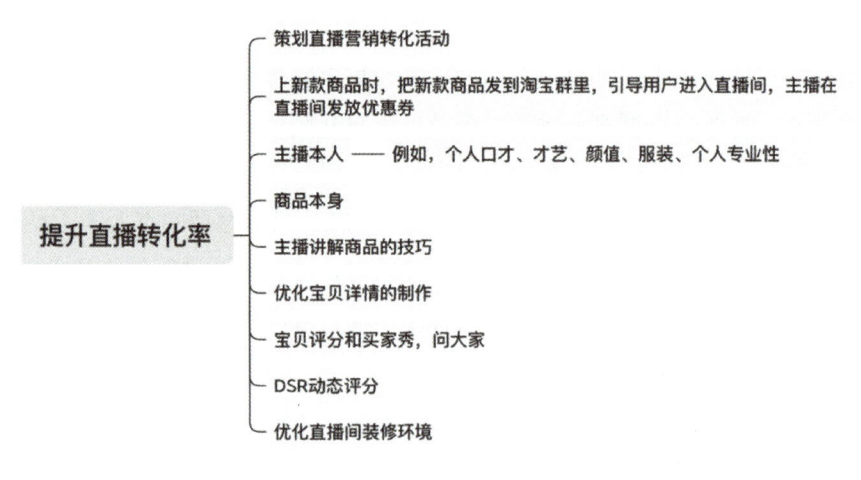

提升直播转化率
- 策划直播营销转化活动
- 上新款商品时，把新款商品发到淘宝群里，引导用户进入直播间，主播在直播间发放优惠券
- 主播本人 —— 例如，个人口才、才艺、颜值、服装、个人专业性
- 商品本身
- 主播讲解商品的技巧
- 优化宝贝详情的制作
- 宝贝评分和买家秀，问大家
- DSR动态评分
- 优化直播间装修环境

图 6-18 提升直播转化率的方法

（1）策划直播营销转化活动。直播运营人员可以通过策划各种直播营销转化活动，例如，购买产品随机送礼品、特价商品秒杀、满减等提升直播转化率。在各类直播卖货中，主播经常会在直播间对用户进行价格引导，平时这款产品是多少钱，当下在直播间买，领完优惠券之后又是多少钱；该商品只有几分钟抢购，限时限量售完即止。策划直播营销转化活动如图 6-19 所示。

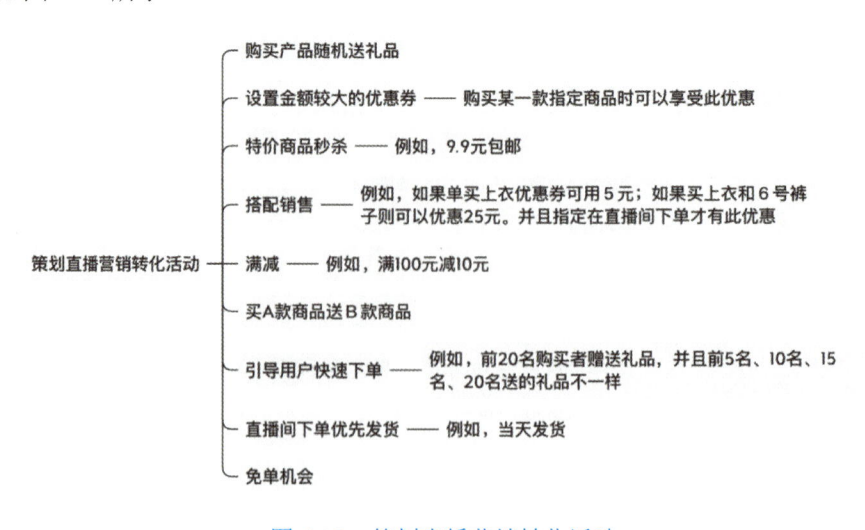

策划直播营销转化活动
- 购买产品随机送礼品
- 设置金额较大的优惠券 —— 购买某一款指定商品时可以享受此优惠
- 特价商品秒杀 —— 例如，9.9元包邮
- 搭配销售 —— 例如，如果单买上衣优惠券可用5元；如果买上衣和6号裤子则可以优惠25元。并且指定在直播间下单才有此优惠
- 满减 —— 例如，满100元减10元
- 买A款商品送B款商品
- 引导用户快速下单 —— 例如，前20名购买者赠送礼品，并且前5名、10名、15名、20名送的礼品不一样
- 直播间下单优先发货 —— 例如，当天发货
- 免单机会

图 6-19 策划直播营销转化活动

（2）**商品本身**。直播间商品本身的质量、包装、款式、工艺、质检证书、效果（功效）、品牌、理念价值，以及商品优惠力度等商品本身的因素，都影响着直播转化率。例如，就商品质量而言，主播可以通过对比实验，突出直播间商品的质量，从而引导用户下单购买；就商品质检证书而言，主播可以提供商品相关的信任背书，以此获得用户的信任。

（3）**主播讲解商品的技巧**。主播在讲解商品时，每款商品的讲解时长可以根据直播间的人均停留时长进行调整，建议讲解一款商品的时长为5分钟左右，不超过10分钟。一般来说，主播讲解商品分为五步。第一步，引出痛点，带出话题。痛点是指商品独特卖点，也就是买家的需求点，例如，商品成分、工艺流程、产品整体等商品独特卖点。第二步，放大痛点，上升生理。主播可以通过触觉、味觉、嗅觉、听觉、视觉、感觉对痛点进行放大。第三步，引出产品，解决痛点。第四步，提升高度，详讲卖点。第五步，降低门槛，临门一脚。

6.3.6　直播数据诊断案例解析

某单场直播可视化数据图表如图6-20所示，直播团队根据数据呈现结果，可以分析直播讲解时间轴的过程中，直播间观看人数、点赞人数、粉丝增长人数和销售额的情况，并总结出该场直播表现较好及不足之处，并分析原因。

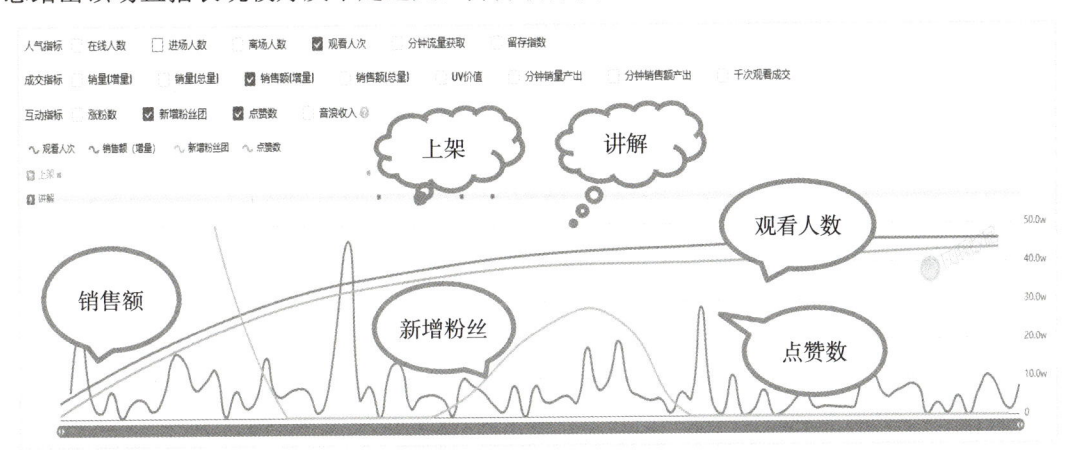

图6-20　某单场直播可视化数据图表

根据图6-20可知，本场直播共上架3种商品，观看人数随着直播的推进累积的场观人数和点赞数稳定增长，直播结束时累计场观人数和点赞人数达到40余万人，新增粉丝在中间一段时间出现了一波较大的增长，其余阶段粉丝增长很少，可以看出第二款、第三款商品吸引新粉。就直播销售额而言，销售额峰值出现在第一个产品讲解附近，间接反映了第一款商品的选品比较好，有可能是直播间在聚集粉丝、锁定粉丝提供的直播福利产品，直播转化率高。

但存在不足的地方，第一款商品虽然销量高但粉丝增长量几乎为零，第二款商品选品存在一定问题,或者主播讲解话术的吸引力不够,第三款商品的讲解时间过长,销售转化情况一般。后续主播团队可以从选品、内容、促销手段等方面不断优化直播方案。

任务四　直播快速涨流量的方法

6.4.1　直播层级论

直播层级论指的是不同直播观看量所在层级不同,直播层级可以划分为多个,直播层级如表 6-3 所示。

表 6-3　直播层级

层级	直播观看人数/人
第一层级	0～5000
第二层级	5001～10000
第三层级	10001～30000
第四层级	30001～50000
第五层级	50001～100000
第六层级	100001～300000
第七层级	300001～500000
第八层级	500001～1000000
……	……

6.4.2　直播层级突破法

直播层级突破法的核心是分析并提升直播核心数据。在分析并提升直播核心数据时,需要符合以下 3 个前提。

① 必须保证每天直播 6 小时或以上,且每天不停播。

② 账号必须有浮现权,且没有违规过。

③ 必须有周期性(如 7 天、14 天、21 天、1 个月、2 个月),如果某一天某项数据没有达标,那么之前的数据也都无效了。

直播运营人员若是要突破第一层级,达到第二层级 5001～10000 人的直播观看人数,直播吸粉率和直播平均停留时长是核心数据。

如果想突破第一层级,每天的直播吸粉率就要达到 10%以上,这就要求直播运营人员在开播前计算出当天需要完成的新增粉丝数量。直播吸粉率=新增粉丝数/新 UV,所以,新增粉丝数=新 UV×直播吸粉率。假如当天要开播,这场直播活动需要新增多少个粉丝?这场直播活动的新 UV 是多少？计算新增粉丝数的方法有两种，若要计算出直播吸粉率和新增粉丝数，可以参考最近 3~7 天的新 UV，以此预估当天新 UV，第一种方法如下。

① 先计算最近 3~7 天的新 UV 平均值。

② 再取最近 3~7 天的新 UV 最高值。

③ 最后取最近 3~7 天的新 UV 平均值与最高值之间的中间值，即为当天预估的新 UV 值。

通过计算得出新 UV 值和直播吸粉率，即可得出当天直播需要达到的新增粉丝数量。例如，已知 7 月 16 日至 7 月 22 日每天的新 UV，若要计算 7 月 23 日的新 UV，计算新增粉丝数方法一，如表 6-4 所示。该方法较为稳定，新账号和老账号都适用。

表 6-4 计算新增粉丝数方法一

日期	天数/天	新UV	吸粉率	新增粉丝数/人	实际吸粉数/人
7月16日	1	50			
7月17日	2	25			
7月18日	3	55			
7月19日	4	61			
7月20日	5	88			
7月21日	6	70			
7月22日	7	106			
7月23日	8	86	10%	8.6	9
需要预估 7 月 23 日的新 UV 值					
1. 计算前 3~7 天的新 UV 的平均值，(50+25+55+61+88+70+107)/17=65					
2. 7 月 16 日至 7 月 22 日的新 UV 最高值为 106					
3. 7 月 23 日的预估新 UV 值= (65+106) /2=85.5					

注：人数不可四舍五入，若存在小数点，则只能保留一位小数。

第二种计算新增粉丝数量的方法是螺旋吸粉法。该方法只需要在每天开播前 1 小时通过中控台查看昨天的直播实时吸粉数，然后再根据昨天的吸粉数相乘 1.1 倍，所得数值即为今日直播要求达到的新增粉丝数量。计算新增粉丝数方法二，如图 6-21 所示，该方法更加适合新账号。

需要注意的是，以上两种方法必须满足周期性原则。如果直播时长没达到，但数据已完成，那么直播时长仍必须达到 6 小时；如果直播数据没达标，但直播时长已经达到 6 小时，那么建议继续拉长时间直播，若下播，则前面几天做的数据就没有用了。此外，突破第一层级，每天直播平均停留时长需要达到 5 分钟。

当直播运营人员想突破第二层级时，方法同突破第一层级的方法相同。当直播运营人员想突破第三层级时，除了符合前提，该阶段的吸粉率还要达到 12%；直播平均停留时长达到 350 秒；直播互动率达到 10%；直播转化率要高于行业平均转化率。当直播运营人员想突破第四层级时，除了符合前提，该阶段的吸粉率还要达到 14%；直播平均停留时长要达到 400 秒；直播互动率要达到 12%；直播转化率要高于行业平均转化率。

```
螺旋吸粉法 ─┬─ 只要每天开播前一小时去中控台查看昨天的直播实
           │   时吸粉数是多少？然后再根据昨天的吸粉数相乘
           │   1.1倍以上
           │
           ├─ 第一天 ── 自己正常播
           │
           ├─ 第二天 ─┬─ 9点开播，8点左右通过中控台查看昨天的直播吸粉数，计算该数的1.1倍
           │          └─ 例如：昨天吸粉10人，那么今天需要达到新增10×1.1=11人
           │
           ├─ 第三天 ─┬─ 9点开播，8点左右通过中控台查看昨天的直播吸粉数，计算该数的1.1倍
           │          └─ 例如：昨天实际吸粉15人，那么今天需要达到新增15×1.1=16.5（实际需要17人）
           │
           ├─ 第四天 ─┬─ 9点开播，8点左右通过中控台查看昨天的直播吸粉数，计算该数的1.1倍
           │          └─ ……
           │
           └─ 以此类推
```

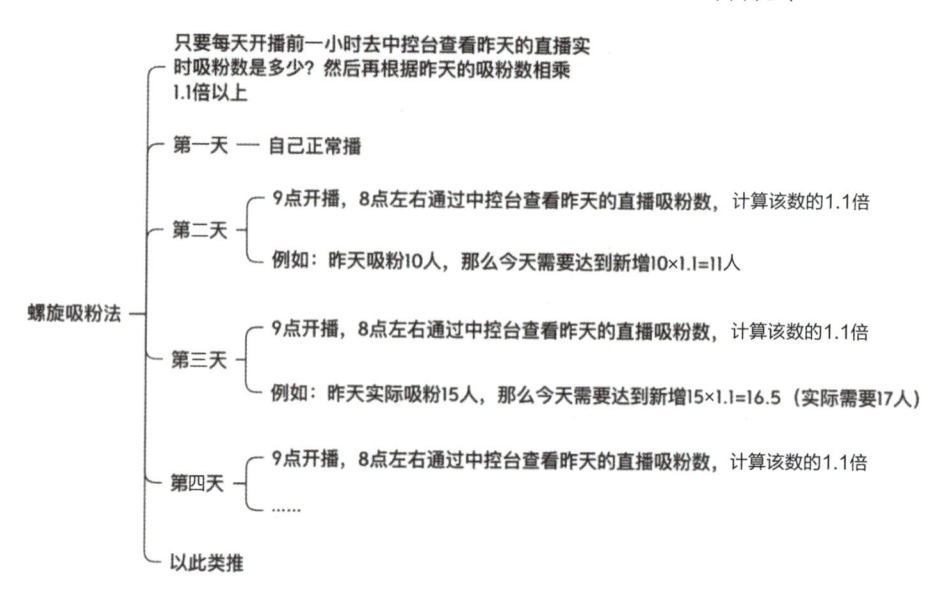

图 6-21 计算新增粉丝数方法二

思政园地

依托各类直播平台，很多主播不仅在互联网上实现了个人价值，还通过观众打赏、直播卖货等途径获得了可观的收入。然而，一些主播缺乏合规意识，未能履行纳税义务，例如，没有按时或足额交税，甚至采取各种手段避税、偷税等，又因网络文娱行业在刚刚兴起之时缺乏税务监管，从而造成国家税款流失。不断发现主播税务方面的问题，是税务监管从实体经济向互联网经济拓展的必经之路。以前，由于互联网具有较强的隐蔽性，主播的收入来自多个方面，比较分散，且多种避税手段层层嵌套，所以传统的税务监管无从查处。

随着主播税务监管的全面铺开，各类主播都应当增强自身税务合规的意识。同时，各类直播平台也应当意识到偷税漏税的后果，积极予以防范。主播的直播活动定性在"劳务"与"经营所得"之间存在争议，且目前没有明确的规定，《中华人民共和国个人所得税法》及其实施条例的规定也较为模糊，甚至存在交叉。主播在直播中无论是卖货还是获得观众的打赏，由于直播活动高度依赖主播个人的形象、名义等，此类活动都应该被认定为劳动（劳务），在建立劳动关系时适用工资、薪金所得的税目，在劳务关系中适用劳务报酬所得的税目，不属于生产、经营所得。在这个背景之下，主播和直播平台就面临涉税风险。

随着税务大数据的不断发展，我国税务部门密切关注账外经营、私户巨额收款等现象，并及时开展税务稽查。同时，税务部门还与法院协作，对于民事裁判中可能涉及税收问题，

法院会给税务部门提供相应的线索，从而曝光阴阳合同、隐匿收入等行为。因此，无论是主播还是直播平台，都应当加强税务合规意识，足额申报应当缴纳的税款。

【思考与分析】

各直播团队根据各自的直播实操，进行直播活动复盘。

图 6-22 所示为某场直播活动的后台数据，复盘抖音直播间人气、流量、商品、投放等方面的数据，请根据可视化数据回答问题。

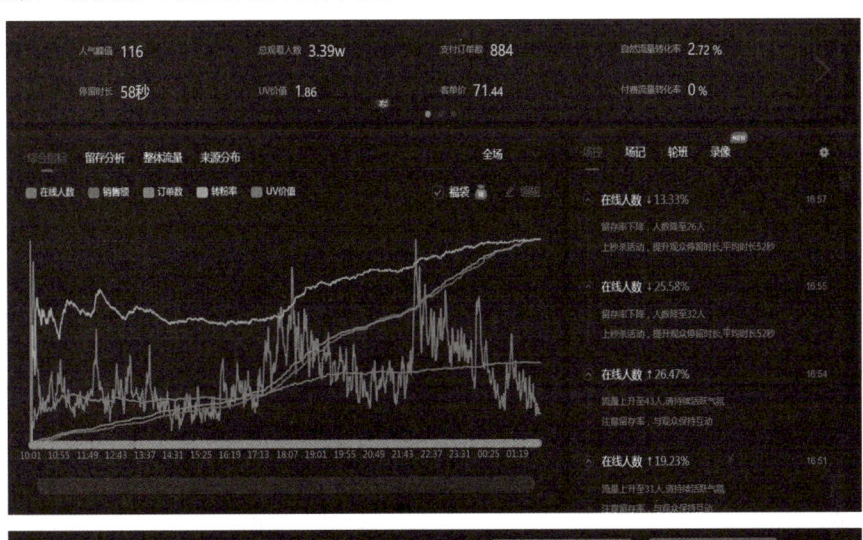

图 6-22　某场直播活动的后台数据

参考要点如下。

① 直播活动复盘应对直播的核心数据进行计算。在账号后台获取计算直播核心数据，例如观看量、直播访客、吸粉率、粉丝回访率、互动率、转化率等，根据数据进行直播效果分析，寻找优化直播内容、提升直播效果的方案。

② 直播活动复盘应对流程设置、团队协作、主播的台词等主观层面进行自我总结、团队讨论，并将总结结果记录。

1. 本场直播总观看人数、总销售额、客单价分别是多少？
2. 根据有关直播数据，查找单品中销售额最高、销量最高及点击付款率最低的商品分别是什么？
3. 分析该直播间的自然转换率，提升自然转换率的方法有哪些？

【选择题】

1. 当直播流量的重点来源为自然流量时，我们应当关注（　　）。
   A．流量的转化　　　　　　　　B．流量的曝光
   C．流量的投产比　　　　　　　D．流量的成本
2. 在直播业绩数据中，复购率属于哪个环节的数据指标？（　　）
   A．广告数据　　　　　　　　　B．订单数据
   C．商品数据　　　　　　　　　D．售后数据
3. 在制定直播推广目标的时候，我们应当注意（　　）。
   A．目标应当与竞品的营销目标一致
   B．目标必须清晰、具体、可量化
   C．目标设定得越高越好
   D．目标应与上次推广目标一致
4. 直播互动率 = $\dfrac{(\quad\quad)}{观看总人数} \times 100\%$

   A．粉丝人数　　　　　　　　　B．评论人数
   C．直播观看总时长　　　　　　D．进入直播间的人数
5. 在下列数据中，属于直播销售数据的是（　　）。
   A．广告平均点击单价　　　　　B．累计观众
   C．广告展示数　　　　　　　　D．预估销量
6. 当用户生命周期处于成长期时，社群运营人员应该重点关注的指标是（　　）。

A．转化率 B．新增数
C．留存率 D．流失率

7．预热内容发布后，为了判断曝光效果是否有异常，应当关注（　　）。

A．预热内容的阅读量 B．预热内容的投放单价
C．平台的用户流量 D．平台的投放费用

7．在分析直播商品时，我们应当重点关注哪些数据指标？（　　）（多选题）

A．售后指标 B．交易指标
C．流量指标 D．互动指标

8．直播商品分析后，某商品被判断为潜力商品，可能是根据（　　）判断得来的。（多选题）

A．高曝光、高成交、高转化 B．低曝光、高成交、高转化
C．高曝光、低成交、低转化 D．低曝光、低成交、低转化